中国 PPP 模式系列丛书

PPP 模式的理论与政策

吉富星 著

中国财经出版传媒集团
中国财政经济出版社

图书在版编目（CIP）数据

PPP模式的理论与政策／吉富星著．—北京：中国财政经济出版社，2017.6
（中国PPP模式系列丛书）
ISBN 978-7-5095-7022-7

Ⅰ.①P… Ⅱ.①吉… Ⅲ.①政府投资－合作－社会资本－研究－中国
Ⅳ.①F832.48 ②F124.7

中国版本图书馆CIP数据核字（2017）第136492号

责任编辑：杨　骁　　　　　　责任校对：李　丽
封面设计：陈宇琰　　　　　　版式设计：齐　杰

中国财政经济出版社 出版
URL：http：//www.cfeph.cn
E-mail：cfeph@cfeph.cn
（版权所有　翻印必究）
社址：北京市海淀区阜成路甲28号　邮政编码：100142
营销中心电话：88190406　北京财经书店电话：64033436　84041336
北京财经印刷厂印刷　各地新华书店经销
710×1000毫米　16开　17.25印张　334 000字
2017年6月第1版　2017年6月北京第1次印刷
定价：58.00元
ISBN 978-7-5095-7022-7
（图书出现印装问题，本社负责调换）
本社质量投诉电话：010-88190744
打击盗版举报热线：010-88190414　QQ：447268889

推荐序

随着我国经济社会转型升级，公共服务（公共设施）的需求不断扩大，处于相对短缺状态。但是，财政约束日益收紧，单纯依赖政府已难以满足不断增长的公共服务需求。政府与社会资本合作（简称为PPP）作为向公众提供公共服务的一种新方式，受到世界各国青睐，方兴未艾。从我国实际出发，正式推广PPP起于2014年，目前已经成为全球最大的PPP市场，发展成绩斐然，但也存在"野蛮生长"问题。PPP规模的快速扩展，同时也表明我国PPP的发展已经到了一个新阶段，合作中的各种风险也将日益显现，相关深层次的改革也须提上议事日程。

PPP是公共服务提供的一种新模式，涉及不同性质主体之间的合作，形成了以前不曾有的民事关系、行政关系以及相关法律问题。同时，PPP也是公共治理的一个新路径，事关政府自身改革以及政府与市场、社会之间关系的重构问题，多元共治、共建、共享，由此形成一种新规则，引发权利、权力及责任的新界定。这预示着公共治理中政府、市场、社会之间的关系在发生实质性变化。PPP不仅可以平滑财政支出压力，更好地实现风险的合理分担、公共服务的"提质增效"，而且可渐渐扭转长期来形成的政府与市场、社会之间的界域关系，以及楚河汉界、泾渭分明的平面思维，继而从制度主义转向行为主义—行为合作。

PPP是基于长期性、平等性的合作伙伴关系，也是一种全程参与、收益共享、风险共担的共治关系。这种共治关系分为两个层面：一是宏观层面公共风险的多元共治关系，二是微观层面以项目"风险—收益"的分担与共享为核心的缔约关系。上述两层含义分别构成PPP宏观体制和微观机制的学理基础。PPP是财政实现自身在国家治理中基础性、支柱性作用的一种有效制度安排，其改革意义不亚于市场化改革，有利于推进国家治理体系和治理能力现代化。值得注意的是，PPP不是政府"甩包袱"，也不是免费午餐，潜在的各种风险不可忽视。若合作不当，只会加重财政、公众负担，并导致财政风险隐匿、道德风险蔓延。对政府来说，不应将其异化为融资工具，当前更重要的是一种理念、思路、行为的转变，以及相应体制机制的变革。

《PPP模式的理论与政策》、《中国PPP模式的运作实务》、《中国PPP模式的案例解析》这三本书着重研究了政府与社会资本合作的理论、政策，并从项目全生命周期的运作、案例等层面进行解析。该套书体系完整、逻辑严谨、案例丰富、内容翔实，对PPP理论与实践所作的研究有一定的创新性。其中，在制度建设等方面的建议具有较强的针对性、可行性，项目运作过程中的实务与案例具有一定的启发性、示范性。

该套书的作者吉富星副教授是我指导毕业的经济学博士，在这个领域及金融投资方面拥有丰富的实操经验，再通过理论学习，研究能力提升很快，在政府与社会资本合作研究方面是复合型的专家。他先后在大型企业从事投融资管理工作十余年，在大学从事投资、金融等方面教学、研究三年。近年来，他多次参加了财政部及其他机构的PPP课题研究、政策研讨，发表多篇核心期刊论文。此外，他作为专家参与了财政部/国家PPP示范项目评审工作，同时，兼任财政部PPP中心专家、中国财政学会理事、投融资专委会副秘书长以及多个地方政府的政府与社会资本合作或金融顾问等。该套书在PPP理论与实践层面具有独到、深刻的理解，具有启发性，值得鼓励与肯定。当然，该套书中也存在一些需要进一步细化与完善之处。

基于我国国情的PPP理论与实践的研究还面临着很多挑战，亟待深入拓展。PPP在全世界没有一个统一、权威定义，并不存在静态的最佳实践。毋庸置疑的是，PPP将带来一场持续性、系统性、综合性的改革，意义重大、影响深远！PPP的健康持续发展应加强相关体制机制（财政、行政等）改革、强化制度（立法、政策、指南、合同等）安排、协同推进配套改革，切实消除财政机会主义、社会资本短期倾向，回归到公共服务效率与公平这一本义。PPP发展任重道远，不会是一片坦途，需要积极审慎、稳中求进、规范创新推进。

刘尚希

中国财政学会副会长、中国财政科学研究院院长

前言

政府与社会资本合作（PPP）是当前基础设施、公共服务领域引入社会资本提供公共产品的新机制，也是国家治理的新模式。PPP在中国并非一个新生事物，但2013年我国倡导的PPP模式是适应国家治理现代化的体制机制的创新和升级。短短数年，中国已经成为全球最大的PPP市场，发展成绩斐然，但快速发展背后依然存在一些风险与问题。针对当前的PPP热潮和各种争论，无论是理论研究和实践探索均存在较多分歧。本书从理论、政策层面，力求对PPP进行较为全面的分析，重点关注相应制度安排、风险防范与规范实施，以期提供一些建设性建议。

本书内容分为十一个章节，总体分为三大部分。

第一部分为第一到第四章，主要阐述PPP的背景、理论和意义。这部分主要就PPP发展的背景、国内外发展状况、国际经验进行了梳理和总结，同时，对PPP的基础理论、PPP在中国发展的意义和挑战进行了分析。PPP在中国不仅具有迫切的现实需求，并且具有重大的战略意义，但也面临巨大挑战、潜在风险。

第二部分为第五到第九章，主要解读、分析PPP全生命周期运作过程中的相关政策与操作难点。这部分主要基于理论、政策与实践相结合角度，重点就PPP的操作流程、运作方式、风险分配、融资与金融、产权与财税、监管与绩效等方面政策及与之关联的实践进行了剖析。

第三部分为第十到第十一章，主要分析当前地方政府投融资（含PPP）运作不规范、风险大等问题。结合地方投融资、行政、财政体制，系统提出了相应的体制机制变革、制度安排和规范实施的具体建议。

　　本书在编写过程中，相关部委司局、地方财政部门、金融机构和科研单位的很多专家、学者对本书给予了指导、提出了很多有益的建议，在此由衷地表示感谢。尤其是要感谢我的博士生导师中国财政科学研究院院长刘尚希研究员的指导与鼓励，也非常感谢财政部专项支持的《政府与社会资本合作立法研究》课题组其他成员提供的各种帮助。此外，感谢PPP领域的专家学者和实务工作者，本书是在学习和借鉴他们已有研究成果的基础上做出的一点探索和思考。最后，要衷心感谢中国财政经济出版社的杨骁同志，他为本书的顺利出版做了大量的策划、编辑工作。

　　PPP在实践过程中依然存在很多争议，在很多问题上仍难以达成共识，尤其需要相关研究支撑。本书的研究只是一个初步的框架，仍有许多不完善之处甚至错误，敬请各位读者批评指正。

吉富星
2017年6月

目录

第一章 PPP 模式的缘起与发展历程 …………………………… 1

　第一节　PPP 缘起与背景 / 1
　第二节　PPP 在世界各国发展的总体概况 / 7
　第三节　中国 PPP 发展取得的成绩与存在的问题 / 9

第二章 国外 PPP 发展情况、经验和启示 …………………………… 15

　第一节　部分西方发达国家实施 PPP 的情况 / 15
　第二节　部分亚洲及发展中国家实施 PPP 的情况 / 27
　第三节　国外 PPP 普遍面临的争议和挑战 / 31
　第四节　相关经验和启示 / 33

第三章 PPP 研究现状、理论基础与公共服务供给机制 …………………… 37

　第一节　PPP 相关文献回顾与评述 / 37
　第二节　PPP 相关的理论基础 / 42
　第三节　PPP 模式的效率不确定性与国家治理 / 54
　第四节　PPP 是公共服务供给新机制、治理新工具，需积极
　　　　　审慎推进 / 60

第四章 当前我国推广 PPP 的现实需求与深远意义 …………………… 64

　第一节　现阶段推进 PPP 的背景与现实需求 / 64
　第二节　2014 年前后相关 PPP 的政策回顾与分析 / 71
　第三节　当前 PPP 是一次体制机制升级与变革 / 82

第五章 PPP 模式的核心特征、运作方式与当前操作流程 ……………… 85

　第一节　PPP 的核心特征与常见运作方式 / 85
　第二节　投资项目（含 PPP 项目）相关流程 / 92

第三节　PPP 项目运作流程的衔接、优化 / 106

第六章　项目全生命周期的风险分担与应对 …………………… 107

第一节　PPP 项目失败案例回顾与风险特点 / 107
第二节　一个分析框架：合理的风险分担与激励机制 / 114
第三节　风险分配的一般性原则、安排与复杂性 / 117
第四节　项目全生命周期的风险分担与应对 / 127
第五节　重大风险的识别、评估与管控框架 / 135

第七章　PPP 项目的融资与金融 …………………………………… 142

第一节　融资类型与结构 / 142
第二节　我国银行贷款业务框架、项目融资的难点 / 153
第三节　金融机构参与 PPP 方式与部分新型融资方式 / 163
第四节　PPP 金融市场发展的挑战、趋势与建议 / 175

第八章　PPP 项目的产权、会计、税收与财政管理 ……………… 181

第一节　PPP 项目的产权 / 181
第二节　PPP 项目的会计核算 / 185
第三节　PPP 项目的税收 / 192
第四节　PPP 项目的政府预算与财政管理 / 197

第九章　PPP 项目监管、绩效评估与信息公开 …………………… 203

第一节　PPP 监管目的与监管体系 / 203
第二节　PPP 项目全生命周期监管与绩效评估 / 206
第三节　PPP 项目的信息公开与披露机制 / 213

第十章　当前地方政府投融资（含 PPP）的规范运作与风险防范
………………………………………………………………… 222

第一节　近年来地方政府投融资（含 PPP）运作及其风险 / 222
第二节　PPP 项目的问题根源分析与潜在财政风险 / 225
第三节　政府投融资（含 PPP）的规范发展与风险防范 / 231

第十一章　PPP 健康持续发展的体制机制构建与规范实施建议 ………… 238

第一节　世界各国 PPP 成功经验回顾 / 238
第二节　我国 PPP 发展前景广阔、意义重大，但应审慎乐观 / 239

第三节　PPP 立法的必要性与思路 / 243
第四节　相关的体制机制与规范创新实施的建议 / 245
第五节　结语 / 259

参考文献 ………………………………………………………… 262

第一章

PPP 模式的缘起与发展历程

PPP 是"Public – Private Partnership"的缩写,直译为"公共部门与私人部门之间的合作伙伴关系",简译为"公私合作伙伴关系"、"公私合营"。在我国语境下,PPP 被翻译为"政企合作"、"政府与社会资本合作"等,本书采用"政府与社会资本合作"这个译法。PPP 主要是政府在基础设施与公共服务领域引入社会资本提供公共产品的一种方式。

PPP 模式是一种既古老又现代化的公共产品供给方式,在世界范围内得到了广泛应用。从 2013 年以来,我国大力推广 PPP 模式,短短数年,中国已经成为全球最大的 PPP 市场。当前这一阶段 PPP 发展成绩斐然,但快速发展背后依然存在一些风险与问题。本章主要介绍 PPP 的缘起和发展历程,以及中国 PPP 发展概况。

第一节 PPP 缘起与背景

一、广泛意义上的 PPP 模式可谓历史悠久

尽管 PPP 的概念出现时间并不长,但 PPP 在实践上则历史悠久。早在罗马帝国时代,甚至更早的时期,就已经存在政府依赖私营部门投资来提供公共服务的案例。据历史记载,公元前 1950 年,亚述人就修建了从叙利亚到巴比伦的收费道路,罗马大帝授予 Salassi 部落征收通行费的特许权作为回报。欧洲在 17 世纪,开始推行授予公路收费政策以收回投资,后来的电报网、电网及燃气管网亦采用相同的融资方式。从早期瑞典的公路养护、希腊的灯塔建造和维护、美国的国债发行,到现代的义务教育、医疗服务、保障性住房乃至监狱管理,PPP 已经

渗透到社会生活的方方面面。尤其是英美等主要发达国家在20世纪七八十年代率先掀起的公用事业等领域的民营化浪潮，进一步助推了PPP的发展。这些私营部门提供公共产品行为均可宽泛地认为是所在历史时期的PPP模式的应用，这些实践具备了现代PPP模式的雏形。

PPP模式在中国并不陌生，无论过去百年前，还是最近几十年都有丰富的PPP应用案例。例如，清朝末期民间投资的几条收费铁路就是实例。广东潮汕铁路从1903年开始筹备，1904年动工兴建，至1906年10月全部干线完工，同年11月16日正式通车，成为中国近代史上第一条由华侨投资兴建的纯商办铁路。此外，1906年6月开工、1913年竣工的新宁铁路是内陆最南端的一条民营铁路。作为民办铁路，当时得到了朝廷批准和官方的支持，从筹备、设计、修建、经营到管理基本都是由华侨及其公司完成，主要收入来源于客运收入，这种"特许经营"的PPP模式已有百年以上历史。新中国改革开放以后，在基础设施和公用事业领域，引入外资采取BOT（建设－运营－移交）或政府特许经营模式进行投资建设，开始出现具有现代意义的PPP雏形。其中，深圳沙角B电厂BOT项目被认为是中国第一个具有现代意义的PPP项目，该项目由深圳经济特区电力开发公司与香港合和电力（中国）有限公司于1985年合作兴建，1988年4月正式投入商业运营。自此以后，PPP模式在中国逐步发展起来。2013年，十八届三中全会《决定》提出，"允许社会资本通过特许经营等方式参与城市基础设施投资和运营"，开启了PPP大发展的新局面。

二、现代意义上的PPP兴起与定义

（一）现代意义上的PPP模式的兴起

从广泛意义上讲，PPP模式无论是国内还是国外，不论是过去还是现在，均有丰富的实践和运用。西方国家在20世纪80年代开展的轰轰烈烈的私有化（privatization）风潮归于平寂之后，PPP成为各国政府的一种管理实践再次流行。基础设施领域存在的供给不足、低效管理、维护不足、私人垄断等问题，是西方各国政府普遍面临的挑战。与此同时，基础设施的退化和财政的入不敷出，客观上促进了PPP的发展。

现代意义上的PPP出现于20世纪90年代初的英国、加拿大等国家。20世纪80年代，英国大力推行私有化进程，包括水、电、天然气、矿产、航空、电信等行业都实行了私有化。但是，私营资本追求纯粹的经济利益，与社会目标有着不可调和的矛盾，也产生了很多负面问题，英国政府需要寻求兼顾公私利益的运行模式。1992年，时任英国财政大臣的拉蒙特提出私人融资计划（Private Financing Initiative，简称"PFI"）模式，试图在基础设施领域加强政府和私营部门合作。在面对控制财政支出、改善基础设施的双重压力下，英国政府不得不积极考虑PFI模式，将民间资金引入公共建设。自1992年起，英国陆续将PFI模式用于交通（公路、铁路、机场、港口）、卫生（医院）、公共安全（监狱）、国防、教育（学校）、公共不动产等多个领域。PFI就成为现代PPP模式的缘起，随着PFI标准化示范效应以不同方式在全球推广，已成为公共部门一种普遍性可选择的采购方式。自20世纪90年代以来，PPP广泛适用于世界各地的公共管理领域。其中，西方国家PPP市场最为发达，英、澳、加拿大等发达国家PPP项目的规模和管理水平较高。

现代PPP模式的兴起与20世纪80年代西方国家的"新公共管理运动"密不可分。新公共管理运动提出"重塑政府"，主张把决策制定（掌舵）和决策执行（划桨）分离，倡导通过民营化等形式，把公共服务的生产和提供交由市场和社会力量来承担。该运动提出公共服务应以"顾客导向"，强调对公共部门提供公共服务的全过程进行跟踪监测并做出系统的绩效评估。评估内容主要包括服务质量、顾客满意度、效率和成本收益等，而这些恰恰是"物有所值（Value For Money）"的核心内容。"物有所值"是新公共管理运动的必然产物，英国、澳大利亚等国是较早开始应用物有所值评价PPP项目的国家，这一理念和工具在全球范围得以较为广泛的应用。

简言之，现代意义上的PPP兴起的背景是应对基础设施退化和突破财政预算不足，但是，这一时期的PPP是在新公共管理运动促进下形成的，与20世纪80年代以前的PPP不同。现代意义上的PPP更加强调发挥社会资本专业、技术和管理优势改进公共服务，促进政府职能转变，推动经济发展和投融资体制机制改革等。

（二）PPP的定义

PPP并非一个新生事物，但是，不同国家、地区或机构对PPP的定义都有不同，具体模式和分类也尚未达成一致的看法。

1. 国外组织和政府对PPP的定义

世界各国、各地区政府及国际组织从不同侧面及实际出发，对PPP给出了不同定义，具有较大的差异，见表1-1。

表 1-1　　各国、地区和组织对 PPP 的定义

机构名称	定义内容
联合国发展计划署	政府、营利性企业和非营利组织基于某个项目而形成的相互合作关系的形式。通过这种合作形式，合作各方可以达到比预期单独行动更有利的结果。合作各方参与某个项目时，政府并不是把项目的责任全部转移给私营部门，而是由参与合作的各方共同承担责任和融资风险
欧盟委员会	公共部门和私营部门之间的一种合作关系，双方根据各自的优劣势共同承担风险和责任，以提供传统上由公共部门负责的公共项目或服务
世界银行（2012 PPP Reference Guide Version 1.0）	一种私营部门和政府部门之间的长期合同关系，用以提供公共设施或服务，其中私营部门承担较大风险和管理职责
亚洲开发银行	PPP 是在基础设施和其他服务方面，公共部门和私营部门的一系列的合作关系，其特征有：政府授权、规制和监管，私营企业出资、经营提供服务，公私长期合作、共担风险、提高效率和服务水平
英国财政部	公共部门和私营部门协同工作、共担风险，以实施政策、提供服务和基础设施的合作
加拿大 PPP 委员会	公共部门和私人部门之间的一种合作经营关系，它建立在双方各自经验的基础上，通过适当的资源分配、风险分担和利益共享机制，最好地满足实现清晰界定的公共需求
澳大利亚	政府和私营部门之间的长期合同，政府支付私营部门代表政府或辅助政府满足政府职责所提供的基础设施和相关服务，而私营部门要负责所建造设施的全寿命期可使用状况和性能
德国联邦交通、建设及房地产部	长期的、基于合同管理下的公共部门和私营部门的合作以结合各方必要的资源（如专门知识、经营基金、资金、人力资源）和根据项目各方风险管理能力合理分担项目存在的风险，从而有效地满足公共服务需要
《美国交通工程用户使用手册》	公共部门和私营部门伙伴之间的一种合同协议，PPP 比传统的方式允许更广泛的私营部门参与。协议通常包含一个政府机构和一个私营公司达成修复、建造、经营、维护和/或管理一个设施或系统。尽管公共部门通常保留设施或系统的拥有权，私营部门拥有在决定项目或任务如何完成方面的额外的决策权力
印度金融部的经济事务部门	一个政府或政府法定实体和一个私营部门公司为了交付一个基于用户支付费用的基础设施服务项目的协议或特许权协议
香港效率促进组	一种由双方共同提供公共服务或实施项目的安排。在这种安排下，双方通过不同程度的参与和承担，各自发挥专长，包括特许经营、私营部门投资、合伙投资、合伙经营、组成合伙公司等几种方式

以上定义都是从各个侧面和自身实际出发界定的，尚未有统一权威、统一的

定义。相比较而言，世界银行在 2014 年关于 PPP 定义的新变化，较有代表性。2014 年 7 月，世界银行、亚洲开发银行、美洲开发银行联合出版《PPP 指南第 2 版》(PPP Reference Guide Version 2.0)，将 PPP 定义为："由私营部门同政府部门之间达成长期合同，提供公共资产和服务，由私营部门承担主要风险并管理责任，私营部门根据绩效情况得到酬劳（PPP：A long–term contract between a private party and a government entity, for providing a public asset or service, in which the private party bears significant risk and management responsibility, and remuneration is linked to performance）。"

2. 学术界对 PPP 定义

国外对 PPP 研究起步较早。G. Peirson, P. McBride（1996）认为 PPP 是指公共部门与私营部门之间签订长期合同，由私营部门实体来进行公共部门基础设施的建设或管理，或由私营部门实体代表一个公共部门实体（利用基础设施）向社会提供各种服务。Kernaghan（2000）认为 PPP 是指为了实现共同目标和互惠互利，公共部门与私人部门权力共享、共同经营、维护以及信息共享而形成的合作关系。E. S. Savas（2002）认为 PPP 的广义界定是指公共和私营部门共同参与生产的提供物品和服务的任何安排。

国内专家学者也对 PPP 进行了系统深入的研究。王守清等（2008）认为，PPP 有广义与狭义之分，广义 PPP 泛指公共部门与私人部门为提供公共服务所建立的合作关系；狭义 PPP 强调在项目中公共部门的产权（股份），以及与私人部门的风险分担与利益共享，特指 BOT、DBFO 等一系列项目融资方式。赖丹馨等（2010）将 PPP 定义为针对特定的公共项目，由政府发起，在公共部门和私人部门之间建立的长期合同关系，包括融资、建设、运营等权利和责任的分配。

3. 中国政府对 PPP 定义（2014~2015 年）

在中国，公共部门（Public）、私营部门（Private）的范畴与内涵与西方有差异。对于"Private"的界定，考虑国内实际以及市场化改革，采用社会资本翻译较为全面。在我国语境和现实下，PPP 直译为政府与社会资本合作。我国政府层面对 PPP 的定义也有差别，侧重点不同，见表 1-2。

表 1-2　　　　　　　　　我国政府对 PPP 的定义

中国政府	PPP 定义
财政部：《关于推广运用政府和社会资本合作模式有关问题的通知》（财金〔2014〕76 号）	政府和社会资本合作模式是在基础设施及公共服务领域建立的一种长期合作关系。通常模式是由社会资本承担设计、建设、运营、维护基础设施的大部分工作，并通过"使用者付费"及必要的"政府付费"获得合理投资回报；政府部门负责基础设施及公共服务价格和质量监管，以保证公共利益最大化

续表

中国政府	PPP 定义
发改委：《关于开展政府和社会资本合作的指导意见》，发改投资〔2014〕2724号	政府为增强公共产品和服务供给能力、提高供给效率，通过特许经营、购买服务、股权合作等方式，与社会资本建立的利益共享、风险分担及长期合作关系
国务院办公厅：转发财政部、发展改革委、人民银行关于在公共服务领域推广政府和社会资本合作模式指导意见的通知，国办发〔2015〕42号	政府和社会资本合作模式是公共服务供给机制的重大创新，即政府采取竞争性方式择优选择具有投资、运营管理能力的社会资本，双方按照平等协商原则订立合同，明确责权利关系，由社会资本提供公共服务，政府依据公共服务绩效评价结果向社会资本支付相应对价，保证社会资本获得合理收益

对于"Private"或社会资本的界定与国外有差别，在国内也存在差异。社会资本的范畴包括各类民营企业、外资企业、国有企业，其中国有企业作为私人部门与西方不同。从狭义上讲，国有企业不属于私人部门，但目前在基础设施及公用事业等领域起到非常重要作用的仍是国有企业，将国企完全排斥出去，不符合实际、也不利于竞争。从国内看，财政部对于社会资本范围界定小一些，基于债务管理、公开竞争等考虑，社会资本的范围中排除了本级政府所属的融资平台公司及其他控股国有企业。项目当地的国有企业或本级政府控股的国有企业、投融资平台往往政企不分，具有先天优势和自身劣势，应该排除在"Private"外。但随着国企改革的深入，完全营利性、市场化运作、不依靠财政资金的国有企业可视为私人部门。

综上，给PPP下一个准确的定义基本是不可能的，也是徒劳无功的。PPP的应用性、实证性强，应用领域广，受实际运行制度环境影响大。PPP是一个内涵被泛化的术语，可包含多种形式的公私合作关系，其中，既有紧密型的合作，也有松散型的合作。在中国当下，把PPP划分为政府特许经营、股权合作和政府购买服务等形式，甚至把BT、私有化、混合所有制都作为PPP的实现形式，完全是误解或功能上的"泛化"；此外，以付费方式作为划分PPP类型的依据，实际上是片面性曲解了PPP的实质内涵，把PPP模式降低为回报机制或融资手段。

对PPP的定义不同，相应的界定亦存在差异，普遍倾向于广义的PPP，但BT（建设－移交）回购方式、一般性股权合作等方式不算在列。无论是广义还是狭义，PPP本质上是公共部门和私营部门为提供公共产品或服务而达成的长期合作关系。公共部门由在传统方式下公共设施和服务的提供者变为规制者、合作者、购买者和监管者。PPP定义及运作方式具体落脚于本国和地区实际，侧重点有差异，但多结合当地实际需求，并从其核心特征出发界定。

中国 PPP 模式系列丛书

PPP 模式的理论与政策

吉富星 著

中国财经出版传媒集团
中国财政经济出版社

图书在版编目（CIP）数据

PPP 模式的理论与政策／吉富星著.—北京：中国财政经济出版社，2017.6
（中国 PPP 模式系列丛书）
ISBN 978－7－5095－7022－7

Ⅰ.①P… Ⅱ.①吉… Ⅲ.①政府投资－合作－社会资本－研究－中国 Ⅳ.①F832.48 ②F124.7

中国版本图书馆 CIP 数据核字（2017）第 136492 号

责任编辑：杨　骁　　　　　　　责任校对：李　丽
封面设计：陈宇琰　　　　　　　版式设计：齐　杰

中国财政经济出版社 出版

URL：http：∥www.cfeph.cn
E－mail：cfeph@cfeph.cn

（版权所有　翻印必究）

社址：北京市海淀区阜成路甲 28 号　邮政编码：100142
营销中心电话：88190406　北京财经书店电话：64033436　84041336
北京财经印刷厂印刷　各地新华书店经销
710×1000 毫米　16 开　17.25 印张　334 000 字
2017 年 6 月第 1 版　2017 年 6 月北京第 1 次印刷
定价：58.00 元
ISBN 978－7－5095－7022－7
（图书出现印装问题，本社负责调换）
本社质量投诉电话：010－88190744
打击盗版举报热线：010－88190414　　QQ：447268889

推荐序

随着我国经济社会转型升级，公共服务（公共设施）的需求不断扩大，处于相对短缺状态。但是，财政约束日益收紧，单纯依赖政府已难以满足不断增长的公共服务需求。政府与社会资本合作（简称为PPP）作为向公众提供公共服务的一种新方式，受到世界各国青睐，方兴未艾。从我国实际出发，正式推广PPP起于2014年，目前已经成为全球最大的PPP市场，发展成绩斐然，但也存在"野蛮生长"问题。PPP规模的快速扩展，同时也表明我国PPP的发展已经到了一个新阶段，合作中的各种风险也将日益显现，相关深层次的改革也须提上议事日程。

PPP是公共服务提供的一种新模式，涉及不同性质主体之间的合作，形成了以前不曾有的民事关系、行政关系以及相关法律问题。同时，PPP也是公共治理的一个新路径，事关政府自身改革以及政府与市场、社会之间关系的重构问题，多元共治、共建、共享，由此形成一种新规则，引发权利、权力及责任的新界定。这预示着公共治理中政府、市场、社会之间的关系在发生实质性变化。PPP不仅可以平滑财政支出压力，更好地实现风险的合理分担、公共服务的"提质增效"，而且可渐渐扭转长期来形成的政府与市场、社会之间的界域关系，以及楚河汉界、泾渭分明的平面思维，继而从制度主义转向行为主义——行为合作。

PPP是基于长期性、平等性的合作伙伴关系，也是一种全程参与、收益共享、风险共担的共治关系。这种共治关系分为两个层面：一是宏观层面公共风险的多元共治关系，二是微观层面以项目"风险—收益"的分担与共享为核心的缔约关系。上述两层含义分别构成PPP宏观体制和微观机制的学理基础。PPP是财政实现自身在国家治理中基础性、支柱性作用的一种有效制度安排，其改革意义不亚于市场化改革，有利于推进国家治理体系和治理能力现代化。值得注意的是，PPP不是政府"甩包袱"，也不是免费午餐，潜在的各种风险不可忽视。若合作不当，只会加重财政、公众负担，并导致财政风险隐匿、道德风险蔓延。对政府来说，不应将其异化为融资工具，当前更重要的是一种理念、思路、行为的转变，以及相应体制机制的变革。

《PPP模式的理论与政策》、《中国PPP模式的运作实务》、《中国PPP模式的案例解析》这三本书着重研究了政府与社会资本合作的理论、政策，并从项目全生命周期的运作、案例等层面进行解析。该套书体系完整、逻辑严谨、案例丰富、内容翔实，对PPP理论与实践所作的研究有一定的创新性。其中，在制度建设等方面的建议具有较强的针对性、可行性，项目运作过程中的实务与案例具有一定的启发性、示范性。

该套书的作者吉富星副教授是我指导毕业的经济学博士，在这个领域及金融投资方面拥有丰富的实操经验，再通过理论学习，研究能力提升很快，在政府与社会资本合作研究方面是复合型的专家。他先后在大型企业从事投融资管理工作十余年，在大学从事投资、金融等方面教学、研究三年。近年来，他多次参加了财政部及其他机构的PPP课题研究、政策研讨，发表多篇核心期刊论文。此外，他作为专家参与了财政部/国家PPP示范项目评审工作，同时，兼任财政部PPP中心专家、中国财政学会理事、投融资专委会副秘书长以及多个地方政府的政府与社会资本合作或金融顾问等。该套书在PPP理论与实践层面具有独到、深刻的理解，具有启发性，值得鼓励与肯定。当然，该套书中也存在一些需要进一步细化与完善之处。

基于我国国情的PPP理论与实践的研究还面临着很多挑战，亟待深入拓展。PPP在全世界没有一个统一、权威定义，并不存在静态的最佳实践。毋庸置疑的是，PPP将带来一场持续性、系统性、综合性的改革，意义重大、影响深远！PPP的健康持续发展应加强相关体制机制（财政、行政等）改革、强化制度（立法、政策、指南、合同等）安排、协同推进配套改革，切实消除财政机会主义、社会资本短期倾向，回归到公共服务效率与公平这一本义。PPP发展任重道远，不会是一片坦途，需要积极审慎、稳中求进、规范创新推进。

刘尚希

中国财政学会副会长、中国财政科学研究院院长

前言

政府与社会资本合作（PPP）是当前基础设施、公共服务领域引入社会资本提供公共产品的新机制，也是国家治理的新模式。PPP在中国并非一个新生事物，但2013年我国倡导的PPP模式是适应国家治理现代化的体制机制的创新和升级。短短数年，中国已经成为全球最大的PPP市场，发展成绩斐然，但快速发展背后依然存在一些风险与问题。针对当前的PPP热潮和各种争论，无论是理论研究和实践探索均存在较多分歧。本书从理论、政策层面，力求对PPP进行较为全面的分析，重点关注相应制度安排、风险防范与规范实施，以期提供一些建设性建议。

本书内容分为十一个章节，总体分为三大部分。

第一部分为第一到第四章，主要阐述PPP的背景、理论和意义。这部分主要就PPP发展的背景、国内外发展状况、国际经验进行了梳理和总结，同时，对PPP的基础理论、PPP在中国发展的意义和挑战进行了分析。PPP在中国不仅具有迫切的现实需求，并且具有重大的战略意义，但也面临巨大挑战、潜在风险。

第二部分为第五到第九章，主要解读、分析PPP全生命周期运作过程中的相关政策与操作难点。这部分主要基于理论、政策与实践相结合角度，重点就PPP的操作流程、运作方式、风险分配、融资与金融、产权与财税、监管与绩效等方面政策及与之关联的实践进行了剖析。

第三部分为第十到第十一章，主要分析当前地方政府投融资（含PPP）运作不规范、风险大等问题。结合地方投融资、行政、财政体制，系统提出了相应的体制机制变革、制度安排和规范实施的具体建议。

　　本书在编写过程中，相关部委司局、地方财政部门、金融机构和科研单位的很多专家、学者对本书给予了指导、提出了很多有益的建议，在此由衷地表示感谢。尤其是要感谢我的博士生导师中国财政科学研究院院长刘尚希研究员的指导与鼓励，也非常感谢财政部专项支持的《政府与社会资本合作立法研究》课题组其他成员提供的各种帮助。此外，感谢PPP领域的专家学者和实务工作者，本书是在学习和借鉴他们已有研究成果的基础上做出的一点探索和思考。最后，要衷心感谢中国财政经济出版社的杨骁同志，他为本书的顺利出版做了大量的策划、编辑工作。

　　PPP在实践过程中依然存在很多争议，在很多问题上仍难以达成共识，尤其需要相关研究支撑。本书的研究只是一个初步的框架，仍有许多不完善之处甚至错误，敬请各位读者批评指正。

吉富星

2017年6月

目录

第一章　PPP 模式的缘起与发展历程 ………………………………… 1

　　第一节　PPP 缘起与背景 / 1
　　第二节　PPP 在世界各国发展的总体概况 / 7
　　第三节　中国 PPP 发展取得的成绩与存在的问题 / 9

第二章　国外 PPP 发展情况、经验和启示 …………………………… 15

　　第一节　部分西方发达国家实施 PPP 的情况 / 15
　　第二节　部分亚洲及发展中国家实施 PPP 的情况 / 27
　　第三节　国外 PPP 普遍面临的争议和挑战 / 31
　　第四节　相关经验和启示 / 33

第三章　PPP 研究现状、理论基础与公共服务供给机制 …………… 37

　　第一节　PPP 相关文献回顾与评述 / 37
　　第二节　PPP 相关的理论基础 / 42
　　第三节　PPP 模式的效率不确定性与国家治理 / 54
　　第四节　PPP 是公共服务供给新机制、治理新工具，需积极
　　　　　　审慎推进 / 60

第四章　当前我国推广 PPP 的现实需求与深远意义 ………………… 64

　　第一节　现阶段推进 PPP 的背景与现实需求 / 64
　　第二节　2014 年前后相关 PPP 的政策回顾与分析 / 71
　　第三节　当前 PPP 是一次体制机制升级与变革 / 82

第五章　PPP 模式的核心特征、运作方式与当前操作流程 ………… 85

　　第一节　PPP 的核心特征与常见运作方式 / 85
　　第二节　投资项目（含 PPP 项目）相关流程 / 92

第三节　PPP 项目运作流程的衔接、优化 / 106

第六章　项目全生命周期的风险分担与应对 …………………… 107

第一节　PPP 项目失败案例回顾与风险特点 / 107
第二节　一个分析框架：合理的风险分担与激励机制 / 114
第三节　风险分配的一般性原则、安排与复杂性 / 117
第四节　项目全生命周期的风险分担与应对 / 127
第五节　重大风险的识别、评估与管控框架 / 135

第七章　PPP 项目的融资与金融 …………………………………… 142

第一节　融资类型与结构 / 142
第二节　我国银行贷款业务框架、项目融资的难点 / 153
第三节　金融机构参与 PPP 方式与部分新型融资方式 / 163
第四节　PPP 金融市场发展的挑战、趋势与建议 / 175

第八章　PPP 项目的产权、会计、税收与财政管理 ……………… 181

第一节　PPP 项目的产权 / 181
第二节　PPP 项目的会计核算 / 185
第三节　PPP 项目的税收 / 192
第四节　PPP 项目的政府预算与财政管理 / 197

第九章　PPP 项目监管、绩效评估与信息公开 …………………… 203

第一节　PPP 监管目的与监管体系 / 203
第二节　PPP 项目全生命周期监管与绩效评估 / 206
第三节　PPP 项目的信息公开与披露机制 / 213

第十章　当前地方政府投融资（含 PPP）的规范运作与风险防范
　　　　………………………………………………………………… 222

第一节　近年来地方政府投融资（含 PPP）运作及其风险 / 222
第二节　PPP 项目的问题根源分析与潜在财政风险 / 225
第三节　政府投融资（含 PPP）的规范发展与风险防范 / 231

第十一章　PPP 健康持续发展的体制机制构建与规范实施建议 ……… 238

第一节　世界各国 PPP 成功经验回顾 / 238
第二节　我国 PPP 发展前景广阔、意义重大，但应审慎乐观 / 239

第三节　PPP 立法的必要性与思路 / 243
第四节　相关的体制机制与规范创新实施的建议 / 245
第五节　结语 / 259

参考文献 ……………………………………………………………… 262

第一章

PPP 模式的缘起与发展历程

PPP 是 "Public – Private Partnership" 的缩写，直译为 "公共部门与私人部门之间的合作伙伴关系"，简译为 "公私合作伙伴关系"、"公私合营"。在我国语境下，PPP 被翻译为 "政企合作"、"政府与社会资本合作" 等，本书采用 "政府与社会资本合作" 这个译法。PPP 主要是政府在基础设施与公共服务领域引入社会资本提供公共产品的一种方式。

PPP 模式是一种既古老又现代化的公共产品供给方式，在世界范围内得到了广泛应用。从 2013 年以来，我国大力推广 PPP 模式，短短数年，中国已经成为全球最大的 PPP 市场。当前这一阶段 PPP 发展成绩斐然，但快速发展背后依然存在一些风险与问题。本章主要介绍 PPP 的缘起和发展历程，以及中国 PPP 发展概况。

第一节　PPP 缘起与背景

一、广泛意义上的 PPP 模式可谓历史悠久

尽管 PPP 的概念出现时间并不长，但 PPP 在实践上则历史悠久。早在罗马帝国时代，甚至更早的时期，就已经存在政府依赖私营部门投资来提供公共服务的案例。据历史记载，公元前 1950 年，亚述人就修建了从叙利亚到巴比伦的收费道路，罗马大帝授予 Salassi 部落征收通行费的特许权作为回报。欧洲在 17 世纪，开始推行授予公路收费政策以收回投资，后来的电报网、电网及燃气管网亦采用相同的融资方式。从早期瑞典的公路养护、希腊的灯塔建造和维护、美国的国债发行，到现代的义务教育、医疗服务、保障性住房乃至监狱管理，PPP 已经

渗透到社会生活的方方面面。尤其是英美等主要发达国家在20世纪七八十年代率先掀起的公用事业等领域的民营化浪潮，进一步助推了PPP的发展。这些私营部门提供公共产品行为均可宽泛地认为是所在历史时期的PPP模式的应用，这些实践具备了现代PPP模式的雏形。

PPP模式在中国并不陌生，无论过去百年前，还是最近几十年都有丰富的PPP应用案例。例如，清朝末期民间投资的几条收费铁路就是实例。广东潮汕铁路从1903年开始筹备，1904年动工兴建，至1906年10月全部干线完工，同年11月16日正式通车，成为中国近代史上第一条由华侨投资兴建的纯商办铁路。此外，1906年6月开工、1913年竣工的新宁铁路是内陆最南端的一条民营铁路。作为民办铁路，当时得到了朝廷批准和官方的支持，从筹备、设计、修建、经营到管理基本都是由华侨及其公司完成，主要收入来源于客运收入，这种"特许经营"的PPP模式已有百年以上历史。新中国改革开放以后，在基础设施和公用事业领域，引入外资采取BOT（建设－运营－移交）或政府特许经营模式进行投资建设，开始出现具有现代意义的PPP雏形。其中，深圳沙角B电厂BOT项目被认为是中国第一个具有现代意义的PPP项目，该项目由深圳经济特区电力开发公司与香港合和电力（中国）有限公司于1985年合作兴建，1988年4月正式投入商业运营。自此以后，PPP模式在中国逐步发展起来。2013年，十八届三中全会《决定》提出，"允许社会资本通过特许经营等方式参与城市基础设施投资和运营"，开启了PPP大发展的新局面。

二、现代意义上的PPP兴起与定义

（一）现代意义上的PPP模式的兴起

从广泛意义上讲，PPP模式无论是国内还是国外，不论是过去还是现在，均有丰富的实践和运用。西方国家在20世纪80年代开展的轰轰烈烈的私有化（privatization）风潮归于平寂之后，PPP成为各国政府的一种管理实践再次流行。基础设施领域存在的供给不足、低效管理、维护不足、私人垄断等问题，是西方各国政府普遍面临的挑战。与此同时，基础设施的退化和财政的入不敷出，客观上促进了PPP的发展。

现代意义上的PPP出现于20世纪90年代初的英国、加拿大等国家。20世纪80年代，英国大力推行私有化进程，包括水、电、天然气、矿产、航空、电信等行业都实行了私有化。但是，私营资本追求纯粹的经济利益，与社会目标有着不可调和的矛盾，也产生了很多负面问题，英国政府需要寻求兼顾公私利益的运行模式。1992年，时任英国财政大臣的拉蒙特提出私人融资计划（Private Financing Initiative，简称"PFI"）模式，试图在基础设施领域加强政府和私营部门合作。在面对控制财政支出、改善基础设施的双重压力下，英国政府不得不积极考虑PFI模式，将民间资金引入公共建设。自1992年起，英国陆续将PFI模式用于交通（公路、铁路、机场、港口）、卫生（医院）、公共安全（监狱）、国防、教育（学校）、公共不动产等多个领域。PFI就成为现代PPP模式的缘起，随着PFI标准化示范效应以不同方式在全球推广，已成为公共部门一种普遍性可选择的采购方式。自20世纪90年代以来，PPP广泛适用于世界各地的公共管理领域。其中，西方国家PPP市场最为发达，英、澳、加拿大等发达国家PPP项目的规模和管理水平较高。

现代PPP模式的兴起与20世纪80年代西方国家的"新公共管理运动"密不可分。新公共管理运动提出"重塑政府"，主张把决策制定（掌舵）和决策执行（划桨）分离，倡导通过民营化等形式，把公共服务的生产和提供交由市场和社会力量来承担。该运动提出公共服务应以"顾客导向"，强调对公共部门提供公共服务的全过程进行跟踪监测并做出系统的绩效评估。评估内容主要包括服务质量、顾客满意度、效率和成本收益等，而这些恰恰是"物有所值（Value For Money）"的核心内容。"物有所值"是新公共管理运动的必然产物，英国、澳大利亚等国是较早开始应用物有所值评价PPP项目的国家，这一理念和工具在全球范围得以较为广泛的应用。

简言之，现代意义上的PPP兴起的背景是应对基础设施退化和突破财政预算不足，但是，这一时期的PPP是在新公共管理运动促进下形成的，与20世纪80年代以前的PPP不同。现代意义上的PPP更加强调发挥社会资本专业、技术和管理优势改进公共服务，促进政府职能转变，推动经济发展和投融资体制机制改革等。

（二）PPP的定义

PPP并非一个新生事物，但是，不同国家、地区或机构对PPP的定义都有不同，具体模式和分类也尚未达成一致的看法。

1. 国外组织和政府对PPP的定义

世界各国、各地区政府及国际组织从不同侧面及实际出发，对PPP给出了不同定义，具有较大的差异，见表1-1。

表 1-1　　各国、地区和组织对 PPP 的定义

机构名称	定义内容
联合国发展计划署	政府、营利性企业和非营利组织基于某个项目而形成的相互合作关系的形式。通过这种合作形式，合作各方可以达到比预期单独行动更有利的结果。合作各方参与某个项目时，政府并不是把项目的责任全部转移给私营部门，而是由参与合作的各方共同承担责任和融资风险
欧盟委员会	公共部门和私营部门之间的一种合作关系，双方根据各自的优劣势共同承担风险和责任，以提供传统上由公共部门负责的公共项目或服务
世界银行（2012 PPP Reference Guide Version 1.0）	一种私营部门和政府部门之间的长期合同关系，用以提供公共设施或服务，其中私营部门承担较大风险和管理职责
亚洲开发银行	PPP 是在基础设施和其他服务方面，公共部门和私营部门的一系列的合作关系，其特征有：政府授权、规制和监管，私营企业出资、经营提供服务，公私长期合作、共担风险、提高效率和服务水平
英国财政部	公共部门和私营部门协同工作、共担风险，以实施政策、提供服务和基础设施的合作
加拿大 PPP 委员会	公共部门和私人部门之间的一种合作经营关系，它建立在双方各自经验的基础上，通过适当的资源分配、风险分担和利益共享机制，最好地满足实现清晰界定的公共需求
澳大利亚	政府和私营部门之间的长期合同，政府支付私营部门代表政府或辅助政府满足政府职责所提供的基础设施和相关服务，而私营部门要负责所建造设施的全寿命期可使用状况和性能
德国联邦交通、建设及房地产部	长期的、基于合同管理下的公共部门和私营部门的合作以结合各方必要的资源（如专门知识、经营基金、资金、人力资源）和根据项目各方风险管理能力合理分担项目存在的风险，从而有效地满足公共服务需要
《美国交通工程用户使用手册》	公共部门和私营部门伙伴之间的一种合同协议，PPP 比传统的方式允许更广泛的私营部门参与。协议通常包含一个政府机构和一个私营公司达成修复、建造、经营、维护和/或管理一个设施或系统。尽管公共部门通常保留设施或系统的拥有权，私营部门拥有在决定项目或任务如何完成方面的额外的决策权力
印度金融部的经济事务部门	一个政府或政府法定实体和一个私营部门公司为了交付一个基于用户支付费用的基础设施服务项目的协议或特许权协议
香港效率促进组	一种由双方共同提供公共服务或实施项目的安排。在这种安排下，双方通过不同程度的参与和承担，各自发挥专长，包括特许经营、私营部门投资、合伙投资、合伙经营、组成合伙公司等几种方式

以上定义都是从各个侧面和自身实际出发界定的，尚未有统一权威、统一的

定义。相比较而言，世界银行在 2014 年关于 PPP 定义的新变化，较有代表性。2014 年 7 月，世界银行、亚洲开发银行、美洲开发银行联合出版《PPP 指南第 2 版》(PPP Reference Guide Version 2.0)，将 PPP 定义为："由私营部门同政府部门之间达成长期合同，提供公共资产和服务，由私营部门承担主要风险并管理责任，私营部门根据绩效情况得到酬劳（PPP：A long-term contract between a private party and a government entity, for providing a public asset or service, in which the private party bears significant risk and management responsibility, and remuneration is linked to performance）。"

2. 学术界对 PPP 定义

国外对 PPP 研究起步较早。G. Peirson, P. McBride（1996）认为 PPP 是指公共部门与私营部门之间签订长期合同，由私营部门实体来进行公共部门基础设施的建设或管理，或由私营部门实体代表一个公共部门实体（利用基础设施）向社会提供各种服务。Kernaghan（2000）认为 PPP 是指为了实现共同目标和互惠互利，公共部门与私人部门权力共享、共同经营、维护以及信息共享而形成的合作关系。E. S. Savas（2002）认为 PPP 的广义界定是指公共和私营部门共同参与生产的提供物品和服务的任何安排。

国内专家学者也对 PPP 进行了系统深入的研究。王守清等（2008）认为，PPP 有广义与狭义之分，广义 PPP 泛指公共部门与私人部门为提供公共服务所建立的合作关系；狭义 PPP 强调在项目中公共部门的产权（股份），以及与私人部门的风险分担与利益共享，特指 BOT、DBFO 等一系列项目融资方式。赖丹馨等（2010）将 PPP 定义为针对特定的公共项目，由政府发起，在公共部门和私人部门之间建立的长期合同关系，包括融资、建设、运营等权利和责任的分配。

3. 中国政府对 PPP 定义（2014～2015 年）

在中国，公共部门（Public）、私营部门（Private）的范畴与内涵与西方有差异。对于"Private"的界定，考虑国内实际以及市场化改革，采用社会资本翻译较为全面。在我国语境和现实下，PPP 直译为政府与社会资本合作。我国政府层面对 PPP 的定义也有差别，侧重点不同，见表 1-2。

表 1-2　　　　　　　　　我国政府对 PPP 的定义

中国政府	PPP 定义
财政部：《关于推广运用政府和社会资本合作模式有关问题的通知》（财金〔2014〕76 号）	政府和社会资本合作模式是在基础设施及公共服务领域建立的一种长期合作关系。通常模式是由社会资本承担设计、建设、运营、维护基础设施的大部分工作，并通过"使用者付费"及必要的"政府付费"获得合理投资回报；政府部门负责基础设施及公共服务价格和质量监管，以保证公共利益最大化

续表

中国政府	PPP 定义
发改委：《关于开展政府和社会资本合作的指导意见》，发改投资〔2014〕2724 号	政府为增强公共产品和服务供给能力、提高供给效率，通过特许经营、购买服务、股权合作等方式，与社会资本建立的利益共享、风险分担及长期合作关系
国务院办公厅：转发财政部、发展改革委、人民银行关于在公共服务领域推广政府和社会资本合作模式指导意见的通知，国办发〔2015〕42 号	政府和社会资本合作模式是公共服务供给机制的重大创新，即政府采取竞争性方式择优选择具有投资、运营管理能力的社会资本，双方按照平等协商原则订立合同，明确责权利关系，由社会资本提供公共服务，政府依据公共服务绩效评价结果向社会资本支付相应对价，保证社会资本获得合理收益

对于"Private"或社会资本的界定与国外有差别，在国内也存在差异。社会资本的范畴包括各类民营企业、外资企业、国有企业，其中国有企业作为私人部门与西方不同。从狭义上讲，国有企业不属于私人部门，但目前在基础设施及公用事业等领域起到非常重要作用的仍是国有企业，将国企完全排斥出去，不符合实际、也不利于竞争。从国内看，财政部对于社会资本范围界定小一些，基于债务管理、公开竞争等考虑，社会资本的范围中排除了本级政府所属的融资平台公司及其他控股国有企业。项目当地的国有企业或本级政府控股的国有企业、投融资平台往往政企不分，具有先天优势和自身劣势，应该排除在"Private"外。但随着国企改革的深入，完全营利性、市场化运作、不依靠财政资金的国有企业可视为私人部门。

综上，给 PPP 下一个准确的定义基本是不可能的，也是徒劳无功的。PPP 的应用性、实证性强，应用领域广，受实际运行制度环境影响大。PPP 是一个内涵被泛化的术语，可包含多种形式的公私合作关系，其中，既有紧密型的合作，也有松散型的合作。在中国当下，把 PPP 划分为政府特许经营、股权合作和政府购买服务等形式，甚至把 BT、私有化、混合所有制都作为 PPP 的实现形式，完全是误解或功能上的"泛化"；此外，以付费方式作为划分 PPP 类型的依据，实际上是片面性曲解了 PPP 的实质内涵，把 PPP 模式降低为回报机制或融资手段。

对 PPP 的定义不同，相应的界定亦存在差异，普遍倾向于广义的 PPP，但 BT（建设－移交）回购方式、一般性股权合作等方式不算在列。无论是广义还是狭义，PPP 本质上是公共部门和私营部门为提供公共产品或服务而达成的长期合作关系。公共部门由在传统方式下公共设施和服务的提供者变为规制者、合作者、购买者和监管者。PPP 定义及运作方式具体落脚于本国和地区实际，侧重点有差异，但多结合当地实际需求，并从其核心特征出发界定。

第二节 PPP在世界各国发展的总体概况

一、世界各国整体PPP的发展状况

PPP是国际货币基金组织、世界银行、欧洲复兴开发银行、亚洲开发银行、经济合作组织（OECD）等国际机构积极倡导的、促进经济发展的重要模式和工具。作为一种新型的公共产品和服务的提供模式，PPP已推广到了亚洲、非洲、拉美，以及东欧等地区。尽管PPP存在广泛的争论，但是，在全球具有很强的生命力。据统计，世界银行相关的基础设施PPP项目（PPI）在过去20年间得到了快速发展，超过134个发展中国家采用PPP方式进行基础设施和社会服务提供，约占相关国家基础设施总投资额的15%～20%。2007～2011财年期间，PPP投资额每年新增790亿美元，并从传统基础设施领域扩展至卫生和教育领域。2013年，世界银行支持发展中国家的基础设施PPI项目数量为291个、投资金额1503亿美元，其中807亿美元为新增投资，696亿美元为扩展投资。

根据布鲁金斯与洛克菲勒基金会在2011年发布的报告，1985～2011年全球基础设施PPP项目名义价值为7751亿美元。如果按照1985年至2011年期间的名义总投资来计算，则PPP的全球前五大市场分别为欧洲（3533亿美元）、亚洲与澳大利亚（1872亿美元）、拉美与加勒比（885亿美元）、美国（684亿美元）与加拿大（452亿美元）。其中，欧洲处于领先地位，约占全球PPP名义价值的45.6%。

根据PPP模式的成熟度由高到低划分，开展PPP模式的国家主要分为三类：普及度及成熟度较高的英国、加拿大、澳大利亚等国家，活跃度次高的日本、法国等国家，处于发展初期的中国、印度等国家。其中，英国、加拿大和澳大利亚的PPP模式成功案例较多，具有广泛的借鉴意义。

二、中国PPP模式的演进与发展

中国自20世纪80年代末开始PPP模式的尝试，几经起伏，到2013年再度掀起PPP的热潮，短短数年就跃升为全球最大的PPP市场。PPP在中国并非新鲜事物，自20世纪80年代就开始探索利用外资在基础设施建设领域进行合作。早期PPP模式以有收益的基础设施特许经营BOT为主，社会资本方以外资为主。PPP模式在中国发展大致经历了五个阶段，如下：

第一阶段：探索阶段（1984~1993年）。这个时期PPP模式以外资参与、特许经营BOT模式为主。改革开放以来，外资大规模进入中国，一部分外资尝试进入公用事业和基础设施领域。这一阶段代表性的项目有深圳沙角B电厂BOT项目，1984年香港合和电力（中国）有限公司和深圳特区电力开发公司（即深能集团的前身）采取合作经营方式建设的沙角B电厂，为新中国第一个规范意义上的BOT项目。此外，还有广州北环高速公路项目、广深高速公路项目、顺德德胜电厂项目等。这些项目以BOT模式为主，通常采取"一事一议"的方式，由投资人发起，经与地方政府谈判协商后签署合同并执行。但当时尚未引起国家层面的关注，无相应政策和规章，地方政府与投资者都是在探索中前进，主要靠"自下而上"地"摸着石头过河"。

第二阶段：小规模试点阶段（1994~2002年）。党的十四大和分税制改革以后，政府开始注意到PPP在基础设施投融资改革中的作用，并在小范围内进行试点。1995年，原国家计委选择了广西来宾B电厂、成都第六水厂、广东电白高速公路等五个BOT项目进行试点。在国家试点的带动下，各地政府也陆续推出了一些PPP项目，如上海黄浦江大桥项目、北京第十水厂项目、北京肖家河污水项目等。这些项目仍以电力和交通为主，并逐步向污水处理及通信设施等领域扩展。虽然本阶段的社会资本仍以外国资本为主，但国内民间资本也开始尝试性地进入PPP领域，如1995年开工的泉州刺桐大桥项目，是我国第一个以内地民营资本投资为主的基础设施BOT项目。1995年法国电力公司及阿尔斯通公司联合体获得广西来宾B电厂的特许经营权，为国家批准的首个BOT试点项目。与探索阶段无政府部门牵头不同的是，该阶段试点工作由国家计委有组织地推进。

第三阶段：推广试点阶段（2003~2008年）。在党的十六届三中全会和经济持续高速增长的大背景下，PPP迎来了一段较快的发展时期。2002年十六大提出在更大程度上发挥市场在资源配置中的基础性作用，2003年十六届三中全会提出让民营资本进入公共领域。2002年年底，原建设部发布了《关于加快市政公用行业市场化进程的意见》，2004年原建设部出台《市政公用事业特许经营管理办法》，为PPP项目开展确立法律法规依据。2005年"非公经济36条"提出"允许非公有资本进入公用事业和基础设施领域"。在中央政策的鼓励下，地方政府也积极跟进。以北京为例，在2008年奥运会筹办过程中，约30个奥运场馆中的半数是以特许经营方式建设的，北京地铁四号线也于这一阶段诞生。在政策东风下，各地推出大批PPP试点项目，掀起了PPP高潮。这一阶段构建了法规基础，外企、民企、国企等社会资本均积极参与，领域更加多样化、项目逐步规范，PPP为各界所广泛认识。

第四阶段：调整阶段（2009~2012年）。受金融危机影响，全球和中国经济增速下滑，为应对经济危机，我国政府也推行积极的财政政策和刺激经济增长计划。随着四万亿经济刺激政策的推出，各地的融资平台公司蓬勃兴起，项目的运作方式以政府委托代建、BT模式为主。在这一阶段，对基础设施领域PPP投资产生了"挤出效应"，PPP出现了较大幅度的下滑，但这个时期政府传统举债投资模式也暴露出一些弊端和缺陷，在一定程度上激发了PPP的大发展。

第五阶段：规范发展新阶段（2013年至今）。十八大提出"让市场在资源配置中发挥决定性作用"，2014年以来中央进一步加强地方债务管理、预算管理，同时，中央和财政部、发改委等部委不断推出鼓励PPP的新政，PPP进入了发展的新阶段，并掀起又一波发展高潮。中央明确要在能源、交通运输、水利、环境保护、农业、林业、科技、保障性安居工程、医疗、卫生、养老、教育、文化等公共服务领域广泛采用PPP模式，将PPP提升到了前所未有的战略高度。以前的PPP模式更多以BT、BOT等方式实施，此轮则强调社会资本与政府共享利益、共担风险，制度配套上也更为完善、规范性更强、发展更为迅猛。

第三节 中国PPP发展取得的成绩与存在的问题

一、目前PPP发展概况与取得的成绩

自20世纪80年代末开始，中国逐步引入一些PPP初级形式，主要作为政府市场化融资手段。2013年以来，中国把PPP作为创新公共服务供给机制、推进国家治理体系和治理能力现代化的一项体制机制改革。

短短数年市场的爆发，中国一跃已成为全球最大的PPP市场，落地项目均呈持续稳步上升态势。截至2016年年底，财政部PPP综合信息平台已收录全国入库项目覆盖能源、交通、水利、环保、市政、农业、旅游、医疗卫生、教育、文化、体育等19个主要经济社会领域。入库项目共计11260个，投资额13.5万亿元，已签约落地1351个，投资额2.2万亿元，落地率31.6%。行业方面，市政工程、交通运输、城镇综合开发3类入库项目数居前3名，合计占入库总数的54%；地区方面，贵州、山东（含青岛）、新疆、四川、内蒙古位居项目数前5名，合计占入库项目总数的48.0%，山东（含青岛）已落地项目占全国落地总数的16.4%，列各地之首，新疆、浙江分列二、三位。项目回报机制方面，政府付费和可行性缺口补助两类项目比重逐步提高。截至2016年12月末，按照三种回报机制统计，使用者付费项目4687个，投资4.60万亿元，分别占入库项目总数和总投资的42%和34%；政府付费项目3591个，投资3.37万亿元，分别占32%和25%；可行性缺口补助项目2982个，投资5.52万亿元，分别占26%

和 41%。

其中,国家示范项目"灯塔"和"标杆"作用进一步显现。截至 2016 年 12 月末,共计三批示范项目 743 个,投资额 1.86 万亿元。其中,已签约落地 363 个,投资额 9380 亿元;落地率 49.7%,第一、二、三批示范落地率分别为 100%、62.4%、42.9%,全国落地示范项目呈逐月稳步增长态势。行业方面,市政工程类落地数居第一,交通运输类、环境保护和生态建设类分居二、三位;地区方面,山东落地数居第一,河南、河北分居二、三位;项目平均落地周期为 12.8 个月,比 2016 年 6 月末缩短 0.7 个月,第三批示范项目平均落地周期 11 个月,比前二批少 4 个月。277 个落地示范项目的签约社会资本信息已入库,包括 175 个单家社会资本项目和 102 个联合体项目,签约社会资本共 419 家,包括民营独资 104 家,民营控股 59 家,港澳台 16 家,外商 6 家,国有独资 119 家,国有控股 113 家,另外还有类型不易辨别的基金公司和上市公司共 2 家。民营企业(含民营独资和民营控股)163 家,占比 39%,比 2016 年 6 月末按照 82 个示范项目统计的结果高 3 个百分点。

2014 年以来的这一轮 PPP 更加注重顶层设计、规范实施。这些改革有力地推动政府转变职能、打破垄断,一个统一规范、公开透明、竞争有序的 PPP 市场正在逐步形成,成为供给侧结构性改革和经济"稳增长"的重要抓手。"少花钱、多办事、办好事"是 PPP 项目物有所值的目标。对 2016 年通过物有所值定量评价的 335 个国家示范项目分析表明,在项目全生命周期内,PPP 模式与传统投融资模式相比,平均每个项目节省政府投入约 3.8 亿元。经过 3 年多的改革实践,中国 PPP 市场焕发出勃勃生机,PPP 改革的牵引性、倒逼效应日益显现,成绩斐然。

二、PPP 推进过程中不规范乱象与问题

PPP 项目在推进过程中存在各种不规范问题和"走偏"、"变异"等乱象,也呈现出"推进慢、落地难、风险大"等特征。主要表现如下:

一是 PPP 与政府特许经营之间关系尚未厘清,缺乏顶层的立法,制度安排碎片化。自 2014 年以来,主推 PPP 的财政部、发改委两部门密集出台相关政策文件,如将行业部委发布的文件算进来,已达百个文件之多。政府部门职能交叉重叠,九龙治水之困在 PPP 工作中体现得尤为突出。部门权责界面模糊、部门间政策不一致,在一定程度上造成了相关 PPP 概念的泛化、执行混乱,同时,与各种采购、税收、产权等法规之间的冲突也未得到解决。简言之,我国的 PPP 政策体系的现状是上位法体系未建立、下位法存在冲突。目前,土地、价格、融资等方面的配套政策,亟须进一步完善。尤其是 PPP 立法工作滞后,中央层面可谓政出

资本过程中，存在操作不透明、竞争不充分，甚至有一些违规违法行为，如私下灰色交易，或采取事先谈定、"围标"方式获得合同。有些地方采用低价中标、恶性竞争方式进入，与地方签署"抽屉协议"或进入后再进行调价等。此外，有些地方前期谈判和后期监管脱节，甚至以"简政放权"、加快推进项目为由放手给社会资本、甚至完全没有监管。在实施过程中，有些项目的成本确认、价格调整、财政支付等方面存在不规范、随意性现象，甚至存在寻租行为。不同地区的政府在对PPP的理解和把握、自身能力等方面也存在较大差异，也有些地方政府直接当"甩手掌柜"。多种因素混合在一起，导致前期不顺畅、后期实施问题多，更多人将注意力放在尽快签约上。

九是国企参与度过高而民企参与度过低，不利于优化全社会的资本结构，对民间资本有一定"挤出效应"。一方面是，社会资本担忧风险、观望多、不敢进，另一方面是，民间资本看好的项目却很难与国企竞争。很多PPP项目投资额大、门槛高，民营企业融资更为困难，融资成本更高，并且，各种资质门槛也导致将其挡在门外。此外，很多地方政府出于项目公益性监管目的，或出于政治责任等目的，不愿意让民间资本参与进来。尤其是，PPP项目越来越大型化、综合化，对中小民间资本的挤出效应更为明显。目前，民间资本依然存在"不敢进、进不来"并存、"进得来、出不去"并存等难题。没有民间资本的充分参与、公平竞争，就会导致传统投资体制的回归，效率不会有显著提升、风险依然无法有效控制。

十是随着时间推移，财政承受能力受到限制、落地项目出现纠纷等，可能导致后续项目推进难度加大。当前经济下行压力大，财政增速下滑，刚性支出大。同时，目前剩下的项目大都是"硬骨头"，更多的是公益性或准经营性项目，过度依赖于财政补贴，可能造成项目吸引力下降。此外，很多地方财政承受能力实际上已经超过上限（目前全部财政支出责任为一般公共预算支出的10%），或几个大项目就超过了财政承受能力上限。如果将政府采购、PPP项目的财政支出责任全部纳入中期财政规划和预算，很多地方政府的预算支出已接近或超过一般公共预算支出的10%。这也意味着，如果财政承受能力上限不调整，今后很多地方政府可能面临很多PPP项目无法通过财政承受能力论证。但如果大幅调整财政承受能力上限，则面临着未来政府财政支付能力挑战，导致巨大的财政支出责任风险，容易演化为新的债务风险。

综上，中国PPP发展成绩斐然，有力缓解了财政支出压力与公共服务不足、效率不高等问题，但也存在"国有企业热、民营资本冷"，"银行贷款热、其他资金冷"，"建设热、运营冷"等现象，以及假PPP、不规范PPP等走偏乱象。PPP本身是一项复杂的系统工程，需要在全生命周期形成良好的伙伴关系，对地方政府的治理能力要求较高。大量PPP项目发生各种问题，一方面是政府将PPP

异化为工具、社会资本普遍担心的各种风险尚未得到很好的解决，另一方面是项目本身难度大、各方专业能力有欠缺。

总体看，我国 PPP 缺乏系统体制机制安排，制度顶层设计和法治环境仍需完善，市场主体培育尚需过程等，对于出现的问题需要理性对待，落实制度安排，加强规范和监管。目前，应客观理性面对 PPP 阶段性的"野蛮生长"，重点是如何在目前巨大存量的基础上进一步优化现有 PPP 体制机制、防范潜在风险、保障 PPP 健康持续发展。

第二章

国外 PPP 发展情况、经验和启示

近年来，PPP 热潮席卷全球，世界各国都在如火如荼地开展 PPP，但也存在着冷热不均现象，并伴随着各种争议。整体上看，发达国家 PPP 项目运作情况相对良好、体制机制相对健全，值得借鉴和学习，但不可否认的是，即便是在 PPP 模式相对成熟的英国也存在较多争论。尽管 PPP 在中国发展如此迅猛，但是作为舶来品，中国 PPP 模式仍需要兼容并蓄，借鉴、吸收他国经验与教训。本章主要介绍了发达国家、发展中国家中几个代表性国家开展 PPP 的情况，并总结了相关经验与启示。

第一节 部分西方发达国家实施 PPP 的情况

一、英国开展 PPP 的情况

(一) 总体情况与发展历程

英国是全球范围内最早实施 PPP 的国家之一，PPP 主要形式是私人融资计划 (PFI)。1992 年 11 月，保守党政府宣布，将允许私人资本在公共建设中发挥更大作用，此即 PFI 的开端。

英国的 PPP 模式大致分为两个阶段，分别是 PFI 阶段和 PF2 阶段。在 2012 年以前 PFI 是英国应用最广泛的 PPP 模式，该模式下允许私人部门参与到公共设施的设计、建造、投融资和运营环节，旨在提高公共产品质量并更好地维护公共资产。1992～2011 年英国累计完成 PFI 项目 700 多个，项目资本支出合计 547 亿英镑，涉及的公共领域包括学校、医院、公路、监狱、住房、废物废水处理设施等。其中，伦敦地铁就是以30年特许经营权为基础采取PPP模式建造而成的。PFI模式的优势之一就是充分利用了私人部门的项目管理经验、创新意识和风控技术，但在运行过程中也暴露出一些问题，比如成本浪费、合同灵活性差、项目透明度低、风险收益分配不合理等。有鉴于此，英国政府对PFI进行了系统的评估和改革，以增强公众和私人投资者信心，推动PFI持续发展。2011年英国财政部启动PFI改革，以应对政府内阁和公众多年对PFI的关切和质疑。2012年12月，英国财政部正式推出PF2。

英国PF2模式相比PFI主要有以下几点改进：（1）股权结构方面，PF2模式下政府持有一定的股权，作为项目小股东参与投资；（2）提高项目效率、节省项目支出成本，PF2模式下鼓励政府进行集中采购，项目招标时间不超过18个月，对项目采购制定标准化的流程和文件，加强开支监管等；（3）提高合同灵活性，如政府可以在项目运营过程中选择添加或删除一些服务可选项等；（4）提高透明度，如要求私人部门公开项目收益信息，政府每年公布其所有参股项目的财务信息等；（5）改进风险分配机制，如政府部门改进对额外开支风险的管理等；（6）债务融资方面，PF2项目有望获取长期的债务融资等。

英国PPP模式虽然存在一些争议，但整体上操作透明、规范，PPP发展较为成熟，整体成效显著。英国注重制度建设和技术支撑，对PPP项目的成功发挥了重要作用。值得注意的是，PFI并不是英国主要采购方式，根据英国财政部近年来数据，PFI项目占英国整个公共部门投资的比例约为11%，比例并不高。

（二）PPP的应用领域、管理机构与立法

1. 应用领域方面

根据英国财政部2014年12月发布的报告，截至2014年3月，英国一共有728个PFI项目，资本总额达566亿英镑。预计2014至2015财年，私人部门的投资支出将达到20亿英镑，到2015至2016财年则将增长到29亿英镑；在这两个财年中，政府支付的"单一费用"（unitary charge payment）预计分别为103亿英镑和105亿英镑。

截至2012年3月16日，717个PFI项目累计金额547亿英镑，648个项目已经处于运营状态。政府预计在2012~2013财年付费额为93亿英镑。英国多数政府部门都有过与私人部门合作的经验，其中，教育部、卫生部、交通部、国防部实施PPP项目分别占了166、118、62和46个项目，居于前列；项目投资总额最大的是卫生部、国防部、教育部和交通部。基本情况见表2-1。

表 2-1　　　　　　　英国政府部门实施 PFI 项目组合
(PFI Portfolio of Current PFI Projects Across Government)

序号	前六名实施 PPP 的政府部门 （不考虑苏格兰、北爱尔兰）	项目个数 （排名）	投资额： 百万英镑	投资额占比
1	卫生/医疗 Health	118（2）	11614.30	21.23%
2	国防 Defense	46（5）	9131.50	16.69%
3	教育 Education	166（1）	7731.10	14.13%
4	交通 Transport	62（4）	7349.40	13.43%
5	环境、食品和农村事务 Environment, Food and Rural Affairs	28（5）	3843.80	7.03%
6	社区与地方政府 Communities and Local Government	64（3）	2240.50	4.10%
	总计	717	54712.10	100.00%

数据来源：英国财政部网站整理。

项目采取 PPP 模式最多的领域是学校、医院、市政建设、司法公共安全、交通、垃圾和污水处理。此外，PFI 还广泛用于国防等领域，比如空中加油机的采购、海岸防务项目、空中交通管制等。这些项目的合作期限都相对较长，主要集中在 20～30 年之间，低于 10 年合作期限的约占项目数量的 2%。

2. 融资方面

政府不仅鼓励利用绿色投资银行、欧洲投资银行等政策性银行为基础设施建设提供优惠贷款，还为符合条件的重大基础设施项目提供担保。20 世纪 90 年代以来，英国金融市场竞争充分，银行和资本市场都可提供固定利率的长期融资，期限最高为 40 年，最低利率为国债利率加 75 个基点，有效促进了英国的 PFI 的发展。2008 年，全球金融危机爆发，英国长期信贷市场恶化，英国 PFI 市场受到冲击，项目融资非常困难。从 2008 年下半年到 2009 年年初，英国财政部先后考虑采取包括政府增加资本注入、为银行贷款提供担保、加强欧洲投资银行的支持力度等传统做法，来应对金融危机对 PPP 的影响。但这些做法既无法快速恢复市场流动性，也无法鼓励银行快速恢复对 PPP 的长期贷款。

为此，2009 年 3 月，英国财政部设立基础设施融资中心作为 PPP 市场融资的一种补充渠道。当 PPP 项目面临市场融资困难时，基础设施融资中心可以提供临时、可退出的贷款，并可与商业银行、欧洲投资银行等联合放贷。英国财政部强调，基础设施融资中心按商业原则运作，当金融市场恢复时，则将未到期的基础设施融资中心贷款出售。英国政府通过创新，引导银行回归支持 PPP，增强了银行贷款意愿，有效促进项目融资的完成，彰显了政府信誉，提振了市场信心。

3. 付费机制方面

英国私有化程度较高，在 PPP 领域较少采用特许经营或使用者付费型项目，

PFI 项目主要为政府付费。因此，英国的 PFI 与 PPP 两个概念通用，习惯上均指政府购买服务类 PPP 模式。PFI/PF2 主要是基于服务可用性的政府付费模式，在私营部门提供基础设施等服务达到合同标准后，公共部门按合同定期支付一定的服务费用，私营部门以此获得稳定的回报。英国财政部的一份报告显示，2008 年英国政府在交通、健康、能源环境、学校等领域，通过物有所值共计实现了 300 万欧元价值。2010～2011 年，英国包括建设部门在内的各政府部门将通过物有所值共计节省 350 万欧元开支。截至 2013 年末，英国采用 PPP 模式（PFI/PF2）的项目共计 725 个，总金额 542 亿英镑，其中 665 个项目已进入运营阶段。

但 PPP 项目采用何种付费机制，往往还受到政治因素的影响。英国随着政党轮替及执政党政策的改变，对于过去普遍采取政府付费的 PFI 项目，目前正逐步转变成采用特许经营加财政补贴的方式进行运作，以减轻政府的财政负担，提高市场化程度。

4. 管理机构方面

英国财政部是 PPP（PFI/PF2）的主管部门，具体下属管理部门也发生过演变。2016 年前，财政部下属的英国基础设施局（Infrastructure UK，IUK）全面负责 PPP 工作，为所有公共管理部门提供 PPP 的专业管理，尤其是采购方面的知识，并负责批准英格兰地区的 PFI 交易（苏格兰、威尔士和北爱尔兰的 PFI 项目由各地负责审批）。2000 年，英国政府牵头成立英国伙伴关系公司（Partnership UK，PUK），主要从事 PPP 项目管理咨询等业务，协助公共部门和私营部门做好 PPP 项目。在 PUK 股权结构中，私人占 51% 的股份，公共部门占 49% 的股份，是完全按 PPP 模式建立的公私合作伙伴关系组织。① 该公司为财政部制定政策提供技术支持，同时对各类当事机构就具体项目提供帮助，但是不与私营部门融资形成竞争，而是与公共部门共担风险、共享收益。在地方政府层面，英国财政部与地方政府协会联合成立了地方合作伙伴关系组织（Local Partnerships），独立于财政部，按公司化运营，市场投资人控股，为地方政府提供 PFI 项目技术援助和评估服务，并帮助制定标准化的合同（涉及具体项目采购与投资策略），以市场化方式对项目和公司进行投资。2010 年，财政部成立了英国基础设施投资局（IUK），合并了财政部 PPP 工作组和"英国合作伙伴关系"PUK 的职能，负责英国基础设施领域的政策制定，并为项目融资和交付管理提供服务等。2016 年 1 月 1 日，基础设施局 IUK 与重大项目机构（Major Projects Authority）再次合并，改为基础设施和项目管理局（IPA，Infrastructure and Projects Authority），主要负责大型基础设施项目和重大转型项目的规划、审批、竞标、监管、融资、执行和保障等工作。IPA（基础设施和项目管理局）提出了推进 PPP 的"八项计划"，

---

① UK Treasury: Infrastructure Procurement: Delivering Long–term Values. 2008.

即整体治理框架、PPP机构、公共部门能力专长、出资和融资、管理和监督、法律政策和合同、投资和宣传、行政管理。

经过几次变革，英国PPP管理体系逐步形成。一是中央层面主要包括IPA、行业主管部门和国家审计署。其中，IPA处于核心地位，既负责PPP政策的顶层设计和项目审批，也提供技术支持、业务咨询等服务。在行业主管部门设立私人融资管理部门，负责对特定领域PPP事务提供支持，国家审计署主要负责PPP项目的事前事中事后审计，保障项目运作依法合规。二是地方层面，地方当局享有一定政策自主权，可在一定范围内自行制定PPP政策。三是中央和地方交叉层面，主要包括地方伙伴关系公司、政府采购管理当局等，主要负责协助地方政府开展项目准备、采购、执行等工作。

5. 立法方面

英国是世界上PPP最成熟的国家，但并没有就PPP专门制定法律。虽没有专门针对PPP立法，但有《公共合同法》、《公用事业单位合同法》、《政府采购法》等通用法律来规范PPP行为，具体还有一系列PPP指导文件、合同。如"PPP政策和指导"（Public Private Partnership Policy and Guidance）、"PF2标准化合同"（Standardisation of PF2 Contracts）、"采购和合同管理"（Procurement and Contract Management）、"使用私人资本的物有所值分析"（Value for Money Assessment for Using Private Finance）、"PPP基础设施指导"（Archived Guidance of PPPs in Infrastructure）、"PPP预算和会计安排"（Budgeting and Accounting for PPP Arrangements）等。

总体看，英国采用英美法系，虽然没有专门的PPP法律，但并没有妨碍其PPP的推行和实施。英国现有法律基本清晰地界定了PPP的概念、规范操作流程、明确了争议解决等核心要素，并且，各类政策、合同等较好地明确了各项事务。

二、加拿大开展PPP的情况

（一）总体情况

无论从市场活跃度还是发展模式看，加拿大是国际公认的PPP模式运用最好的国家之一。加拿大PPP市场规范、成熟、开放，PPP采购为"一站式"服务，经验丰富，效率高，交易成本低，项目推进有力。

加拿大自2003年开始推广使用PPP模式，旨在促进经济发展，增加就业机会。截至2013年年底，加拿大共实施了206个项目，项目总价值超630亿加元，覆盖加拿大全国，涉及交通、医疗、司法、教育、文化、住房、环境和国防等多个领域。

目前，加拿大PPP项目大约占所有公共领域项目的15%~20%。在运作方式上，加拿大政府更青睐DBFOM（设计-建设-融资-运营-维护）模式，最大程度地把风险和责任转移到私营部门，使绩效目标和长期运营维护紧密相关。采取PPP模式数量最多几个领域依次为医疗、交通、司法、教育、文化、环境等。

2013年上半年，加拿大PPP国家委员会委托VISTAS咨询公司就加拿大2003~2012年间实施的PPP项目，对就业、收入和税收等方面的经济影响进行了评估，并于2013年12月发布了《加拿大PPP十年经济影响评估报告（2003~2012）》。其中，已完成融资交割的121个PPP项目效果明显，在建设、运营和维护阶段，累计创造了52万个工作岗位，带动国民收入增加322亿加元，对加拿大GDP累计贡献超480亿加元，为联邦和省级政府带来超过75亿加元的税收收入，与传统模式相比节约成本约99亿加元。此外，实施PPP项目还对加拿大国家、地区和城镇经济发展与进步起到积极催化作用，有效扩大了基础设施投资总额和公共服务范围，民众生活得到切实改善。相关积极影响见表2-2。

表2-2　　　　　　　　加拿大PPP项目的总体经济影响

影响类型	等效全职就业岗位（个）	国民收入（百万美元）	国内生产总值（百万美元）	经济产出（百万美元）
直接影响	290680	19010	25140	51170
间接影响	133690	8440	12610	23860
诱发性影响	93060	4760	10410	17050
合计	517430	32210	48160	92080

（二）管理机构

加拿大的PPP中心分为联邦和省级两级。

1. 联邦PPP中心

联邦PPP中心即加拿大PPP中心，成立于2009年，是加拿大财政部下属的国有企业。其中：

主要职责。协助政府推广和宣传PPP模式，参与具体PPP项目开发和实施。此外，根据加拿大联邦政府要求，所有中央实施项目的PPP适用性评估必须征求加拿大PPP中心意见。

组织架构。加拿大PPP中心，设有一个由7位社会资本代表组成的董事会，下设4个部门，分别为战略与组织开发部，负责PPP市场开发；项目开发部，负责PPP项目识别、筛查和商业案例分析；投资部，负责PPP项目调查和前期实施；融资、风险与管理部，负责PPP项目后期实施。

主要业务。一是PPP知识研究与推广，包括承担PPP市场调研与开发，推广样板工程和加强相关能力建设。二是推动联邦层面PPP项目实施，包括筛选中央承担的PPP项目并提出相关建议。三是推动省、市等各级政府PPP项目实施，包括管理、运营加拿大PPP基金，对各级政府申请加拿大PPP基金和加拿大新建设基金的项目进行PPP模式适用性评估等。

2. 地方PPP中心

目前，亚伯达、安大略、魁北克、卑诗、纽宾士域、萨斯瓦彻温等6省都建立了省级PPP中心。省级PPP中心在加拿大PPP中心的指导下，负责实施本省PPP项目。

（三）PPP基金

加拿大PPP基金由加拿大PPP中心负责管理、运营，是推广应用PPP模式的专项基金，对推动PPP市场发展发挥了重要作用。

（1）基金规模。截至2013年，加拿大政府共向PPP基金提供了12亿加元。自2014年起，加拿大政府将分5年时间再向该基金注资12.5亿加元。

（2）基金运营。加拿大PPP中心利用该基金，与省、市等各级政府部门合作推广应用PPP模式。加拿大PPP基金重点关注新领域、新行业、新方式；支持领域包括交通、供水、污水处理、固体废物处理等；强调最大限度引导社会资本的参与，其中"设计－建造－融资－运营－维护"（DBFOM）模式是优先考虑方式。

（3）资金使用。加拿大PPP基金的支持方式包括无偿补助、有偿补助、贷款和贷款担保等。最高可支持某一PPP项目50%的开发费用和25%的成本费用。

（4）实施成效。加拿大PPP基金首期的12亿加元，已承诺支持21个项目，包括供水、污水处理、交通、固体废物处理和房屋重建等项目类型，覆盖15个城市。通过加拿大PPP基金，支持了16个领域使用PPP模式，撬动社会资本超过60亿加元。

加拿大比较有特色的是养老基金投资PPP的模式。据统计，加拿大养老金在基础设施的投资占总资产比例平均为5%，远高于国际的1%。这些资金雄厚的机构投资者的参与，给PPP项目提供了大量的低成本资金，同时基金自身也获得了长期稳定的投资收益。

（四）成功经验

PPP 模式在加拿大得到了各级政府的大力支持，PPP 市场成熟规范，发展良好。加拿大 PPP 市场的成功发展主要得益于以下几个方面：一是 PPP 项目选择坚持"物有所值"原则，即在购买货物、服务和实施工程项目时，不仅要考虑价格因素，而且要综合考虑质量、投标者业绩、供应方案可靠性、对环境和社会的影响等，从而实现风险从政府部门向社会资本的合理转移。二是政府安排专项资金加强引导，并组建了富有成效的联邦和地方 PPP 中心。三是创造竞争性 PPP 市场，吸引全球社会资本参与竞争。四是拥有成熟的证券市场，使得 PPP 项目不过度依赖银行融资。五是不断改进管理体系，优化 PPP 市场各个环节。

三、澳大利亚开展 PPP 的情况

澳大利亚于 20 世纪 80 年代开始在基础设施建设领域运用 PPP 模式。截至 2009 年年底，约有价值 920 亿澳元的 PPP 项目，分布在国防、交通、医疗、教育、司法等领域。澳大利亚经济稳健，老旧基础设施更新需求大，预计今后项目将增加。

澳大利亚在 PPP 具体模式、执行和概念等方面具有较强创新力。具有代表性的案例就是悉尼奥运会主体育场、主体育馆和奥运村。其中，悉尼奥运会主体育场投资估算为 6.15 亿澳元，其中，政府拨款 9120 万澳元，政府贷款 600 万澳元，占总投资的 15.8%；其余 84.2% 的资金由中标联合体组建的私人财团（2000 年澳大利亚体育场公司）负责筹措。中标人除投入股本金、商业银行贷款外，还通过发行会员坐席等方式募集资金。奥运协调局代表州政府与中标人共签署了 9 种合同，除特许权协议外，还有租赁协议（包括土地租赁协议）、政府贷款协议。悉尼奥组委与中标人签署了体育场协议和商业权利协议。政府通过协议授予中标的私人财团负责融资、建设及在建造完成后 31 年的经营和维护权。该私人财团委托组建两家公司分别负责管理体育场和拥有体育场的资产。其中，拥有资产所有权的公司负责偿还银行本息、向地方政府缴纳税费；负责管理的公司向持有资产的公司支付租金租用场馆，租金的多少基于管理公司的收入规模（来源包括冠名权、场馆租用、商业集会、会所收费、商品售卖、广告和餐饮等）。在经过赛后最初阶段的亏损后，主体育场已开始盈利。

在管理机构方面，澳大利亚成立了全国性的 PPP 单位。即澳大利亚基础设施局（IAU），负责全国各级政府基础设施建设需求和政策，业务不局限于 PPP，推广 PPP 仅是职能之一。2008 年 IAU 会同澳大利亚全国 PPP 论坛制定了全国性的 PPP 政策框架和标准，各级政府（州）在此基础上制定本地的指南。

在立法方面，澳大利亚对 PPP 没有专门制定法律，但在特定领域的法律较为完善。2000 年以来，澳大利亚政府对现行法律进行修订，保障私人资本的权益，以进一步推广 PPP 模式的发展。此外，2008 年 11 月颁布一系列国家政策与指南对 PPP 进行规范，维多利亚州、新南威尔士州等各州在此基础上制定本地的指南。

相比较而言，维多利亚州的 PPP 规模最大，工作开展效果较好。维多利亚州 PPP 项目主要集中在公共建筑、水处理、医院、公路、监狱、学校等。截至 2013 年年底，共签署 23 个项目合同，总投资 156.4 亿美元。其中 2 个已终结，14 个开始提供服务，7 个完成合同签订。该州的 PPP 中心，即"维多利亚 PPP 合作中心"（Partnership Victoria），设在州财政局，经费来自财政预算。"维多利亚 PPP 合作中心"隶属于财政局商务与基础设施风险管理小组，拥有法律、经济、金融和工程等方面的专业人才。

四、美国开展 PPP 的情况

（一）PPP 市场潜力大，但整体发展落后

19 世纪美国已有私营部门提供公共设施如收费公路和桥梁的做法，但 PPP 并非常用的公共投入模式，到 20 世纪初除公路以外的公共交通设施几乎全部依赖于政府提供资金。美国在发展过程中一直注重使用各种形式的私人部门资金，大部分的交通、水利、电力、教育及其他的基础设施和公共服务都有私人部门参与。例如，四分之三的电力设备是由私人部门拥有和运行的，电信通讯的基础设施、各州间的油气管道等也几乎都是被私人部门所有。但是，这些私人部门的投资多数不是以 PPP 模式来操作的，过去六十年来，美国基础设施建设资金主要来源于联邦信托基金和市政债的发行。

20 世纪八、九十年代以来，美国借鉴英国、澳大利亚及加拿大发展 PPP 的成功经验，开始更多地利用私人部门资源，PPP 得以快速发展。1998 年弗吉尼亚州采用私营公司设计并建成花费 4200 万美元的监狱为美国 PPP 的发展树立了成功的典范，据估计运用 PPP 模式为这一项目节约了 15%～20% 的建造和运营成本。不久之后，该州通过法律将 PPP 模式扩大到供水、停车场、大学宿舍和医院等领域。部分州政府参照弗吉尼亚州的做法，将 PPP 的立法、应用范围扩展到住房、水、交通等领域。

美国 PPP 发展潜力巨大，发展步伐却落后于其他发达国家。美国基础设施不

断老化，对基础设施的需求不断增长，需要大量资金进行投资建设、维护修复与更新。随着基础设施规模和不断增加的城市人口，美国有潜力成为世界上最大的PPP市场。据美国土木工程协会2016年5月估计，到2025年美国需要花费3.32万亿美元用于基础设施，但目前只有1.88万亿美元的资金有保障，资金缺口将达到1.44万亿美元，到2040年资金缺口将增至5.18万亿美元。

美国在开展过程中面临一些阻力，未形成统一市场和稳定项目开发库。美国实行联邦制，对PPP的管理比较松散，以各州为主，自治性很强。比如，联邦公路管理局的创新项目办公室对各州发展PPP可以提供一些指导，但仅限于那些有联邦性质的少量项目。同时，美国的税收体制、金融市场高度发展不利于PPP项目的融资。美国联邦政府和州政府有权发行债券，发行债券是免税的，私人部门融资则需要缴税，这就使得采用PPP模式并没有显性降低公共服务供给成本。此外，公众持怀疑态度、工会抵制也使得美国在推进PPP的过程中面临很大的阻力。有些民众担心美国的重要资产和基础设施被外国控制，或支付更高的使用费而让运营商获得超高利润。相当一部分公共部门工会不愿意看到由于私营部门拥有和运营公共设施而使原有的工作机会减少。

美国尚未建立一个统一的政府机构推动PPP的发展，也没有形成一个独特的、作用突出的PPP模式，各州及地方政府根据自身实际推广PPP。

（二）基本情况和PPP类型[①]

美国发展PPP模式仍较为缓慢。根据美国官方数据，从2007年到2013年之间，在基础设施领域采取PPP模式的项目总额为227亿美元，这个数字只是当期全美基础设施全部投资的2%左右。2008年美国遭受经济危机之后，美国PPP模式进入快速发展阶段。PPP模式现在已经延伸到了美国几乎所有的公共部门，从学校、医院、监狱，到输油管道、交通运输、垃圾处理，甚至在军事、航空航天等领域都有私人部门的参与，而且私人部门的作用也越来越突出。

据最新统计，在美国PPP项目中大多数为DB（设计和建设）项目，占总数的67%，其投资额占总投入的52%。近年来，DBFOM（设计、建设、融资、运行和维护）模式发展较为迅速，数量上占总数的12%，投资额占24%。其中，PPP在交通运输行业用途最为广泛。据统计，美国公路交通PPP项目占比32%，位于前列，共有24个州的104个公路项目采用了PPP模式，其次是铁路和机场项目。从区域上来看，美国西部和南部的PPP项目较多，分别占全国的34%和38%，佛罗里达实施的PPP项目最多（16个），其次是加利福尼亚州（12个）

---

① 中国驻美国大使馆经济处。

和德克萨斯州（9个），再加上科罗拉多州和弗吉尼亚，这五个州的PPP项目占美国总数的56%，而美国中西部和东北部各州的PPP模式发展较慢。

美国交通运输，尤其是公路建设方面的PPP项目占大部分，从1986年到2012年，收费公路PPP项目约有95项。美国现有20多个州允许建设公私合营的高速公路，在这种项目中政府与私人主要通过合同形式来确立双方的权利义务，政府是交通设施的所有者，私人则可以拥有交通设施中的某一部分（如交通管理系统、服务区等），并从中获得相应的收益。20世纪初，美国收费公路基本被各州和当地政府收购，归入国有高速公路系统。但随着社会经济发展对公路提出新的需求以及财政资金不足，从20世纪90年代开始，有部分收费公路项目开始由私人部门通过设计-建造-融资-运营-维护（DBFOM）模式建设提供。据统计，截至2013年，美国共有投资总额超过27亿美元的11个公路项目是采用PPP特许经营模式发展起来的，处于运营阶段；另外，还有8个收费公路采用PPP模式，正处于建设阶段，建设投资总额超过131亿美元。与此同时，PPP也在学校、医院和其他健康保健设施、可再生能源、饮用水和污水处理、政府建筑、监狱、警察局、消防站和国防等项目中发挥越来越重要的作用。

美国PPP模式分类主要是按照付费方式来划分的，即按绩效支付特许（政府付费）、收费特许（使用者付费）。按绩效支付特许是指被特许者与政府签订整体经营合同，并负责项目的建设、融资和运营，但部分或全部报酬来自政府支付，资产所有权归政府所有。政府通过分期支付方式，用财政资金偿还被特许者的投资和支付报酬。美国马萨诸塞州3号公路北段修缮扩建项目，采用DBOM（设计-建造-运营-维护）模式，州公路局作为政府方，负责项目监管、合同管理和质量保证，承担绝大部分的融资风险；现代大陆工程公司为首的项目承包人团队作为社会资本方，负责融资、建设、设计、运营，主要承担项目成本、进度和质量相关的风险。收费特许是指被特许者的收益由使用者付费方式获取的，与政府无关。被特许者一般采用BOT模式，承担项目的建设、融资、运营，并与政府签订整体性特许经营合同。在特许经营期内，高速公路的所有权包括经营权一并交由特许企业行使。

（三）PPP相关政策和管理机制

美国并没有统一推动PPP的政府机构。美国作为联邦制国家，在推动PPP发展方面，各个州和地方政府都具有较大自治权，可根据自己的要求实行不同模式和不同程度的PPP。很多政府机构都参与了PPP的推动过程，比如财政部、能源部、交通部、劳工部等。此外，还有一些非政府组织和机构为推动PPP而努力，例如全国公私伙伴关系理事会（National Council for Public Private Partnerships, NCPPP) 和市长商业理事会 (the Mayors Business Council) 等, 其中, 公私伙伴关系国家理事会 (NCPPP) 是一个专门针对 PPP 发展而成立的协会, 它成立于 1985 年, 其资金来源包括会员会费、举行会议的收益以及一部分美国交通部和联合国开发计划署提供的资助。

美国联邦法律为各州实施 PPP 提供基本指导, 而具体细节以及是否准许采用 PPP 模式都留给各州自行决定。从州层面来看, 通常需要通过立法以赋予公共部门与私营部门合作的法律权力。1989 年加利福尼亚州通过了第一个针对交通项目的公私合营法令, 佛罗里达州和密苏里州在第二年紧随其后, 1995 年弗吉尼亚州通过了内容丰富的《公私交通运输伙伴关系法案》。2010 年以来, 康涅狄格州、俄亥俄州、马里兰州、宾夕法尼亚州和哥伦比亚区等都通过了 PPP 立法。由于在美国大多数 PPP 项目与交通运输有关, 所以这方面的法规较多, 许多州在立法中明确规定合作关系中的公共部门是州的交通运输部。

PPP 立法有范围差异, 可以仅针对交通行业或者包含其他行业, 可以有不同的被授权使用该法规的机构, 可以仅限于州一级或包含地区、郡或市级范围。美国在州 PPP 立法方面有以下一些成功做法: (1) 确定政府的责任重点; (2) 赋予州的一个行政部门 (如州长办公室) 适当的法律权力; (3) 为顾问专家配备充足的人员和资金支持; (4) 州政府对于支持 PPP 的人或事予以鼓励; (5) 详细规定招标流程; (6) 明确要求政府在购买土地、达到环境要求方面承担责任; (7) 明确规定如何确保州政府获得所需的资金。

在美国 PPP 发展过程中, 联邦政府提供的以下三个融资工具发挥了重要作用: 私人活动债券 (Private Activity Bonds, PABs)、《交通设施金融和创新法案》(Transportation Infrastructure Finance and Innovation Act, TIFIA) 信贷计划, 以及《水设施金融和创新法案》(Water Infrastructure Finance and Innovation Act, WIFIA) 信贷计划。私人活动债券是免税的债务工具, 由州或地方政府发行, 其收入用于支持私营部门参与较多的项目。私人活动债券是许多 PPP 项目的重要组成部分。2008~2013 年 PABs 占全部 PPP 项目价值的 17% 和项目负债的 25%。为了符合免税条件, 95% 以上的债券收入必须用于适当用途, 如用于地面交通项目。运输类 PPP 项目逐渐把私人活动债券视为项目融资的高级借债工具。TIFIA 向公路和公共交通项目提供长期、灵活的融资渠道。它的重点在于通过提供补充资金以吸引重要的私人和非联邦机构的共同投资。2008~2013 年, TIFIA 约占全部 PPP 项目值的 23% 和 PPP 项目债务的 35%。符合这种信贷支持申请条件者包括州和地方政府、铁路公司、公共交通部门和私营实体。TIFIA 提供三种形式的资金支持: 一是达到项目总成本的 49% 的定期贷款, 按国债的固定利率; 还贷必须于项目实质性完成的五年后开始, 并要在项目实质性完成后的 35 年内或被资助的资产在此前失去用途时付清。二是联邦政府对机构投资者的贷款担保。三是为项目发展的第一个 10 年提供信贷支持，不超过项目成本的 33%。与 TIFIA 功能类似，WIFIA 是由美国环境保护署管理的低利息贷款。主要支持与饮用水和污水处理有关的项目，包括管道更新、水处理厂的建设和维护、地下水、节约能源等项目。针对较大的项目，成本必须至少 2 千万美元（对于不超过 25000 人的社区需要达到 500 万美元）。政府提供贷款担保和直接的长期国债利率贷款。贷款必须在项目实质性完成的 35 年内付清，WIFIA 的贷款额不能超过项目成本的 49%，所有形式的联邦支持不超过成本的 80%。

联邦层面出台了一些 PPP 融资支持政策，如高资质公共基础设施债券（Qualified Public Infrastructure bonds, QPIBs），可以促进更多的私营部门参与 PPP 项目。各州和地方政府都有较大的自治权，得克萨斯、佛罗里达、弗吉尼亚等州已从早前的私有化浪潮转向 PPP，在全美 PPP 领域领先。以得克萨斯州交通领域的 PPP 管理机制为例。2003 年，得克萨斯州众议院颁布法案，提出一些新的措施促进交通运输项目尤其是 PPP 项目的发展，具体包括：一是成立区域移动局（Regional Mobility Authorities, RMA）。区域移动局（RMAs）是被允许成立的特殊部门，为一个或几个郡/县通过跨区域方式来满足交通运输需求。二是扩大州政府公路收费的权限。得克萨斯州的立法提供了更为广泛的收费权。支持通行费收入和政府资金一起共同融资用于公私合作的收费公路项目，允许签订通行费协议（影子收费）。这意味着地方政府部门或私人部门可以利用自有资金对公路进行改善，州政府根据使用公路的车辆数量给予偿还。三是签订综合开发协议（Comprehensive Development Agreements, CDA）。法律还允许使用综合开发协议采用设计－建造（Design－Build, DB）模式建设公路，综合开发协议包括项目设计、建设、融资、土地征用、公路运营和养护。

第二节　部分亚洲及发展中国家实施 PPP 的情况

一、韩国开展 PPP 的情况

（一）总体情况

1. 发展历程

韩国是亚洲地区实施 PPP 较早的国家之一，韩国 PPP 发展主要经历了三个阶段。第一阶段（1994~1998 年），1994 年韩国政府颁布了《促进社会资本参与基础设施投资法》(简称《PPP 法》)，正式全面、规范推广应用 PPP，高速公路、机场、港口等大量社会基础设施项目开始转为采用 PPP 模式。第二阶段（1999～2005 年），韩国政府于 1999 年对《PPP 法》进行了第一次修订，修订内容包括：允许在 PPP 项目实施中为社会资本提供信用担保等金融支持手段；允许社会资本发起 PPP 项目；建立民间基础设施投资中心为各方提供专业技术服务等。第三阶段（2005 年至今），韩国政府于 2005 年对《PPP 法》进行了第二次修订，修订内容包括：在已有建设－移交－运营模式（简称 BTO，适用于使用者付费类 PPP 项目）基础上，引入建设－移交－租赁模式（简称 BTL，适用于政府付费类 PPP 项目），进一步扩大社会资本参与范围；允许实施社会基础设施类 PPP 项目，鼓励采用 BTL 方式；取消在 PPP 项目中对社会资本最低收益保证等。

2. 法律政策框架

韩国作为亚洲最早一批制定 PPP 法律的国家，于 1994 年制定《促进私人资本参与社会间接资本投资法》(Act on Promotion of Private Capital into Social Overhead Capital Investment. Act No. 4773)，并于 1998 年和 2005 年分别进行修改。1998 年修订 PPP 法案，更名为《基础设施公私伙伴关系法》(Act on Private Investment in Infrastructure, Act No. 5624)，确定了该法案的优先效力，废除一些对私人资本的限制，促进私人资本在韩国城镇化中发挥更大的作用。1999 年韩国还出台"私人参与基础设施法执行法"(Enforcement Decree on the Act on Private Participation in Infrastructure)，并在此后的数年中不断修改完善，旨在通过促进私人部门参与基础设施投资，促进国家经济的发展。2005 年韩国第三次修订 PPP 法案，将其更名为《民间参与基础设施法》(Act on Private Participation in Infrastructure, Act No. 7386)。

韩国已建立完整的 PPP 法律政策框架，自上而下分《PPP 法》、《PPP 法案实施令》、《PPP 项目规划》和《PPP 项目实施指南》四个层级。《PPP 法》是韩国推行 PPP 工作的法律基础，规定了 PPP 的宗旨、与相关法律的关系、各参与方的权利和义务、项目规划编制、项目开发与管理等内容。《PPP 法案实施令》具体规范了 PPP 各参与方在 PPP 项目中的权利和义务，明确了 PPP 项目实施程序。《PPP 项目规划》对全国 PPP 项目进行具体规划和布局，由韩国财政部每年经过多轮听证后确定。《PPP 项目实施指南》是指导 PPP 各参与方规范、有效开展工作的一系列指导性文件，由韩国 PPP 中心开发和编制，截至 2014 年 6 月已颁布了 PPP 标准合同文本等 12 项《实施指南》。

3. 管理架构

韩国的 PPP 管理机构主要包括国会、财政部、行业主管部门与地方政府、PPP 审核委员会和韩国 PPP 中心。国会主要负责制定和修订 PPP 相关法律、监督 PPP 制度执行情况、批准 PPP 项目政府支出预算等。财政部主要负责制定、发布

PPP 法规和指导政策，编制 PPP 项目规划，对 PPP 项目提供资金支持，开展 PPP 项目财政风险控制和绩效评价等。行业主管部门与地方政府主要负责本部门或本地区 PPP 项目选择和可行性预测，监督 PPP 项目运营情况，每年向财政部提交项目运行和绩效报告等。

PPP 审核委员会主要负责审查 PPP 政策和项目规划、批准 PPP 项目、确定项目合作方等。该委员会设于财政部，由 1 名主席（财政部长担任）、11 名行业代表（行业部门副部长担任）和 8 名社会资本代表组成。韩国 PPP 中心主要协助财政部编制 PPP 项目规划，提供咨询培训，开展国际合作，进行理论与政策研究，编制项目实施指南等。

4. 项目现状

截至 2013 年年底，韩国共实施 PPP 项目 651 个，累计投资达 875.5 亿美元。其中，高速公路项目占项目总数的 39.7%，铁路、环境保护和教育领域项目分别占 17.7%、13.2% 和 10.2%。其中 216 个采用 BTO 模式，435 个采用 BTL 模式。

（二）主要经验

1. 严控 PPP 项目的财政风险

为保证政府债务处于可控范围内，韩国政府对 PPP 项目的政府支出预算设置上限，并将政府投入由财政部列入政府预算，报国会批准。目前，韩国 PPP 项目每年的政府支出预算控制在政府预算的 2% 以内，2014 年和 2015 年的比例分别设定为 1.5% 和 1.3%。

2. 充分发挥 PPP 中心的作用

该中心帮助政府建立了较为完整的 PPP 政策体系、理论基础和各种项目实施指南，帮助政府筛选 PPP 项目、把控项目风险、提供技术咨询和培训。

3. 政府对 PPP 项目给予大力支持

韩国政府部门对 PPP 项目提供的支持主要包括：帮助项目公司免费获取土地使用权；简化项目审批程序，行业主管部门负责办理相关行政手续；对 BTO 项目和 BTL 项目提供补贴；提供免除购置税、登记税、增值税等税收优惠政策；设立基础设施信用保证基金为 PPP 项目提供信用担保；设立 PPP 纠纷调解委员会，快速调解 PPP 项目争端等。

4. 重视 PPP 项目采购中的充分竞争

韩国推进 PPP 时注重创造公平的市场环境，要求在招标环节留给投资人准备标书的时间不得少于 6 个月，同时要求不得排斥外国投资人。

5. 强调政府对 PPP 项目资产的所有权

韩国 PPP 项目公司在项目建成后把项目资产所有权移交给政府，只保留运营和收益权。这样既可使项目公司获得税收优惠,又可缓解民众对公共设施由社会资本所有的排斥心理,增加民众对项目收费的接受度,同时政府还可在必要时可对收费价格进行干预。

6. 注重评估 PPP 项目实施方案

在 PPP 项目开发过程中,韩国 PPP 中心要从社会资本角度对项目需求、成本估算、经济可行性、现金流等方面对项目进行全面评估。

7. 着力构建规范透明的采购程序

韩国通过采用标准招标文件和标准合同,公开项目信息、政府提供的支持、承诺和担保信息等内容,保证采购程序的规范透明。

二、印度开展 PPP 的情况

在 2014 年以前,印度仍然是发展中国家中 PPP 项目的最大市场,在众多发展中国家中处于领先地位。20 世纪 90 年代,印度基础设施行业向私营参与者开放。印度首批通过公私合营(PPP)模式实施的项目之一是德里诺伊达收费桥项目。截至 2011 年,印度在能源、公路、铁路、港口、机场、城市基础设施和旅游等行业共实施了 300 个 PPP 项目,投资额达 13587.6 亿卢比。印度 PPP 具有国际化的特点:在 300 个基础设施项目中,22 个项目有外国资本参与,如美国、英国、马来西亚、毛里求斯、瑞士、德国和法国等国的企业。但同时,外国企业在印度面临诸多障碍,不少外国企业尝试后选择了退出。[①]

2004 年后,有利的政策改革和创新的 PPP 结构使得 PPP 投资热情有所上升。根据世界银行 2008 年到 2013 年间的数据,印度的 PPP 项目合计投入最高。根据印度规划委员会的数据,截至 2013 年 3 月,印度已完成联邦和州层面的 693 个 PPP 项目,项目价值 269 亿美元,涵盖多个行业。

印度的 PPP 管理框架由多个中央政府部门组成,如基础设施委员会(由印度总理领导)、规划委员会、经济事务部等。根据 2009 年印度最高法院裁决,PPP 项目中标流程应遵循透明和竞争原则,提前披露战略规划、预可研报告、财务可行性、PPP 模式适用性、项目准备情况等信息,确保相关流程的公平性。发生争议时,各方一般通过友好协商或仲裁解决,外国投标者还可通过国际仲裁解决。

中央政府设有一个系统以评估和审批通过 PPP 进行的项目(由中央政府及其他受其监督的实体发起)。在此过程中,发起部委确立一个项目并与金融、法律专家及其他必要专家进行可行性测试和准备项目协议等。如必要,相关部委可

---

① http://www.caiec.org/article/jingmaoluntan/201608/20160801372997.shtml.

能会在不同部委之间就项目发起讨论。讨论的要点将作为附件，附于提交给 PPP 模式评估委员会（PPPAC）的建议书中。然后，将该建议书和可行性或预可行性测试报告，以及一份列有拟议的 PPP 项目关键特征的投资条款清单，一并提交至 PPP 模式评估委员会以获得"原则上"的批准。然而，如果项目具有"特许权协议模板"，则不需要此类批准，仅需在授予项目时便可获得最终批准。在获得原则上批准后，部委制定相关文件，随后与 PPP 模式评估委员会共享，以获得最终批准。一旦获得最后批准，即开始对该项目进行招标。

印度为联邦制国家，在中央层面没有明确的涉及 PPP 项目的法律或监管机构，但古吉拉特邦、安得拉邦、卡纳塔克邦等少数邦，已经通过了有关 PPP 模式项目的专门法规或配套政策。

印度 PPP 的发展仍面临如下问题：一是由于缺乏国家层面的 PPP 法规，PPP 的发展在一定程度上存在信息不畅和地区发展不平衡等问题。二是缺乏完善的 PPP 监管框架。自 2004 年推出"特许权协议模板"以来，印度 PPP 风险分担状况有所改善。然而，各地区自主权较大，PPP 发展前景、法律法规及监管政策在各地区之间差异仍然较大。

三、南非开展 PPP 的情况

1997~2000 年，南非在收费公路、供水、监狱、旅游等领域，开始 7 个 PPP 项目试点。南非 PPP 项目主要分三类：（1）市场投资人提供公共服务，由政府付费；（2）市场投资人从政府获得特许经营权，由使用者付费；（3）前两种的混合模式。截至 2009 年 2 月，共有 73 个 PPP 项目。其中，19 个项目正在建设和运行中，价值约 20.6 亿美元。

南非 PPP 中心设在财政部下，于 2000 年成立。PPP 管理工作由财政部及其 PPP 中心、国家和省级政府部门、市级政府共同承担，直接向国会或公选的立法机构负责。财政部对项目采用 PPP 的可行性、采购、物有所值评估报告和项目合同管理方案等 4 个环节进行审批。

在国家和省级层面，PPP 项目法律法规有《公共财政管理法案（法案 1/1999）》、《关于 PPP 的财政部令第 16 号》和《财政部业务指导》。市级层面有《市级财政管理法案（法案 56/2003）》、《市级财政规章（2005）》和《财政部/省级部门和地方政府服务实现与 PPP 指南（2007）》。

第三节 国外 PPP 普遍面临的争议和挑战

西方国家在推进 PPP 模式过程中都建立了相对较完善的法律与管理体系、合同规范及评估体系，但依然存在诸多问题。例如，英国国家审计办公室的报告指出，与传统的政府采购修建的学校相比，采用 PPP 模式修建的学校质量不高，存在窗户少、音响和照明设备质量不高等问题。更为甚者，私人资本可能会通过"怠工"、"罢工"、"破产"等手段来要挟政府提供资金援助和优惠条件。英国实践表明，私人部门往往向政府额外收取合同变更成本的 5%～10% 作为补偿和管理支出。

西方国家有相当一部分批评声认为，PPP 模式实质上从私人部门获取了一大笔"零首付长期贷款"，最终会导致政府花费太高，私人谋取暴利。需要关注的是，很多 PPP 项目效率很差，但政府通过各种补贴和优惠政策掩盖着低效和浪费。

2012 年初，英国资深 PPP 咨询机构 "PPP 快讯国际"（PPP Bulletin International）和 "合作伙伴快讯"（Partnerships Bulletin）就全球 PPP 市场趋势，对 67 家全球性 PPP 公司首席执行官进行了市场调查，并结合德勤公司（Deloitte）在美国、英国、加拿大、澳大利亚、南美洲、印度分部的多名 PPP 专家观点，完成了《2012 年全球 PPP 市场概况》报告。最被受访者关切的挑战顺次是：PPP 能否持续受到政府青睐、能否获得比较经济的融资、公共资金支持是否将减少、采购流程是否高效、项目回报是否将降低、能否吸引养老基金、能否得到评级机构的正面评价。政府意愿位列最大挑战，体现了政府政策稳定和支持 PPP 的重要性。第二、三大挑战分别指向市场和政府融资。在采取紧缩经济措施时，政府和市场都缺乏资金流动性，全球 PPP 市场也未能免受影响。多个国家政府或者缺乏基础设施投资意愿，或者无法获得低利率的优先债务融资。未来几年，银行特别是发达国家银行难以提供利率合适的贷款，各国正尝试多种融资模式，避免过度依赖银行贷款。

对于大多数发展中国家而言，PPP 风险暴露的更为突出。Guasch（2004）分析了拉丁美洲地区从 1980～2000 年近 1000 份 PPP 合同，30% 的合同进行了重新谈判，并且更有利于私人投资方。如 20 世纪 90 年代，哥伦比亚政府为多个机场和收费项目的收入提供担保及配套承诺，但项目收入低于预期，为此向私人部门支付了 20 亿美元，政府债务负担反而加重。

各国 PPP 在实践过程中，暴露出不少问题，主要包括：

一是私人部门融资成本显著高于政府举债成本。这一点成为反对者抨击 PPP 的主要理由。在有些项目中，私人部门盈利不菲。曼彻斯特大学的 Jean Shaoul 对英国最早采用 PFI 的 12 家医院项目做了研究，发现平均股权收益率竟然高达 58%，显著高于英国的国债收益率。

二是前期招投标耗时长、手续费高。由于 PPP 模式比传统的模式复杂，政府和私人部门双方都需要进行深入的研究或咨询，由此产生较高的交易成本，而且学习曲线陡峭，需要积累相当多的经验才能降低成本，而单个部门实施 PPP 的机会不多，培训成本很高。比如在一项改造伦敦地铁的项目中，光是签订合同就花了 4 亿英镑，而项目的总成本才 157 亿英镑。

三是可能加重纳税人长期负担。"出表"的会计处理导致透明度不够，使得政府约束软化，甚至可能导致过度负债。根据英国财政部的数据，从 2015 年到 2049 年，政府需要为现有的 PFI 项目支付共计 2222 亿英镑使用费（unitary charge payment），平均到每个家庭约为 12208 英镑，而对应的 PFI 项目资本总额不过 566 亿英镑。

四是合同周期长，可能导致灵活性不足。经济社会发展日新月异，变化速度相当快。而在 PPP 模式下，由于政府要受到合同约束，对公共设施的控制能力下降，无法进行灵活调整以适应公共需求的变化，由此导致公共利益受损。

五是双方存在的机会主义倾向导致项目失败风险。政府为吸引私人参与，可能采取先降低标准，完成招标后再修改条款的做法。私人企业为获取项目，可能采取先开出优厚条件，开工后再提出重新谈判的做法。这都不利于 PPP 的长期健康发展。

六是可能引发私有化质疑。有人认为 PPP 是渐进私有化的特洛伊木马。虽然许多研究中把 PPP 与私有化作了区分，但是很多人仍然把 PPP 与私有化混同看待，从而给 PPP 的推广实施制造了障碍。

世界银行指出，从国际经验看，政府在履行 PPP 职能时，普遍存在招标采购动力不足、部门间协调不够、专业技能缺失、交易成本过高、相关信息不全等机制性失效问题。

尽管成功的 PPP 项目不胜枚举，但也不乏失败的案例。技术不规范、商业可行性不匹配、风险分配机制缺失、项目准备不充分等一系列因素都可能造成 PPP 项目失败。PPP 项目在带来诸多益处的同时，也伴随着对政府项目管理能力的要求，及各个利益相关者之间对于 PPP 模式认识的平衡与协调。

第四节　相关经验和启示

一、总体经验

（一）世界银行提出的影响 PPP 项目成败的三个核心因素

世界银行通过对 60 多个案例跟踪研究，对其中 350 个失败情况进行系统分析，得出影响PPP项目成败的三要素框架。分析表明，所有的失败均可归因于三个方面因素：经济、政治和执行，这也正是决定一个PPP项目成败的三个核心因素。

1. 政治方面

第一，由一个公共部门牵头负责对整体思路、指引、政策等进行明确和细化。牵头公共部门对于PPP的影响至关重要，可以说是不可或缺的，对公共影响和政治影响较为敏感的领域尤其如此。第二，PPP的典型特征之一是其事关政治、经济、社会和环境等多种类型的利益相关者，因此获得利益相关者的支持，对项目成败很关键。成功案例表明，除了识别和管理利益相关者以外，项目还特别关注和理解利益相关者的利益需求，并在此基础上对项目管理进行优化。第三，应评估项目的社会和环境影响，并将评估结果作为识别和决策是否实施PPP计划的首要因素。第四，应促进形成稳定、扶持的监管环境。监管不只是政府对PPP的监管，也是对PPP公私双方设置的共同规则，完善的法律法规和市场规则制度基础，确保了政府对PPP的领导、监管和政策目标达成，也保障了私营机构参与的利益，从长期看更降低了双方参与过程的风险和成本，增强了PPP项目对私营机构参与的吸引力。

2. 经济方面

首先，应确保PPP有合理的经济基础和目标，可持续的商业模式。PPP在实践中的成功和吸引力，特别是在解决融资问题方面的优势，使一些公共部门对PPP产生过高的期望值，认为PPP能挽救那些资金短缺问题严重的项目。例如，非洲的一个水利项目曾设定了超过用户付费能力的目标，导致了项目期间的严重问题。应该说，PPP虽然能优化项目的经济和运营状况，但它并非能够创造经济奇迹的魔法棒，对PPP项目应在合理预期的前提下构建科学、稳健的经济基础。其次，应基于公私双方最优成本、质量和投资回报进行结构化关系设计，以实现共赢目标。

3. 执行方面

应建立一套严格而高效的管理方法，避免冗长复杂的办事程序，充分利用国内外资源构建专家团队，建立透明、竞争性的投标程序，并建立对合同进行持续监测和评估的计划。

从影响PPP项目成败的三个核心因素看，政府在PPP中的角色贯穿项目之前、之中和之后，每个阶段都对政府的责任提出了更加具体的要求。

（二）国外PPP成功经验初步总结

英国、澳大利亚、加拿大等PPP发展较为成熟的国家，以及推进PPP模式也具有一定代表性的韩国，大多由财政部门牵头负责 PPP 项目管理。各国都有专门的 PPP 管理机构、促进中心来推动 PPP 的发展，都出台了专门的针对 PPP 项目的促进政策，包括政策、指南、合同等形式。以英国为例，完善的法律保障、健全的管理体系、创新的融资支持和明晰的项目管理为其 PPP 模式的成功推进提供了强有力的支撑。相关经验总结如下：

一是完善的法律法规与制度安排。PPP 运行比较规范的大都是发达国家，这些国家市场经济成熟，政治承诺和法律环境稳定，将为 PPP 打下良好的基础。

二是成立专门的管理部门，并得到政府强有力支持。从全球范围看，各国普遍在国家与地方层面设立 PPP 中心，其主要职能包括：提出政策建议、提供技术支持、提高政府能力、支持项目融资、建立信息平台等。多数国家将 PPP 中心设于财政部，有利于将 PPP 与其他财政支出、政府债务等统筹管理。政府有推广 PPP 的强烈政治意愿，PPP 中心能得到政府强有力的支持。

三是项目选择适当且项目边界（规划、范围、产量、质量等）明确。项目库丰富、质量高，流程更透明，这是项目是否采取 PPP 模式、能否实现物有所值的关键要素。

四是风险分担公平，合同规范，追求全生命效率。很多 PPP 项目都强调全生命周期的运营或维护，合同期限较长，很大一部分期限在 20～30 年，甚至更长。

五是金融体系成熟，融资方便。金融市场资金是否充裕，对 PPP 项目的融资意愿大小都直接影响 PPP 项目的推进。

二、相关启示

目前，中国的 PPP 虽然规模大，但处于起步阶段，仍然存在法律保障不明确、管理体系不完善、融资渠道不畅通、运营能力不高等问题。PPP 不仅仅是一种融资机制，更是一种管理机制、合作机制。政府要成功推广应用 PPP，应积极学习和借鉴其他国家的经验，制定完善的 PPP 政策和战略。

在中国老龄化和城镇化加快、财政收入增速放缓、政府职能转变的背景下，推动社会资本参与基础设施建设具有重大意义。全球的实践经验表明，成熟的 PPP 模式有助于加快基础设施建设、促进经济增长、提高公共服务水平，与此同时，社会资本参与社会建设，分享经济发展成果，与国家发展共命运，有利于提高公众社会意识、增强社会黏性。然而，如果 PPP 实施不当，也可能加重政府负担、降低公共品供给效率、引发社会不满。

一方面要看到 PPP 的优势，另一方面更要看到它的局限。既要关注英国、加拿大等国的成功经验，也要关注暴露出来的问题及解决办法。既要学习发达国家的成功经验，也要加强与新兴市场的交流合作，结合自身发展实际，进行改革创新。相关启示如下：

(1) 中央层面应加快建立统一的 PPP 立法、管理机构，健全制度体系，强化全过程监管。成功的 PPP 有赖于清晰的法治环境和强有力的政府支持，以增强经营环境的可预测性，确保项目风险可控，收入稳定。应尽快完善相关立法，明确不同部门在 PPP 发展中的职责，避免多头监管造成混乱。按照"法律规范、政策保障、操作指引"三位一体思路推进制度构建，尽快推进 PPP 立法，项目土地、财政管理、税收优惠、资产管理等政策亟须进一步细化完善，操作指南、行业合同等需进一步细化。在中央与地方分别建立 PPP 中心，其中，中央 PPP 机构统筹政策制定和项目管理工作，建立跨部门协调机制，以此形成一个协作工作与信息联络网，提高各级 PPP 中心能力。

(2) 坚持"物有所值"理念，加强项目筛选、论证。发达国家 PPP 的工作重心转向项目的物有所值（Value for Money）、完善项目评估方法学、帮助项目持续获得政治支持等，工作层面更加深入。充分的市场竞争和高效的项目后期运营是实现 PPP 项目"物有所值"的重要保证。进一步强化"物有所值"理念，完善评价机制，加强对项目采购的竞争性和项目运营绩效的监督。

(3) 严格控制 PPP 项目政府支出责任及或有债务。高度重视 PPP 项目的潜在风险，建立严格的 PPP 项目政府支出预算上限控制程序和指标。健全政府投入台账；待政府综合财务报告制度建立后，政府投入义务全部纳入政府综合财务报告。

(4) 注重社会公众参与，强调公开透明。通过强制要求 PPP 项目内容、政府支持、采购、运营和绩效等信息公开，并推出标准化的招标文件、合同文本等措施，保证了 PPP 项目实施的规范有序。

(5) 要重视地方政府的作用，提升机构实施能力。地方政府更加积极的参与，有助于增加市场的需求、维持足够的项目储备、推动市场的持续发展、吸引足够的参与者，以及确保充分的竞争，从而提高项目实施效率。地方政府应转变意识、提升能力，规范政府行为，并建立政府违约救济机制。强化政府法治与契约意识，加强实操的培训、指导。

(6) 出台完善财政金融支持政策。政府财政金融支持政策是增加 PPP 市场各方信心，推动 PPP 快速发展的重要手段。其他潜在创新融资模式还包括信贷担保、资产证券化等。应加大政策优惠和金融支持力度，在资金渠道、增信措施、政策优惠、证券化、金融创新上给予大力支持。创新各种债权、股权、担保或增信工具，设立政府引导或支持基金。积极引导养老、保险等长期性资金以及政策性金融、信托、资管等机构进入 PPP 领域。此外，进行政策性扶持奖励，如给予地方政府财政补贴、项目财税优惠、金融机构一定风险补偿等。

第三章

PPP 研究现状、理论基础与公共服务供给机制

目前，PPP 是全球基础设施和公共服务领域比较流行的投资方式，同时，也是公共部门向私人部门购买服务的制度创新。PPP 研究涉及多个专业、知识领域，研究的视角也很多。但值得注意的是，PPP 是一个实践先于理论的机制，与所处的环境紧密相关，不确定性因素较多，需要深入结合本地实际进行研究。本章主要就目前研究的现状、理论基础进行了回顾和分析，并对 PPP 的效率不确定性、机制创新等进行了探讨。

第一节 PPP 相关文献回顾与评述

PPP 涉及领域广泛，研究的视角很多。Al-Sharif 与 Kaka（2004）将 PPP 领域的研究内容笼统地分为三类：风险、采购和财务。Yongjian Ke（2009）等将 PPP 研究内容分为七类：投资环境、采购、经济生存能力、财务工具、风险管理、治理问题和综合研究。叶晓甦、徐春梅（2013）从概念与本质、项目风险与分配、治理理论、政府管理与监管等四个方面总结了研究进展。PPP 在理论上存在争议，甚至连基本的概念和特征都尚未达成一致，国内外的研究各有侧重和特点。

一、国外研究综述

现代意义的 PPP 兴起于英国，是西方国家财政困难与政府治理过程中出现的概念，由 Reymont（1991）最先创立。国外文献对 PPP 的效率、风险、合约、制度、财务等方面研究比较深，对 PPP 的正负面效应研究比较透彻。但是，目前对 PPP 的概念尚未达成共识，一般认为 PPP 是作为公共部门和私营部门之间一系列

合作方式的统称（Stoker，1998；E. S. Savas，2002；Khadaroo，2010 等）。目前的研究大体从以下几个维度回顾：

（1）PPP 产生的动因与财政风险。PPP 可作为财政政策的政策工具（Sharma、Cui，2010），产生税收平滑效应（Bovaird，2010）。Fourie 和 Burger（2000）指出，政府管理能力的缺乏是 PPP 兴起的主要原因。Lindqvist（2008）通过多任务代理的理论框架认为在公共部门进行缔约时，代理人可以通过努力提高服务质量或降低成本。但 Maskin 和 Tirole（2008）认为，政府试图逃避资金的约束是 PPP 流行的原因。Spackman（2002）回顾英国推行 PPP 的历程和经验，确信 PPP 最主要的驱动力仍然是审计和意识形态。Grimsey 和 Lewis（2002）也认为，政府邀请私人部门参与建设基础设施合同安排以负责资本密集项目的融资建设及运营，其主要原因是公共资金有限。Hammami 等（2006）则发现，正在遭受沉重债务负担的国家的政府采用公私合作制 PPP 模式更加普遍。Heald（2001）、Sharma 和 Bindal（2014）指出，PPP 作为一种融资机制在发展中国家推广，引起了全球性的会计和审计问题，包括引起的跨期和不确定性政府性债务。Aliona（2008）认为印度尼西亚、马来西亚、泰国等国家由于 PPP 产生了大量的政府或有负债，加剧了 1997 年亚洲金融风暴。IMF（2007）认为政府必须确保 PPP 被用于提高效益的正确目的，而不是被用来将支出移出预算或将债务移出资产负债表。

（2）PPP 的效率。国外较为关注从规范角度来解释 PPP 合同本身所具有的效率问题。Hart（2003）在著名的 HSV（1997）模型基础上创立了 PPP 研究的基本分析框架。Hart（2003）基于不完全合同框架探讨了 PPP 简化为将建设和运营进行捆绑私有化的情况，在 HSV 模型基础上，突出了项目不同阶段的外部效应对于选择 PPP 的重要性。Bentz 等（2005）则是以委托代理理论为基础，强调不对称信息对 PPP 项目合作中道德风险的影响。Bennett 和 Iossa（2006）同样基于创新激励对比了由营利机构和非营利机构提供公共服务的效率，其中特别考虑非营利机构不可分配约束的影响。Bennett 和 Iossa（2006）基于不完全合同观察到外部性的存在，即建设阶段的行动会影响项目的运营阶段，或者建设/运营阶段的行动会影响服务质量，因此，PPP 合同有助于私人联合体在不同的阶段进行协同创新。Martimort 和 Pouyet（2008）则在综合已有研究的基础上分别讨论了当绩效可以量度（完全合同情形）以及无法量度（不完全合同情形）的环境下 PPP 的效率。另外，Iossa 和 Martimort（2008）试图在涵盖静态和动态环境的统一框架内讨论 PPP 的激励问题，将其表征为具有任务捆绑和风险转移特点的长期合约，判定在何种情况下，PPP 合约能够为提供基础设施及公共服务的私人缔约者提供适当的激励。Siemiatycki（2011）通过对英国 1987 年至 2009 年期间 PPP 项目的分析，研究了 PPP 影响项目实施的正反两方面机制：一方面，PPP 有关各方的多次合作有助于降低交易成本与鼓励创新；另一方面，过于稳定的关系可能会减少竞争，进而导致成本上升和质量下降。

（3）PPP 的合约设计及激励问题研究。Bajari 和 Tadelis（2001）研究了采购合同环境中由于合同不完全而引发的竞标人策略性行为以及伴随的协调和再谈判成本。Bettignies 和 Ross（2004）认为私人借款者所具有的卖出选择权是获得融资利率更高的原因之一。Ross 和 Bettignies（2007）将融资合同理论应用于 PPP（基于不完全合约框架），以解释何时公共项目以 PPP 形式由私人开发并负责融资是最优的。Gasiorowski 和 Moszoro（2008）认为 PPP 是公私合资企业，并进一步研究了其中公私部门股权投资比例的内生性。Engel 等（2001）通过分析最优的风险分配合同特征，证明了其能够通过一个相当直观的机制——LPVR 拍卖得以实施。

（4）PPP 项目的实证研究。Daniels（1996）等通过项目分析认为，PPP 效率的影响因素之一是 PPP 的合同框架和制度。而 Engel 等（1997）则关注高速公路行业的特许经营实例，同样认为特许经营的好处在于效率的提升，能够避免"白象"，更易于融资，并使得降低收费的政治压力更少。Guasch（2004）研究发现，20 世纪 80 年代中期以来，拉美地区大概有一半的特许经营合同都面临再谈判的困境。Guasch 和 Straub（2006）通过构建规制模型分析，认为再谈判是由于特许经营合约的不完美执行而产生的，从而对规制制度、制度特性、经济波动以及特许经营合同本身对特许经营再谈判概率的影响提供理论预测，并总结了关于再谈判决定因素的现实证据，讨论有效规制机构及适当价格规制机制的必要性所导致的政策含义（Guasch 等，2007）。Serebrisky（2004）强调，坚实的政治承诺对于 PPP 改革路径的可持续性是重要的，政府政策缺乏连贯性容易导致 PPP 的再谈判或提前终结。Sabol 与 Puentes（2014）就如何在基础设施领域成功推进 PPP 模式，给美国政策制定者提出了九点建议，包括在州一级政府建立强有力的政策框架、选择政治上可行的项目、基于可量化的公共目标来进行 PPP 有关决策等。

二、国内研究综述

国内研究 PPP 的文献大致兴起于 2000 年前后，在 2014 年随着国家大力推进 PPP 模式后，又掀起了 PPP 研究的新高潮。主要从以下几个维度回顾：

（1）PPP 产生动因。周志忍（1999）系统研究西方公共管理的改革方向，认为一个重要的特征就是在公共部门引入竞争机制，打破政府垄断。[①] 秦虹（2003）提出政府财政能力限制了市政公用事业的投资和发展，因此，需要推行

---

① 周志忍：《当代国外行政改革比较研究》，国家行政学院出版社 1999 年版。

我国公用事业市场化。陈柳钦（2005）指出 PPP 是公共基础设施建设过程中发展起来的一种优化的现代融资模式，以实现各参与方的"共赢"为目的的项目融资与实施模式，实质是为了促进基础设施加快建设及有效运营，政府给予私营企业长期的特许经营权和收益权。① 财政部国际司（2014）指出，应用 PPP 项目也有利于减少公共债务，对因提供公共服务而形成的政府债务，可通过更有效的 PPP 合同进行债务重组。② 曾晓安（2014）研究了 PPP 模式化解地方政府债务的路径选择，提出要选好项目、有序开展和政策支持。③

（2）财政预算与债务方面。汪洋（2015）指出，PPP 模式下改善政府债务管理、化解债务风险，要显化 PPP 模式下的政府债务状况，建立 PPP 项目资产负债跨年度平衡表，将其纳入预算管理和债务管理。④ 温来成（2015）认为需要将一定时期内的 PPP 项目要控制在财政承受能力内，将 PPP 项目所形成的直接债务、隐性债务全部纳入预算管理。财政部政策研究室（2015）通过对 PPP 的三个工具性特点以及在发达国家的实践研究，提出我国利用 PPP 治理地方政府债务时应注意的三个问题：一是以项目的市场收益为标准甄别债务，找准 PPP 的适用范围和对象；二是协调推进相关领域财政改革工作，防止出现新的隐性债务；三是着力落实风险分担机制，充分挖掘 PPP 效率红利。⑤

（3）风险是 PPP 研究的重点。王守清（2009）提出的风险分配三条原则观点具有代表性。赖丹馨和费方域（2010）认为 PPP 成功与否的关键在于风险和收益在公共和民营部门之间的分配。冯珂、王守清、伍迪、赵丽坤通过对中国典型的 31 个 PPP 项目分析，识别了七种具有代表性的特许权协议动态调节措施，结合 PPP 项目风险分担的原则，提出了特许权协议动态调节措施的选择框架。⑥

（4）效率、治理也是各方关注、研究的重点。张喆、贾明（2012）运用基于不完全契约理论的模型分析和实验研究相结合的方法得出控制权配置对合作效率有影响。陈志敏、张明、司丹（2015）提出，由于我国司法体制不健全，政府采购、招投标过程中的合谋串标、贪污腐败等现象时有发生，导致 PPP 项目政府采购招投标的竞争性不足，透明度不高。⑦ 吉富星（2015）提出，从中长期预算角度看 PPP 全生命周期的政府支出责任并不必然降低，政府支出责任的加大根源

---

① 陈柳钦："城市轨道交通建设的 PPP 融资模式"，《中国铁路》，2005 年第 9 期。
② 财政部国际司："PPP 的财政效应——亚行专题报告之二"，《中国财经报》，2014 年 7 月 15 日。
③ 曾晓安："用 PPP 模式化解地方政府债务的路径选择"，《中国财政》，2014 年第 9 期。
④ 汪洋："PPP 模式与地方政府债务风险化解"，《现代商业》，2015 年第 14 期。
⑤ "从 PPP 的三个特点看治理地方政府债务"，《预算管理与会计》，2015 年第 5 期。
⑥ 冯珂、王守清、伍迪、赵丽坤："基于案例的中国 PPP 项目特许权协议动态调节措施的研究"，《工程管理学报》，2015 年第 3 期。
⑦ 陈志敏、张明、司丹："中国的 PPP 实践：发展、模式、困境与出路"，《国际经济评论》，2015 年第 4 期。

在于契约的不完全、市场不确定性、监管难、风险分担机制不合理,并从宏微观层面给出了相关建议。① 吴卓瑾、乔宝云(2014)认为,PPP模式彰显契约精神,发挥市场功能,改进了问责机制,因此有利于推进国家治理体系和治理能力现代化。同时,PPP还是一项重要的财政政策工具,能够缓解预算压力、提高财政效率、分化财政风险。合理的PPP管理框架包括了完善的法律制度、专门的管理机构和规范的财政管理办法。②

(5)政策建议。王灏(2004)较为全面地介绍了PPP的定义、模式及分类,并基于其从事轨道交通项目的经验,对我国交通领域采用PPP模式的可能性进行了探讨。王守清、刘婷(2014)基于PPP项目监管的视角,考察了澳大利亚、中国香港、南非、英国、美国的监管体系,认为要加强我国PPP项目监管,需借鉴这些境外国家或地区,加强国家地区层面的立法,建立完整的审批机构,尊重社会公众的参与权,并增强透明度。③ 孙学工等(2015)介绍我国PPP发展的现状与问题,并给出如何进一步推进PPP发展的政策建议。

三、评述

目前研究视角多基于公共品、契约理论、公共治理等,更多聚集在风险(政府债务)、效率、监管等领域,具有一定的共性意义和借鉴意义。PPP的实证性强、正反效应都非常明显。到目前为止,PPP并没有形成一个被广泛认可与接受的定义、运作方式和程序。显然,为PPP下一个准确定义、做出一个绝对性评价也是徒劳无功的。

国外文献对中国研究较少,目前多数文献针对中国PPP的研究更多是基于2014年前的特许经营BOT(建设-运营-移交)项目、BT(建设-移交,政府回购)项目的风险、效率等方面研究。但现在的PPP不是技术层面的改进,而是一次宏观体制、微观操作的升级,面临的困难和挑战更大。概言之,目前国内文献未能充分、全面地反映我国PPP发展新阶段的新问题、老矛盾,对背景、风险、动因及特有机理等系统研究较少。

PPP立法、实践本身也随着公共产品、政府职能等变迁而变化。大多研究都认为制度安排非常重要,需要可预测的法律和监管框架。作为公共部门履行职能的一项技术手段,尽管PPP在很多国家都有运用,但由于应用的地区和领域各不相同,其面临的环境和挑战也有很大的差异(Scharl,2002)。对全球最大PPP市

---

① 吉富星:"我国PPP模式的政府性债务与预算机制研究",《税务与经济》,2015年第4期。
② 吴卓瑾、乔宝云:"构建合理的PPP管理框架推进财政和国家治理现代化",《中国财政》,2014年第15期。
③ 王守清、刘婷:"PPP项目监管:国内外经验和政策建议",《地方财政研究》,2014年第9期。

场而言，中国 PPP 发展环境更复杂，体现在制度碎片化、实践多样化、区域不平衡，需要不断动态化优化。中国现阶段需要解决巨额存量项目的潜在风险，还要进一步研究增量项目的后续制度优化、实践创新。

第二节　PPP 相关的理论基础

一、公共产品及其供给理论

（一）公共产品的内涵

1. 定义

公共产品（public goods）是相对于私人产品（private goods）的一个概念，最早是由林达尔（E. R. Lindahl）提出的。萨缪尔森（1954，1955 年）给公共产品定义，即"每个人对这种产品的消费不会造成任何其他人对该产品消费的减少"。萨缪尔森从产品的两个基本特征——竞争性和排他性出发，把产品分为私人产品和公共产品，即一个产品同时具有竞争性和排他性就是私人产品；反之，一个产品同时具有非竞争性和非排他性就是公共产品。但是，这种分类不断受到挑战，也不断得到完善。公共产品分类研究也是在萨缪尔森定义的基础上，逐步深入进行的。为此，马斯格雷夫提出"纯公共产品"概念，布坎南提出"俱乐部产品"概念等。

在经济学领域，公共产品的概念已经得到广泛认同和使用，但至今没有精确的定义。对公共产品理论的发展历史研究，一般最具代表性的定义有以下四种①：

一是保罗·萨缪尔森（Paul A. Samuelson）给公共产品下的定义。萨缪尔森是第一个对公共产品做出现代经济学分析的经济学家。萨缪尔森在其 1954 年发表的经典论文《公共消费纯论》中，根据意大利传统的公共财政理论，界定了公共产品的概念："公共产品是所有成员集体享用的集体消费商品，社会全体成员可以同时享用该产品，而每个人对该产品的消费都不会减少其他社会成员对该商品的消费。"②简而言之，就是"每一个人对这种产品的消费并不减少任何他人也对这种产品的消费"。

---

①　黄恒学：《公共经济学》，北京大学出版社 2002 年版。

②　P. A. samuelson. The pure theory of Public expenture［J］. Review of Economies and statistics，1954（36）：387－389。

二是曼瑟尔·奥尔森（Mancur Olson）给公共产品的定义。奥尔森在其1965年出版的《集体行动的逻辑》提出了公共产品的定义。他认为：任何产品，如果一个集团包括X_1，X_2，…，X_n等个体，如果这个集体中任何个人X_i能都够消费它，那么它就不能适当地排斥其他人对该产品的消费，则该产品就是公共产品。① 换而言之，在公共产品的消费方面，该集团或社会不能将那些没有付费的人排除之外；而对非公共产品的消费方面，这种排斥是起效果、能够做得到的。

三是詹姆斯·布坎南（James McGill Buchanan Jr.）给公共产品的定义。布坎南在1967年出版的《民主财政论》一书中指出：不管什么原因，凡是集团或社团通过集体组织提供的商品或服务，都将被定义为公共产品。② 按照他的这一定义，凡是由集体组织提供的产品都是公共产品。

四是乔治·恩德勒（Georges Enderle）给公共产品的定义。他在其《面向行动的经济伦理学》中提出：可以广义地理解公共产品，把它理解成为社会和个人生活及追求经济活动的可能性的条件。③ 从公共产品消费的角度，恩德勒指出定义公共产品坚持两条原则。一是非排斥原则，即公共产品与私人产品比较，不管是出于何种原因（技术的原因、效率的原因、法律或伦理的原因），对受（公共产品）影响的和受个人或集团权利限定的"消费"不排斥其他人的消费。二是非敌对原则，就是假定与其他消费者的关系，缺乏敌对性或竞争性。

2. 公共产品的特性

按照萨缪尔森、奥尔森、布坎南和恩德勒等经济学家对公共产品的界定和定义，我们可以很容易地发现，公共产品应具有三个基本特征：非竞争性、非排他性和效用的不可分割性。（1）消费的非竞争性（non-rivalness）。在消费方面，公共产品常具有非竞争性，主要是指消费者个体、家庭或者厂商对公共产品的享用，不排斥、不妨碍其消费者个体、家庭或者厂商的同时享用，也不会因此而减少消费者个体、家庭或者厂商享用该种公共产品的数量或质量。④（2）受益的非排他性（non-excludability）。公共产品的受益通常具有非排他性，指任何人都不能独占、专用某种公共产品的消费，谁也不能阻止任何人享受它的效用。（3）效用的不可分割性。效用的不可分割性主要特点是共同受益或联合消费指公共产品向整个社会共同提供的。

需要强调的是，公共产品的非竞争性、非排他性和效用的不可分割性基本特征并不是完全绝对的、一成不变的，而是随着制度条件、环境条件、技术条件以及消费者群体的变化而变化的，其非竞争性程度与非排他性程度有可能降低，也

---

① ［美］曼瑟尔·奥尔森：《集体行动的逻辑》，陈郁等译，上海人民出版社1995年版。
② ［美］布坎南：《民主财政论》，穆怀朋译，商务印书馆1995年版。
③ 乔治·恩德勒：《面向行动的经济伦理学》，上海社会科学院出版社2002年版。
④ 赵成根：《新公共管理改革——不断塑造的平衡》，北京大学出版社2007年版。

有可能上升。

3. 公共产品的分类

在现实生活中能够完全符合萨缪尔森所定义的公共产品很少,公共产品本身也是一个外延广阔的范畴,还有大量的只具有部分的非排他性、部分的非竞争性或者两者情况兼而有之的公共产品,学术理论界称之为"准公共产品"或"混合产品"。公共产品理论研究中,对准公共产品的属性分析是重要内容。

美国经济学家萨瓦斯将私人产品和公共产品称为个人产品和集体产品,他根据公共产品非竞争性与非排他性,将产品分为:个人产品、集体产品、共用资源和可收费产品四个类型。①

美国经济学家曼昆(N. Gregory Mankiw)则竞争性与排他性作为区分产品的二维尺度,将产品分为私人产品、公共产品、共有资源和自然垄断四个类型②,见图 3 – 1。

		竞 争 性	
		是	否
排他性	是	私人产品 食品 衣物 拥挤的收费道路	自然垄断 消费 有线电视 不拥挤的收费道路
排他性	否	共有资源 海洋资源 环境 拥挤的不收费道路	公共产品 国防 知识 不拥挤的不收费道路

图 3 – 1　曼昆产品的分类

同样,布朗和杰克逊也按照相同的二维标准,也将产品分为四类。但与曼昆的划分略有出入,布朗和杰克逊称非竞争与排他性的组合为俱乐部产品,而且,布朗和杰克逊进一步揭示了每种类型产品的供给主体、排他性程度、分配方式、融资方式等③,见图 3 – 2。

美国学者奥斯特罗姆认为:消费的共用性和排他性是独立的属性,其中共用性和上文讲的竞争性具有相似性,共用性可以分为两类:不可分的共同使用和高度可分的分别使用。按照这种二维标准,可以用矩阵的方式将所有产品分为四

---

① E. S. 萨瓦斯:《民营化与公私部门的伙伴关系》,中国人民大学出版社 2002 年版。
② 曼昆:《经济学原理(上册)》,三联书店、北京大学出版社 1999 年版。
③ C. V. 布朗、P. M. 杰克逊:《公共部门经济学(第四版)》,中国人民大学出版社 2000 年版。

	排他	非排他
竞争	纯收入产品 1. 排他成本较低 2. 由私人公司生产 3. 通过市场分配 4. 通过销售收入融资	自然垄断 1. 产品利益由集团消费但受拥挤约束 2. 私人公司或直接公共部门生产 3. 由市场分配或直接由公共预算分配 4. 通过销售收入融资、如对该服务使用权的收费或通过税收筹资
非竞争	共有资源 1. 含外在性的私人产品 2. 私人企业生产 3. 通过销售收入融资 4. 通过含补贴或矫正税收的市场分配	纯公共产品 1. 很高的成本 2. 直接由政府生产或政府签约的私人企业生产 3. 通过公共预算分配 4. 通过强制性税收入筹资

图 3-2 布朗和杰克逊的产品分类

类：私益产品、公益产品、公共池塘资源和收费产品[①]，见图 3-3。

		使用或者消费的共同性	
		是	否
排他性	可行	私益产品 食品、汽车、理发、衣物	收费产品 剧院、有线电视、信息服务、电力、公路
	不可行	公共池塘资源 海洋资源、地下水环境、地下石油	公益产品 国防、知识、公共电视

图 3-3 奥斯特罗姆的产品分类

综上所述，从以上几种分类，可以看到：对纯公共产品和私人产品的划分界限基本是相似的，而介于纯公共产品和私人产品之间的"准公共产品"或称"混合公共产品"，其涵盖范围比较宽广。

4. 公共产品边界的动态变化性

实际上，很难明确公共产品的边界和范围。大多数公共产品只有在某一特定集团中才有意义，公共产品必须是某个集团的公共产品，对另外一个集团可能是私人产品。Ver Eecke 认为：不存在任何客观标准作划分公共产品、私人产品的

---

① 迈克尔·麦金尼斯主编：《多中心体制与地方公共经济》，三联书店出版社 2000 年版。

合适依据，公共产品是一个抽象概念，而不是指具体产品，同一产品可以同时既是公共产品，也是私人产品。

在现实生活中的大部分产品，是位于纯粹公共产品和纯粹私人产品之间的，公共产品与私人产品间并不存在完全明晰的界限。现实中，几乎所有的公共产品的公共性程度随着时间、技术等条件的变化都是动态变化的，而不是一成不变的。同时，这也就决定了公共产品的边界客观上是一个动态变化的过程，静止不变只是相对而言的。因此，在不同的社会文化背景、不同的国家或地区、不同的经济发展阶段下，公共产品的特性和内容会发生相应的转变。故此，公共产品与私人产品之间没有清晰的边界，而是具有一定程度的模糊性和不确定性，并且在某种特定条件下，两者往往可以相互转化。[①]

（二）公共产品供给方式

在经济学上，对外部性研究等同于对公共产品的研究，它们之间的区别更多是程度问题而不是类别问题。一如斯蒂格利茨（Stiglitz，1998）所认为的，公共产品可以被看作正的外部性的极端情况。公共产品的供给理所应当成为政府天然的义务。

公共产品供给理论的发展历程大体可以划分为两个阶段：第一阶段是在20世纪50年代以前，学术理论界对公共产品的研究，一直没有脱离政府问题，是和政府问题研究紧密联系的，这一阶段的公共产品供给理论观点和理念是：政府是公共产品的单一供给主体，市场不可能参与其中的。这一框架构建了之前公共产品供给理论的全部内容，自然也就成为以公共产品政府供给模式——政府是单一供给主体的理论基础。

公共产品是一个历史的范畴概念，具有典型的阶段性特征。如早期的经济学家曾一致认为航海的灯塔是典型的公共产品，认为灯塔建设和维护必须由政府提供，而不是由私人提供。但科斯发现，英国灯塔绝大部分是由私人建造并经营的，灯塔必须由政府提供的理论就不攻自破了，同时，也成为公共产品可以由私人企业提供的有力证据。只要公共产品中的某些部分特性转化为私人产品特性，并且私人产品因界定产权能同时与市场相容，那么，该公共产品就可以由市场来提供。因此，公共产品提供的现实问题就变为公私产品之间相互转化的问题。[②]

第二阶段是自20世纪60年代开始，政府作为单一公共产品供给主体的很多缺陷陆续暴露出来，主要体现在公共产品低效率，供给不足、腐败等问题，政府

---

① 楚永生、张宪昌：“公共物品供给的动态化视角研究”，《现代经济探讨》，2005年第3期。
② 何晓星："公私物品的逻辑"，《浙江大学学报（人文社会科学版）》，2008年第6期。

职能的有限性、局限性突出。到 20 世纪 70 年代，除了日臻成熟和完善的政府供给理论，公共产品供给方式理论得到非约束发展，陆续出现市场供给、社区供给、志愿供给等理论，并呈现出多元化发展趋势，指导着现实生活中公共产品的供给实践。

在满足特定条件的情况下，政府、社会自组织和私人企业参与公共产品的供给都可以实现其供给的"帕累托改进"，即在不影响和减少其他人使用的公共产品情况下，增加对此类产品具有特殊性和个性化需求的消费者的收益。当然，政府供给模式、社会自组织供给模式和私人供给模式都有其自身难以克服的局限。因此，由任何一种模式垄断公共产品的供给都容易使其陷入效率低下、质量下降、供给总量不足、供需结构失衡等不良状态。

公共产品和服务供给主体的选择不是唯一的、静态不动的，而是一个动态的变化过程，称之为"公共产品供给主体的变迁"，是指在供给公共产品时，公共产品供给的各个主体（政府、市场、自愿供给主体）间的相互转换、合作和交易过程。公共产品供给主体的变迁是一种效率更高的公共产品供给机制替代另一种效率较低公共产品供给机制转化的过程，实质上是公共产品供给制度变迁的过程。

公共产品不能仅由政府承担，也不能由私人部门单独承担，许多传统上由政府单独出资经营的公共产品正在逐渐向由政府和私人共同提供的趋势发展，这为准公共产品由私人部门提供建立了理论基础。与公共产品供给的前三种模式（政府供给、私人供给或企业供给、第三部门供给）相比较，PPP 模式是公共部门与私人部门以伙伴关系充分协作的结果。

二、新公共管理理论

（一）PPP 的思想渊源

Linder（1999）认为，PPP 理念受到新自由主义与新保守主义的高度影响，PPP 模式所涉及的政府管理改革、财政风险转移、权利共享等问题，都可以在新自由主义及保守主义那里找到对应的观点。

20 世纪 70 年代，西方发达国家出现了严重的经济滞胀问题，凯恩斯主义受到前所未有质疑的同时，新自由主义与新保守主义的改革及政策主张却受到了高度重视。新自由主义主张自由放任的市场经济及私有化，反对国家过度干预经济。同时认为市场是道德重建的工具，市场交换和市场激励可以促进社会的和谐与人类社会的进步。新保守主义也反对国家干预社会经济生活，认为政府已经超载,主张让市场经济自己运行。

受这两种思潮的影响,20世纪70年代末以后,以英、美为首的西方国家,纷纷采取以推行私有化、调整社会福利政策为主的一系列改革。政府直接干预经济的时代已经终结,同时,私有化、PPP作为纾解西方发达国家财政支出压力的政策与融资工具被适时地推上了历史舞台。PPP隐含的政治驱动力之一是,在不过度增加本已紧张的公共财政负担和不增税的情况下改善国家的基础设施和对公共服务的支持。

(二) 新公共管理理论

20世纪80年代,在推行私有化改革的同时,以英、美为首的西方国家还掀起了一场声势浩大的行政改革浪潮,这场行政改革被看成是一场"重塑政府"的新公共管理运动。

新公共管理理论认为,公共部门和私营部门各方面均存在许多差异,但在管理方面两者却存在相同之处。新公共管理理论要求公共部门学习和借鉴私营部门的运作模式和组织结构,包括灵活的人力资源管理方式、战略计划与管理等方面。奥斯本、盖布勒提出的"改革政府"(又称"重塑政府")是这其中较有代表性的观点,他们认为公共部门通过引入私营部门的竞争机制和市场导向等,会建立"企业家政府"。[①] 与传统的公共行政学不同,新公共管理理论提出了一种与其不同的管理模式,该理论核心主要体现在如下:

一是强调竞争机制的引入。核心理念之一就是在公共服务领域"引入市场竞争机制",逐步取消政府的垄断地位,让私人部门参与公共服务的供给,借助私人部门的创新意识与管理技术提高公共服务的质量与效率。政府在传统的行政管理模式中的定位是当作弥补市场缺陷和克服市场失灵的主体。新公共管理理论则改变了传统行政管理模式对政府的定位,主张在公共部门引入市场机制,利用市场的力量改革政府,不仅私营部门之间展开竞争,公共部门和私营部门之间也要展开适当的竞争,缩小政府规模,减少政府开支,从而提高供给公共产品和公共服务的水平和效率。总而言之,将竞争机制引入到公共部门,将会带来一系列新的变化,特别是会形成一种优胜劣汰、市场检验的局面。

二是重视绩效评估。在传统的行政管理模式中,基本没有明确的绩效标准和评估体系。新公共管理理论加强了这方面理论,强调在公共事务的管理过程中,需要清晰的绩效标准和明确的评估体系。为此,公共部门管理必须要有一个明晰

---

① [美] 奥斯本、盖布勒著,周敦仁等译:《改革政府——企业家精神如何改革着公共部门》,上海译文出版社2006年版。

的目标,界定和明确管理的公共事务,针对目标的评估设置更加具体的指标,实现各个具体部门的责任落实到位,并采用有力的、高效的监督手段,最终实现有效进行公共事务管理的目标。

三是重新确定政府与社会组织的定位,尤其是政府的定位。政府作为非市场力量会扭曲社会资源的配置效率,主张政府职能应实现由"划桨"向"掌舵"的转变,即由公共服务的生产者向购买者与监督者转变。按照新公共管理理论,把公共组织划分为服从型组织、规制型组织、政策性组织和服务提供型组织四类。其中,规制型组织和政策型组织处于主导地位,负责"掌舵";而服从型组织和服务提供型组织则更多地负责具体事务,负责"划桨"。政府需要转变角色,将更多的精力用在监督其他公共组织和合理地安排制度的活动中去,从而将中心职能转变为"掌舵"。

四是强调以客户为导向、消费者至上。过去的传统行政管理对于个人、家庭以及社会团体的主动创造性持否定态度。新公共管理理论改变传统行政管理的观点,用市场来取代政府,同时把民众看作是市场中的消费者,为了满足公众的不同需求,提出了响应性的服务,并通过小规模化的公共服务、市场机制的引入、民众参与管理等改革措施的执行,给公民提供自由选择服务机构的平台,测量服务满意度,听取他们对公共服务的需求和意见。

(三)新公共管理理论与PPP

新公共管理理论强调引入各种市场竞争机制,摒弃公共服务供给中传统的独占模式,客观上为PPP作为一种公共产品的供给方式,提供了发展空间。依托PPP实现公共服务的市场化被广泛地纳入西方国家政府的改革视野。PPP属于西方公共部门私有化改革的延续,但同时又区别于公共产品市场化供给的"新公共管理"模式,具有鲜明的特点:

双主体供给。PPP模式主要表现为政府购买私人部门的服务,是单一主体供给,但其并非市场一次性买卖(与政府采购有很大区别)。它是由政府发起,公共部门与私营部门(或称民营部门)签订长期合约,私人部门管理生产和供给服务的全过程,公共部门根据私人部门提供的服务数量和质量分期支付。本质上,公共服务是在两者合作的前提下完成的。

政企分开。政府从宏观角度调控公共产品的供给。政府以公众的利益为基准,为社会提供充足和高效的服务,公共部门是标准的制定者,扮演公共管理角色;私人部门拥有资本、技术和管理等先进生产要素,是生产方。两者各尽所长,在提高效率、追求企业自身利益的过程中实现社会福利的增进。

代理运行机制。PPP模式实行全面代理制。PPP公司通常自身并不具备开发能力（至少开发能力不强），在项目开发过程中，广泛运用各种代理关系，从而实现充分利用优质资源。

效率与公平兼顾。私人部门资本目标明确，效率是其不懈的追求。效率是公共服务供给的物质基础，也是社会福利得到改进的前提。通过私人部门的参与，有限的公共资源得到了充分的使用，社会福利水平提高。在 PPP 交易中，作为博弈一方的政府处于相对优势地位（其拥有公共项目资源），得到满意服务后才付费，维护了公众的公平利益。

对公共管理模式的理论和实践探索，推动了政府部门与私人部门之间的联接与合作，从微观上，也推动了 PPP 机制更加完善、模式更加丰富。政府扩大与私人部门合作，政府生产物品和服务的职能在减少，而从事实际工作的代理人实施监督的职能在增加（Kettle，1994）。20 世纪 80 年代，PPP 被西方国家视作私有化运动的衍生产品，被英美国家所推崇（Linder S. H.，1999）。

三、PPP 是政府与市场交融的桥梁，是供给新机制、治理新工具

（一）基础设施与公共服务领域的政府与市场关系

政府与市场的关系是经济社会发展中最为基本、也最具争议的一个问题。按照政府、市场之间关系的"二分法"思维，政府与市场之间应当泾渭分明，市场能有效发挥作用的地方交给市场，公共服务的提供只能是交给政府。公共产品与私人产品的划分成为政府与市场分工的基本依据。同时，一般认为市场失灵是公共支出存在的依据，政府的公共支出的范围被限定在市场失灵的范围。但现实的情况是，即使在公认的公共领域，也并非政府独占，社会主体也可以提供公共服务。市场、社会的作用领域可以扩大到传统理论认为只能由政府发挥作用的公共领域。这些观点具有局限性，按这一逻辑下，政府与市场存在替代关系和冲突。

政府与市场的二分法往往导致进退两难。基础设施初始投资大、回收期长，具有规模经济和范围经济特征，容易造成自然垄断。基础设施具有很强的正外部性，容易产生"搭便车"行为，整体效用难以完全内化在市场机制中。单纯依靠市场将造成供给不足或需求过度，私人资本可能获得垄断租金，损害消费者福利。但是，在政府主导提供公共服务模式中，政府显然不具备比较优势。这种模式下，政府既是公共服务的生产者、运营者，又是监管者、管理者，造成角色混同，错位，绩效也无从谈起。从基本逻辑上讲，政府部门应主要承担国家经济、社会宏观管理等职责，在基础设施设计、投资、建设、运营管理等具体事务上，

天然不具备优势。如何处理好政府这只"看得见的手"与市场这只"看不见的手"的关系，面临着比以往更多的新问题、新挑战。

事实上，政府与市场之间既非替代关系，也非此消彼长的关系，而应是共生互补、动态转换的关系。一般观点认为，政府与市场的关系是此消彼长的关系，并用强弱或多少加以表述，如"强政府、弱市场"，"政府少一点、市场多一点"，然而，在现实世界中，人们看到的两者关系并非如此简单（刘世锦，2014）。政府与市场的边界将变得越来越模糊，不像以前那样清晰（Murray，1975）。政府与市场的关系，既非"失灵"，亦非"替代"，而是共存共生、互补互促关系。

PPP模式则是对传统的政府与市场关系理论提出了挑战，即不是完全私有化方式，又不是传统政府供给模式。PPP指向一种合作的制度，但却越来越模糊了政府和市场的角色和边界。PPP模式具有非常多的优势，西方国家甚至将其认为是政府与私有化之间的中间道路，即"通过私人的行政"。

（二）PPP是政府与市场关系融合的桥梁

PPP模式的兴起，意味着政府与市场关系正发生着"清晰—混沌"的变革，基于公共产品与私人产品领域上的划分变得不再重要，跨领域的行为上的合作将成为新趋势，基于"风险—利益"的界定将是处理政府与市场的新准则（刘尚希，2016）。

PPP将政府与市场优势有机结合，将互补性强的双方责任和义务进行捆绑，通过控制权的转移，PPP能够充分发挥私人部门的管理、技术、运营能力，并通过激励与绩效考核实现更有效率的公共服务供给。以公益性项目为例，PPP模式与传统政府发包采购、BT模式相比，更好地整合了全生命周期的责权利、降低了成本，见图3-4。基本逻辑是，利用较小的交易费用，尽量将外部性内部化，解决监督和激励等信息问题从而引导社会资本活动，实现公共服务效率最大化。

PPP是充分发挥政府（公共）部门和私营部门各自的禀赋优势，进行相互合作的制度安排。完善的PPP项目能基于竞争将各种项目风险分配给应对能力强的参与者，并促使其为项目引入新的技术、技巧、专业知识和经验，优化项目投资和维护方案，将项目生命周期成本降至最小。项目成本的最小化，也意味着减少对公共预算资金的需求。以英国为例，2005年英国采用传统政府投资方式时的项目按时、按预算交付率不足30%，而同期由社会资本建设运营的PPP项目按时、按预算交付率高达80%。

PPP是一种合作的制度，模糊了政府和市场的角色和边界，紧密的伙伴关系必然引致PPP成为政府与市场交融的桥梁。随着PPP模式在公共领域的兴起和

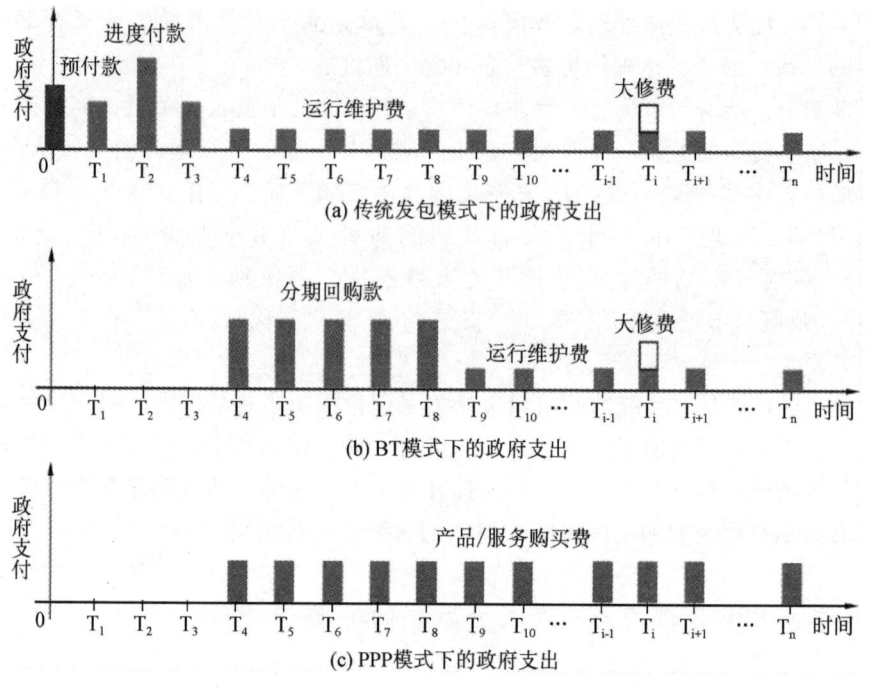

图 3-4　公益性项目 PPP 模式与政府传统投资、BT 模式的对比

越来越多的应用，必然引发政府与市场关系的重塑性变革。PPP 可通过充分发挥市场机制作用和公共资源杠杆效力，进一步寻求政府行为最优边界。在 PPP 模式下，政府与市场的关系并非"替代"，而是共存共生、互补互促关系。政府与市场的关系更多的是协作、补充，PPP 无疑是联通政府与市场的桥梁。PPP 被认为是一种恰如其分的制度安排，通过公共部门与私人组织的合作行为，达成了一种公平、互信的交易（Pongsiri，2002）。实际上，PPP 的主导角色就是市场或私营机构一方，而政府只负有监管职责和相关辅助功能。PPP 不仅仅要立足政府和企业的伙伴关系，还有助于界定"市场的广度和政府的宽度"，合理约定利益分配和风险分担机制。在 PPP 的实施过程中，对政府和市场的功能重新定位，将私人部门更有效率的职能转移给私人部门，将本该由市场承担的职能还给市场，从而明确政府和市场边界、提高效率。

（三）PPP 是公共服务供给的新机制、治理新机制

按照"风险—利益"这个新基准，需要重新认识公共服务提供中的政府与市场、社会分工合作（刘尚希，2016）。公共服务不再仅仅是政府的权力和责任，需要全社会参与；市场、社会也是公共服务提供的重要参与者。凡是能有

助于提高公共服务提供效率、降低和化解防范风险的领域、环节，都可以交给市场、社会，或让市场、社会参与。政府更好地发挥作用，就在于如何降低政府与市场、社会合作中的不确定性风险，让市场、社会有积极性参与公共服务提供。

PPP是动员、配置资源的新模式，其本质是一种公共服务供给的新方式。与公共产品供给的三种传统模式（政府供给、市场或企业供给、第三部门供给）相比，PPP模式是公共部门与私人部门以伙伴关系进行充分协作、共享共建的新方式。PPP模式捆绑建设阶段与运营阶段，实现外部效应内部化，提高了后期可维护与可运营性，具有较强的正外部性。PPP模式整合公私优势，通过风险分配、绩效付费，实现更低成本提供更高质量的公共服务。政府作为监督者和合作者，遵循"让专业的人做专业的事"和"激励相容"原则，推进治理能力现代化。与此同时，充分利用社会上充裕的资金，也拓展了社会资本的发展空间，有助于激发经济活力和创造力。PPP具有清晰的委托代理关系，有利于提高问责效率、强化治理约束。卓瑾、乔宝云（2014）认为，PPP模式彰显契约精神，在公共领域较为充分地发挥了市场功能，改进了问责机制，有利于推进国家治理体系和治理能力现代化。因此，PPP不仅是公共服务的新供给机制，还是国家治理的理念实践和工具应用。PPP合作期限长，必然"跨越"多届政府，这就要求政府必须严格财政纪律，做可信的、专业的合作者。为了更有效地配置公共资源，政府必须更新管理理念和治理工具。

但值得注意的是，PPP并不必然带来降本增效之功，其优势和劣势均很明显，效率不确定性大。正如哈特（Hart）认为，最优的合同安排应该是在保护权利感受的刚性合同与促进事后效率的柔性合同之间进行权衡取舍。各个参与方的契约精神、信用意识、实施能力至关重要，PPP模式将对公共服务的投入、运营、监管体制机制变革产生重大影响。PPP的确也存在着效率不确定性、风险大等问题，正因如此，它对多项改革具有牵引性、推动性作用，同时，在一定程度上也形成正向的"倒逼"效应。PPP是财政实现自身在国家治理中基础性、支柱性作用的一种有效制度安排，对建设现代国家治理体系和提升国家治理能力具有重要意义。

第三节　PPP 模式的效率不确定性与国家治理

一、PPP 兼具优劣势

PPP 具有显著的"双刃剑"效应，既有优点，也有缺点。

（一）PPP 的优点

PPP 模式在运作过程中存在以下优点：

1. 降低项目建设、运营等全周期的成本

成本的节约源自于私营部门在项目合作中的角色。通常而言，在经济收益驱动因素下，私营部门会尽力削减整个项目的成本。私营合作者承担设施的维护和运营成本，有助于提高项目的设计和施工质量，促使其为项目引入新的技术、技巧、专业知识和经验，优化项目投资和维护方案，将项目生命周期成本降至最小。

2. 按时交付、提升效率

任何超过协议时间的延迟可能会给私营部门带来额外的成本，PPP 机制将会促使私营部门确保项目和服务按时交付。PPP 将互补性强的责任和义务进行捆绑，项目的两个甚至多个阶段需要由私营部门来完成，这会对私营部门形成约束和激励。市场规律会迫使其尽可能采取创新、高效运作方式来提高项目质量，以确保项目的商业可行性、经济性。

3. 风险分担

完善的 PPP 项目能基于竞争将各种项目风险分配给应对能力最强的参与者，从而提高资源使用效率。PPP 能将风险在政府和私营部门间进行转移，并将特定的风险（采购、设计、建造、运营、技术、维护和管理等方面的风险）优化配置到有能力保障高效率、低成本管理的合作方。

4. 提高服务水平

通过整合公共部门和私营部门的优势，PPP 能通过合作的形式共享不同领域的资源、技术、理念，从而提高城市基础设施资产和公共服务的效率和水平。

5. 平滑财政支出压力，降低债务风险

一方面通过 PPP 模式内生带来的成本的节约；另一方面通过私营部门的融资，政府延长了支付服务的时间，公平地在当代人和后代人之间分担基础设成本。

6. 加强公共管理、提升治理水平

通过设计和实施高质量 PPP 项目，地方政府能够提高自身的战略规划、项目管理和谈判能力，并掌握管理长期、复杂合同的技能。由于 PPP 是一种长期项目模式，这就要求政府必须严格财政纪律，做可信的合作者。经验丰富的私营部门在决定是否参与一个项目时会考虑这些因素，这种来自外部市场的压力会提升政府部门的管理水平。

（二）PPP 劣势

PPP 模式在运作过程中也存在以下缺点：

1. 可能增加成本

PPP 相对于传统模式而言，如果缺乏有效管理，则会增加额外的成本，减少该模式潜在的经济利益。第一，在招标过程中，参与者为了竞标，会耗费相当的技术和资源来设计以及评估项目，项目的总成本会因竞标者数量的增多而增加。第二，PPP 合同具有长期性和兼容性，它要求合作伙伴花费相当长的时间和资源来邀请外部专家协助参与并监控未来可能的突发事件，这可能会非常昂贵。第三，私人部门融资成本显著高于政府举债成本。除非私营部门节约的成本超过了私人贷款融资的额外成本，否则该模式将不能节约项目成本。

2. 减少政府对公共资产的控制权

私营部门因为承担了很大一部分项目风险，并对项目的运营管理具有较大的管理权、决策权，且公共服务具有垄断性，但可能对政府形成"钳制"。如操作不当，可能导致政府机构在许多公共事件决策中失去控制权，成本和服务之间出现"两难选择"，或导致风险扩散。

3. 风险增加

复杂的交易结构可能带来低效率。虽然具有精确结构的 PPP 能通过明确定义的合同来管理风险，但仍有许多不可预见的风险很难被分散。一旦意外风险（项目失败）出现，通常留给公共部门的不仅是风险失控的损失，还有沉没成本。不少实践经验表明，质量不高的 PPP 项目会增加政府财政负担或风险。如政府部门过度承担项目风险，如签订固定收益率合同、接受不恰当的无条件支付安排或者为项目提供担保等。

4. 政府债务隐性化

PPP 可能存在风险隐匿风险，导致政府盲目、无序上马 PPP 项目。PPP 作为一种创新型政企合作模式，传统的政府会计准则难以对其进行清晰准确的统计处理，导致 PPP 项目相关的债务可以从政府的表内剥离到表外，转化为政府支出责任，容易变为隐性债务。

5. 长期合同的刚性

PPP长期采购协议限制了公共机构在出现经济和环境上的意外变化时采取应变措施的能力。当需要对某项基础设施或者城市规划做一些改变时，PPP被证明是呆板的——无论是在条款的时间上或是在与合同相关事务的管理上。由于政府要受到合同约束，对公共设施的控制能力下降，无法进行灵活调整以适应公共需求的变化，由此导致公共利益受损。长期合同缺乏灵活性，难以根据技术、经济条件变化，提升公共服务水平和满足多样性需求。

二、PPP效率不确定性根源

（一）不完全契约、公私对立

PPP合同普遍处于不完全契约状态。PPP模式可适用于基础设施、公用事业、社会事业等多个领域。通常，这些领域的投资规模大，运作周期长，多具有自然垄断属性。在项目全生命周期过程中，建设、融资、运营等各个阶段都存在各种风险，并且，风险呈动态性变化、不确定性大。PPP通过签订合同建立基本的合作框架，但由于合作关系的长期性以及环境的不确定性，合同具有天然的不完全性。由于当事人的有限理性，无法事前预测、约定在未来各种情形下的责权利，导致PPP项目容易呈现资产专用性强、信息不对称等特征。如果一方利用再谈判让另一方的利益受损，另一方会由"积极履约"变成"消极履约"，不完全契约的灵活性带来效率损失。

私人部门以盈利为目的，与项目公益性目标可能冲突，政府与私人部门的博弈在所难免，全世界均是如此。从组织经济学的角度来看，PPP是杂合组织（Hybrid Organization）在公共部门的扩展。它具有杂合组织的一般特点：一方面，组成PPP的公私合作双方既相互依赖又保持相对独立，因而具有不稳定性；另一方面，获取更高的准剩余是PPP双方进行资源分享与长期合作的主要激励，这只有通过适当的责任分担和风险分享才能实现。PPP还具有不同于一般的生产性杂合组织的特殊性：一方面，PPP的效率主要体现为社会福利，为了进行明确的度量，政府通常以物有所值（Value for Money）作为PPP的目标；另一方面，政府具有多元和复杂的目标，且拥有广泛的资源及政治权威，这将增加PPP合同执行和修正的不确定性，尤其是在法律体系不完善的情况下。故此，"公益性"目标显然与"盈利"目标冲突，政府和私人资本都可能采取机会主义行为。

在实施过程中，存在逆向选择、道德风险，私人资本不可能把"公益性"

及"社会性"看得比项目"盈利"更重要。政府和社会资本都有可能采取机会主义行为来维护自己的利益。社会资本很容易通过提高收费和租金、降低服务质量和标准、削减公共设施的维护成本和频率,以及减少项目的非盈利性投资,来取得更高的利润。社会资本甚至可通过破产来要挟政府提供必要的资金援助和优惠条件。社会资本往往向政府额外收取合同变更成本的5%~10%作为对他们的补偿和管理支出。对合同很小的改动将会导致对政府天价的赔偿。最为典型的是伦敦地铁项目,显示出政府部门极为低下的合同谈判、设计和管理水平。当该项目公司 Metronet 于 2007 年宣布破产时,伦敦地方政府和部门最后才愕然发现,自己需要承担95%的责任和大概38亿英镑的遗留债务。在该项目中,私人承包商通过一系列的合同条款向政府和银行转嫁了很大一部分风险,而自己仅承担了微乎其微的责任。

除了私人部门逐利性"投机"外,政府也存在不诚信、侵犯私人利益等行为。此外,还存在规制俘获现象,出现公私共谋的现象以获取不当利益。PPP 项目的不完全契约特性在发展中国家或转轨经济体中尤为突出,不确定性更大。信息不对称及绩效可缔约性本身存在缺陷,以及客观存在私人部门盈利目标与公共部门的社会福利目标之间矛盾,使双方的联合激励受到威胁。

(二) 市场不确定性、评估难与监管难

物有所值(Value for Money,VFM)评价是国际上普遍采用的一种评价方法,旨在实现公共资源配置利用效率最优化。PPP 评估普遍采用物有所值(VFM)这一理念实操存在很大局限。最常用的定量工具是公共部门参照标准(PSC)方法,具有不确定性和主观性。但是,长期性市场发展难以预测、风险也难以有效度量。VFM 现值是未来收益现金流的折现值,需要对时间、风险、现金流、折现率等因素进行假设和估计,实际上样本选择可比性、数据可得性、预测准确性都存在疑问。PPP 项目周期较长,不可预见性因素多,也容易被人为地操纵计算结果。从目前西方国家实践看,这些国家也不完全依靠此定量分析工具。

此外,大量产品或服务的质量、绩效不易量化,造成监管难。私人部门很容易通过降低费用等手段来取得更高的利润。由于市场不确定性大、评估难、监管难,一旦项目效率偏低、财政支出过高,则会导致社会福利损失、政府失灵,反过来,财政付费或补贴不足将会导致市场失灵,政府往往陷入"两难"困境。需要关注的是,很多 PPP 项目并不是很有效率,但政府通过各种补贴和优惠政策掩盖着低效和浪费。

从合约的不完全性、公私目标差异与利益博弈角度看,监管存在较大难度。或由于监管能力不足,或绩效评估存在难度,PPP 项目通常难以有效地对质量、

产出等绩效指标做出准确评判。此外,还存在规制俘获现象,出现公私共谋的现象以获取不当利益。美国的实证数据表明,PPP的监管成本可占到合同总价值的3%~25%(Torres、Pina,2001)。

(三)交易结构不合理、风险应对不当

很多项目前期工作的可行性研究报告、初步设计等前期成果很粗糙或存在重大错漏,导致项目匆忙上马、后续风险不断暴露。由于风险分配存在情景性、关联性、复杂性,很难笼统界定。各地政府专业能力、谈判能力以及项目特性等方面都存在差异,很难做到各种情形下合理、适度的分配和应对风险。总体看,很多项目的风险分担设计过于原则、宽泛、模糊,甚至存在双方都想"甩包袱"、过度转移风险至对方的行为,缺乏风险分担最优机制和应对方案。此外,定价与全生命周期的资本投入、运营成本、风险分配、市场需求、收益预期水平等多个因素相关,难以准确测算,更多的是一个相对合理区间。一些PPP项目由于当时的边界条件、预期发生重大变化,但合同定价设计过于单一或僵化,最终会导致价格要么过高或过低,造成社会公众不满或项目失败。

有些政府为求项目尽快签约,采取降低标准、模糊化约定等机会主义方式,导致很多项目"后患无穷"。项目实施过程中出现很多争议、违约,并缺乏相应的应对、救济措施。在以往PPP失败案例中,很多是由于政府过于强势,缺乏契约精神所致。或出于长官意志、个人喜好,或出于财政困难,或出于公共利益等原因,部分地方政府在PPP项目实施过程中容易出现诸如改规划、调标准、不执行承诺等行为。尤其存在地方主要领导换届后"推倒重来"等严重违约情况。此外,也有一些项目本身比较复杂、涉及面多,政府出于多方面目的干预导致PPP项目失败。

如风险分担和管理不当,则会造成项目停滞或失败,双方都可能产生巨大损失。如20世纪90年代,哥伦比亚政府为多个机场和收费项目的收入提供担保及配套承诺,但项目收入低于预期,为此向私人部门支付了20亿美元,政府债务负担反而加重。澳大利亚克莱姆琼斯隧道PPP项目在运营2年之后进入破产程序,但隧道建设就支出30亿澳元,卖价仅有6亿澳元,投资人损失了近20亿澳元。

综上,合约的不完全性、目标冲突性、项目的复杂性很容易引发逆向选择和道德风险问题,造成效率损失,故而对激励、监管都提出了很大的挑战。考虑私人较高的投资收益要求后,政府的总体支出责任与传统政府投资或采购相比而言并不一定降低,反而可能加重。PPP模式下,如无法形成良性合作伙伴关系、有效促进私人部门的创新意愿与能力,就会产生资源耗散,效率急剧下降,PPP也就失去了意义。

三、PPP 项目成功率与国家治理水平正相关

PPP 模式具有正负效应，效率具有不确定性，成功与否与国家治理能力密切相关。PPP 是推动公共服务体制机制改革的一个切入点，也是治理改革的微观基础的构建过程。PPP 实施的成败必然受到各国政府融资能力、债务情况、政治环境及制度效率等多个方面影响。

运用 PPP 模式的必要条件就是，政府和企业共同参与、平等协商、公开透明，这恰恰是现代国家治理关注的重点。现代国家治理更加注重契约精神、市场观念，更加注重公平参与、平等协商、绩效评估和结果导向。法律体系健全性、信息透明程度以及政府廉洁等都会直接影响 PPP 的实施效率。在分工合作条件下，实现"风险—利益"分担与共享，是公共治理需要解决的核心问题。风险应分配给能够以最小成本（对政府而言）、最有效管理它的一方承担，并且给予风险承担方选择如何处理和最小化该等风险的权力。PPP 的成功与制度安排、治理能力紧密相关。

PPP 模式的兴起，是公共治理变革走向"风险—利益"分担共享模式的结果。PPP 可以通过充分发挥市场机制作用和公共资源杠杆效力，进一步寻求政府行为最优边界，于社会而言无疑是一种效用增进。在这种制度安排下，政府部门因其拥有制定规则的权力，可进行不完全对称性的制度设计和安排。通过合作性的治理结构安排，充分发挥公共部门和私人部门的优长之处，同时避免它们各自的弱点，形成新的融合力，以解决日益复杂的公共问题。

引入 PPP 模式的核心目的之一就是完善公共治理体系。PPP 的成功运作依赖于本地环境和国家治理水平，运作方式是动态变化、因地制宜的。推进 PPP 应遵循优化治理原则，政府减少对微观事务的直接参与，加强发展战略制定、社会管理、市场监管、绩效考核等职责，增强法制意识、契约意识和服务意识，全面提升政府依法行政和政府服务水平，为社会资本投资运营提供良好环境。各国甚至同一国家不同地区的 PPP 项目都存在很大差异。研究 PPP 模式需要具体问题具体分析，没有普遍性规则可以遵循（Beato & Vives，1996）。

PPP 的成功率与国家治理水平是相辅相成、相互促进的，两者是正相关关系。PPP 的正负效应同时存在，如将 PPP 异化为手段、工具，就会导致机会主义、道德风险盛行。PPP 发展需要牢固的政策基础、长期的政治承诺以及稳定、可预测的法律和监管框架。有效推进 PPP 应消除社会资本疑虑、财政机会主义，强化治理机制、促进能力提升。

第四节　PPP是公共服务供给新机制、治理新工具，需积极审慎推进

一、PPP的本质与价值取向

PPP不仅限于一种融资方式，其旨在公共服务的提质增效、社会公众的福利增进。尽管PPP可有效防范和化解政府性债务风险，但PPP不是无源之水，也不是免费的午餐，其使用的依然是政府的公共资源、资产、财政资金，其立足点是社会公共服务的公平与效率，落脚于公众的福利改善。PPP主要目标之一就是适当地进行责任、风险分担，以获得效率、可靠性与财政安全，其中，效率提高是公共财政可持续节余的主要来源。

PPP作为公共服务的新型供给方式，也是公共治理的新机制，更注重公共价值取向、共同治理视角。目前，社会公众在项目决策、投资、管理、监督等方面普遍参与不足，缺乏公共偏好、效用等显示机制。故应关注4个P（Public，Private，People，Partnership），注重发挥社会公众作用，避免出现政策偏差、社会问题。PPP应关注经济性（Economy）、效率性（Efficiency）、有效性（Effectiveness）和公平性（Equity）的"4E"原则。PPP成为政府与市场合作的桥梁，有助于提高公共服务竞争性、多样性、效率性，更好地满足公众需求。政府作为监督者和合作者，遵循"让专业的人做专业的事"和"激励相容"原则，激发经济活力、创造力和发展空间，也推进了政府治理能力现代化。PPP的大范围推行必将对行政、市场、财政体制产生冲击，也必将促进国家治理水平提升。

二、PPP不是万能的，应高度关注风险与效率

对于采用PPP模式所具有的降低成本、提高效率等作用，实际上一直存在争议。英国众议院财政委员会2010~2012年度专题报告就曾明确提出：（1）PFI模式采购程序复杂，耗时较长，融资成本相对较高，最终通过政府付费实质上会增加财政负担，难以实现"财务价值"（VFM）最大化；（2）PFI项目融资属于政府资产负债表之外的融资，其负债不直接计入政府财政预算，从而使得PFI成为政府规避预算约束的一种方式，短期内能够刺激政府的非理性投资，长期内将加大政府未来财政负担；（3）PFI项目提供的是公共服务，项目失败的风险最终依旧会由政府承担，因此风险并没有真正转移出去；（4）PFI项目合同期长，难

以根据未来实际情况与需求变化对合同条款进行调整，缺乏灵活性。

不能把PPP当成包治百病的良药。公共服务和基础设施领域广泛采用PPP模式，但这并不意味着PPP可以适用于所有基础设施、公共服务领域，未必PPP模式就能降本增效。事实上，由于PPP模式多样，操作起来复杂，很容易产生风险和失败。应谨防"重签约、轻履行"、"重前期、轻监管"等现象，应需要高度防范机会主义、积极应对蕴藏的风险。

不能把PPP当作政府融资的主要渠道，PPP在公共投入中的比重并不高。事实上，即使在PPP做得最好的加拿大、英国等国家，这种模式也始终不是基础设施融资的主要手段，而是作为补充手段存在。在西方国家，发行市政债券等同样也是公益性项目融资的重要渠道。从世界范围看，PPP模式推行20多年了，但投资比重并不高。即使是在积极开展PPP的西方发达国家，投资额总体上也不超过公共投资的20%。

不能把PPP当作政府推卸责任的手段。成功的PPP项目运作，离不开政府和社会资本的长期良好合作，包括收益分享、风险分担等。政府不能把PPP项目的责任完全推给企业，也不能因推行PPP而推卸掉公共服务供给责任，更不能逃避对于项目的财政支付或补贴责任。反而要增强对于项目和服务质量的监管责任，加强契约、法制、信用建设，不断提高公共服务水平。

不应过度夸大PPP地位和作用。很多人认为PPP是解决地方债务的"利器"，还能提高效率，但并不必然。20世纪90年代，许多西方国家引入PPP主要是为了突破当期预算约束，但导致后期支出压力过大，甚至助推了债务危机。采用PPP的关键在于降低项目风险、提升质量及效率，总体看PPP模式仍是公共支出的重要补充而非替代。

采用PPP的理由并非预算约束和债务压力，真正的缘由应是物有所值、最优风险共担。PPP典型特征在于全生命周期管理、物有所值、风险共担、激励相容。效率提高的主要驱动力是风险转移给社会资本、长期性质合同、激励与绩效付费机制、采购竞争性、社会资本的创新与管理技能等。我国现阶段为了更好实现物有所值，PPP着力强调社会资本参与全生命周期运营管理、进行合理的风险分担，基于绩效评价付费。

三、当前应积极审慎推进PPP

PPP受其运行环境制约之大，以至于一国的政治经济制度、现存的政策体制、文化习惯等，都会对PPP法律政策的设计制定、实施效果产生决定性的影响（Grimsey & Lewis，2005；Pessoa，2008）。即便是英国推崇使用PPP，但PPP比重依然较低（约11%），并且，从未排除继续使用传统的政府投资模式，而是坚持将传统模式作为选择其他模式的比较基准,审慎推进 PPP 项目。因此,不考虑具体制度环境的差异,在公私合作过程中,照搬他国经验,利用格式化的套路来推广 PPP 模式是行不通的,也是不正确的。地方政府必须确保 PPP 被用于提高公共服务的效率与质量,应避免以往地方财政行为扭曲、负债管理异化的再现。

PPP 不仅是一种融资手段,更重要的是一种理念、思路、行为的转变,也是国家治理的新工具。PPP 具有"双刃剑"效应,应趋利避害、积极审慎推进,应始终关注"风险—效率",推进过程中应注重遵循如下原则:

(1) 风险最优分配原则。PPP 模式致力于在政府和社会资本之间实现最优的风险分配,在受制于法律约束和社会公共利益的前提下,将风险分配给能够以最小成本、最有效管理它的一方承担,并给予风险承担方选择如何处理和最小化该类风险的权利。

(2) 项目产出导向原则。PPP 项目的目的是实现在项目建设完成后,项目资产需要达到一定标准或要求的各项物理、技术、经济指标和各项服务的交付范围、绩效水平。

(3) 合同主体的地位平等原则。在 PPP 项目下,合同各方应是平等主体,以市场机制为基础建立互惠合作关系,通过合同条款约定并保障各方的权利义务。

(4) 重诺履约原则。PPP 模式的项目目标的实现,建立在各利益相关方对 PPP 相关协议的切实履行的基础上,包括实际履行、全面履行和善意履行。政府和社会资本法律地位平等、权利义务对等,必须树立契约理念,坚持平等协商、互利互惠、诚实守信、严格履约。

(5) 公开透明原则。针对项目采购、建设和运营的关键环节,明确政府的监管职责,发挥专业机构作用,提高信息公开程度,确保项目的阳光运行。实行阳光化运作,依法充分披露政府和社会资本合作项目重要信息,保障公众知情权,对参与各方形成有效监督和约束。

(6) 合理回报原则。鼓励社会资本在确保公共利益的前提下,降低项目运营成本,提高资源配置效率,获取合理的投资回报。

(7) 强调质量和效率原则。政府通过引入社会资本和市场机制,促进重点领域和公共服务领域的有效供给和服务质量,提高公共资源的配置和运行效率。

(8) 依法合规原则。PPP 项目合同及项目经营等文件和程序,要与相关的法律法规和政策、技术规范和标准相匹配,确保合规合法、内容全面、结构合理和具有可操作性。将政府和社会资本合作纳入法制化轨道,建立健全制度体系,保护参与各方的合法权益,明确全生命周期管理要求,确保项目规范实施。

(9) 强调国际经验与国内实践相结合原则。在 PPP 项目中,要广泛借鉴国外先进经验,及时总结国内各类实践,促进各类项目的健康、有效发展,促进社会公共服务。鼓励地方各级人民政府和行业主管部门因地制宜，探索符合当地实际和行业特点的做法，总结提炼经验，形成适合我国国情的发展模式。

（10）鼓励创新原则。PPP并不是一个具体、确定的投融资模式，要把握PPP项目的实质内容，积极探索、务实创新，适应当前深化投融资体制改革的现实需要。

（11）公众受益的原则。加强政府监管，将政府的政策目标、社会目标和社会资本的运营效率、技术进步有机结合，促进社会资本竞争和创新，确保公共利益最大化。

PPP模式具有全生命周期管理、物有所值、风险共担、激励相容等鲜明特征，不仅是简单的、技术层面的"方式更新"，也是体制机制变革，更是治理工具、思维的革新。

第四章

当前我国推广 PPP 的现实需求与深远意义

我国现阶段财政"紧运行"已成常态,积极利用 PPP 模式不失为缓解此矛盾的有效途径,但是,PPP 的意义并不仅限于此。2014 年以来我国推广的 PPP 不同于以往,是一次微观效率、提质增效的诉求,更是一次体制机制的升级与变革。当前,推广 PPP 具有巨大的现实需求、广阔的市场前景,同时,也具有深远的战略改革意义。本章主要就现阶段推进 PPP 的现实背景、主要政策逻辑、深远意义进行了研究。

第一节 现阶段推进 PPP 的背景与现实需求

一、地方政府性债务存量风险依然存在

(一) 地方政府债务的规模

2014 年 12 月,国家审计署公布了《全国政府性债务审计结果》。地方政府债务审计的内容包括政府负有偿还责任的债务(以下简称"地方政府直接债务"),债务人出现债务偿还困难时政府需履行担保责任的债务,以及债务人出现债务偿还困难时政府可能承担一定救助责任的债务(后两种债务统称为"地方政府或有债务")。报告显示,截至 2013 年 6 月底,全国地方政府负有偿还责任的债务 20.7 万亿元,负有担保责任的债务 2.9 万亿元,可能承担一定救助责任的债务 6.7 万亿元。

根据全国人大常委会预算工作委员会调研组《关于规范地方政府债务管理工

作情况的调研报告》,可以概貌性地勾勒我国当前地方政府债务情况。2014年年末,全国地方政府债务(政府负有偿还责任的债务)余额15.4万亿元,地方政府或有债务8.6万亿元(包括政府负有担保责任的债务3.1万亿元,政府可能承担一定救助责任的债务5.5万亿元)。2015年8月,十二届全国人大常委会第十六次会议表决通过了全国人大常委会关于批准《国务院关于提请审议批准2015年地方政府债务限额的议案》的决议,在2014年年末地方政府债务余额和2015年地方政府新增债务限额6000亿元的基础上,批准了2015年地方政府债务余额限额为16万亿元。其中,一般债务余额限额9.6万亿元,专项债务余额限额6.4万亿元。现阶段,中国地方政府债务规模情况见表4-1。

表4-1　　　　　　　　全国地方政府债务规模情况表　　　　　　　单位:亿元

年度	合计	地方政府负有偿还责任的债务(直接债务)	地方政府或有债务	
			政府负有担保责任的债务	政府可能承担一定救助责任的债务
2010年底	107174.90	67109.51	23369.74	16695.66
2012年底	158858.30	96281.87	24871.29	37705.16
2013年6月底	178908.70	108859.17	26655.77	43393.72
2014年底	240074.30	154074.30	31000.00	55000.00
2015年底(预测)	246074.30*	160074.30	86000.00	

资料来源:财政部、国家审计署。2015年数据中,政府直接债务直接采用官方限定数据,政府或有债务假定不变。

(二)地方政府债务的结构

2014年年末全国地方政府债务余额15.4万亿元中,从政府层级看,省级、市级和县级(含乡镇)分别为2.1万亿元、6.6万亿元和6.7万亿元,占比分别为14%、42%和44%;从区域分布看,东、中、西部地区分别为6.7万亿元、3.9万亿元和4.8万亿元,占比分别为44%、25%和31%。

从举借主体看,主要是融资平台、政府部门和机构、事业单位及国有企业,分别占39%、24%、22%和15%。从借款来源看,主要是银行贷款、BT等应付款、地方政府债券、企业债券、信托、中期票据和短期融资券等,其中银行贷款约占51%,地方政府债券约占8%。

从债务期限看,2015年到期3.1万亿元,占20%;2016年到期2.8万亿元,占18%;2017年到期2.4万亿元,占16%;2018年及以后年度到期6.2万亿元,占40%;以前年度逾期债务0.9万亿元,占6%。

我国地方政府债务在最近三年内到期的债务累计9.1万亿元，高达60%，债务期限明显偏短，结构不匹配。

（三）地方政府债务的投向与作用

截至2014年年末，各级地方政府债务余额中用于市政建设4.7万亿元，约占31%；用于交通运输1.9万亿元，约占12%；用于保障性住房建设1.8万亿元，约占12%；用于土地收储1.7万亿元，约占11%；用于民生领域2.9万亿元，约占19%。用于市政建设、交通运输和土地收储的资金合计约占54%。

举借地方政府债务一定程度上弥补了地方财力不足，有效保障了地方经济社会发展的资金需求，加快了地方基础设施建设，支持经济快速增长，加强和改善民生，保护生态环境。特别是较好地应对了亚洲和国际金融危机的冲击，对稳定中国经济发挥了积极作用。用于轨道交通、水热电气等市政建设和高速公路、铁路、机场等交通运输设施建设的债务大多形成了优质资产，有较好的经营性收入。

（四）债务率与风险

存量债务规模较大，增长较快。2014年地方政府债务余额15.4万亿元，比2013年6月底净增4.5万亿元，增幅达到41%左右。2014年年末地方政府债务余额是2014年地方一般公共预算收入的1.2倍，约为2014年地方一般公共预算支出、政府性基金预算支出和国有资本经营预算支出决算汇总数的86.3%。截至2014年末地方政府债务余额中，90%以上是通过非政府债券方式举借，平均成本在10%左右，地方政府每年需支付较高的利息。截至2014年末地方政府存量债务中，仅政府债券和外债转贷等少量债务纳入预算管理，占债务余额的10%左右。

截至2015年末，中国纳入预算管理的中央政府债务10.66万亿元，地方政府债务16万亿元，两项合计全国政府债务26.66万亿元，占GDP的比重为39.4%。如果加上地方政府或有债务，即政府负有担保责任的债务和可能承担一定救助责任的债务，按照2013年6月审计署匡算的平均代偿率20%估算，则2015年中国全国政府债务的负债率将上升到41.5%左右。负债率是年末债务余额与当年GDP的比率，是衡量经济总规模对政府债务的承载能力或经济增长对政府举债依赖程度的指标。国际上通常以《马斯特里赫特条约》规定的负债率60%作为政府债务风险控制标准参考值。中国政府这一债务水平低于欧盟60%的预警线，也低于当前主要市场经济国家和新兴市场国家水平，如日本超过

200%、美国超过120%、法国120%左右、德国80%左右、巴西100%左右。以国际通用的债务率（债务余额/综合财力）指标衡量，2015年地方政府债务率为89.2%，低于国际通行警戒值。国际货币基金组织确定的债务率控制标准参考值为90%~150%。我国地方政府债务率预计约为89%，低于100%的风险警戒线。

偿债能力不足的问题尚未有效解决。现行财政体制下地方政府财力普遍不足，财政平衡主要依靠上级转移支付，越到基层困难越大。地方存量债务利率普遍较高，据估算各级地方每年利息支出就达近万亿元，有的地方甚至连债务利息也无力偿还，有的地方已经连续几年出现逾期债务。

目前，中国地方政府债务风险总体可控，但局部风险依然存在、基层财政困难现象非常严重，为PPP的发展提供了广阔空间。

二、新常态下，经济下行导致财政收支面临巨大压力

（一）2015年全国财政收支情况

2015年全国一般公共预算收入与支出情况。1~12月累计，全国一般公共预算收入152217亿元，比上年增长8.4%，同口径增长5.8%。其中，中央一般公共预算收入69234亿元，增长7.4%，同口径增长7%；地方本级一般公共预算收入82983亿元，增长9.4%，同口径增长4.8%。全国一般公共预算支出175768亿元，比上年增长15.8%，同口径增长13.17%。分中央和地方看，中央本级一般公共预算支出25549亿元，增长13.2%，同口径增长12.77%；地方财政用地方本级收入、中央税收返还和转移支付资金及动用结转结余资金等安排的支出150219亿元，增长16.3%，同口径增长13.24%。

2015年政府性基金预算收支情况。2015年全国政府性基金预算收入42330亿元，比上年下降21.8%，同口径下降15.9%。中央政府性基金预算收入4112亿元，增长0.1%，同口径增长5.2%；地方本级政府性基金预算收入38218亿元，下降23.6%，同口径下降17.7%，其中国有土地使用权出让收入32547亿元，同比减少8840亿元，下降21.4%。全国政府性基金预算支出42364亿元，比上年下降17.7%，同口径下降12.7%。分中央和地方看，中央本级政府性基金支出3024亿元，增长2%，同口径增长4.9%；地方政府性基金支出39340亿元，下降18.9%，同口径下降13.8%，其中国有土地使用权出让收入安排的支出32895亿元，同比减少7464亿元，下降18.5%。

总体上看，近年来全国一般公共预算收入、政府性基金预算（含土地出让金）收入增长放缓，支出增长压力剧增。

(二) 财政紧运行成为常态

从全球经济看,2013~2015年,我国国内生产总值年均增长率为7.3%,远高于世界同期2.4%的平均水平,明显高于美、欧、日等发达经济体和巴西、俄罗斯、南非、印度等其他金砖国家。总体上看,我国依然是世界经济增长的最重要引擎,2013~2015年对世界经济增长的贡献率平均约为26%。从世界银行2016年1月GDP增长率预测值(见表4-2)看,世界经济仍将处于国际金融危机后的修复期,中国经济虽在下行,但是依然增速抢眼。全球政策措施的有效性下降,新的增长动能尚未确立,仍会维持"低利率、低通胀、低增长、高负债"的"三低一高"态势,复苏将依然疲弱乏力。世界经济运行中的不利因素和不确定性因素增多,继续低速运行的可能性较大,我国经济的外部环境更为严峻,须认真对待。

表4-2　　　　　世界银行2016年1月GDP增长率预测值

国别	2014年	2015年	2016年预测值
世界	2.6	2.4	2.9
发达国家	1.7	1.6	2.1
美国	2.4	2.4	2.7
欧元区	0.9	1.5	1.7
日本	0	0.4	1.3
发展中国家	4.9	4.3	4.8
印度	7.3	7.5	7.8
中国	7.3	6.9	6.7

我国经济已进入新常态,随着经济下行,财政收入急剧下滑。从高速增长转为中高速增长,财政部门及金融部门亦承受了较大压力。进入"新常态",经济下行压力明显,政府面临财政收入急剧下降和资金缺口扩大的局面。当前,财政收入增速呈现累退性特点,"十一五"时期,全国财政收入年均增长21.3%,比同期GDP增速高出近10个百分点,"十二五"之后,2011年全国财政收入增速达到25%,但一路下滑至2014年的8.6%。财政收入高速增长将成为历史,中低速增长成为新常态。

地方政府投融资行为与财政体制改革紧密相关。我国财政体制由"统收统支"到"财政包干"再到1994年"分税制"改革,为我国经济的持续增长创造了条件,奠定了国家长治久安的基础。同时,也造成了"财权层层上移、事权层层下放"的矛盾,地方政府普遍面临巨大资金缺口。事权安排、转移支付的不完善以及原《预算法》对地方发债的限制，迫使地方政府不得不寻求预算外的资金渠道，并转化为各种非规范融资或过度举债。地方政府融资平台演变为获取资金的重要渠道，"土地财政"则演化为"第二财政"。2013年土地出让收入达3.9万亿元，2014年达到4.26万亿元，均超过地方本级公共财政收入的50%。

但是，随着房地产投资增速大幅回落，经济增速放缓，土地市场需求不足，全国土地出让收支规模出现"双降"。2015年，全国缴入国库的土地出让收入33657.73亿元，同比下降21.6%。其中，招拍挂和协议出让价款29820.20亿元，下降22.4%；补缴的土地价款1455.18亿元，下降23.0%；划拨土地收入1103.57亿元，增长17.8%；出租土地等其他收入1278.78亿元，下降24.4%。受土地出让收入下降的影响，2015年，全国土地出让支出33727.78亿元，同比下降18.5%。土地出让金作为地方政府城市建设的重要财力，在收支冲抵后，盈余很少，随着非核心城市的房地产市场不景气，地方财政支出压力骤升。

当前，财政收入增速下滑，呈现累退性特点，放缓至个位数增长率，巨大的货币供给存量导致货币政策已不能再走大规模刺激之路。由于巨大的债务存量、区域发展差异、金融市场的约束，短期内很多省的地方债券规模很难大举扩张、难以完全替代原有的地方融资模式。2015年我国地方政府债券发行约3.8万亿元，其中，置换债券（存量债务）额度3.2万亿元。目前基层政府获得的地方债规模非常有限，远远难以满足增量投资需求。

我国经济发展进入新常态，经济中高速增长将成为我国今后的常态。经济决定财政，在经济中高速增长的趋势下，财政收入高速增长将成为历史。财政收入增速呈现累退性，中低速增长成为常态。在财政收入增速放缓、支出刚性强、土地财政风险较大的背景下，大部分政府存量债务居高不下，靠财政投入显然力不从心。

三、当前面临城镇化、老龄化为代表的巨大"短板"资金需求

近年来，虽然我国经济增长较快，但基础设施等公共服务不足仍是"短板"。据统计，目前我国人均公共基础设施资本存量，仅为西欧国家的38%、北美国家的23%，城镇化率比发达国家低20多个百分点，蕴藏着较大的供给空间。

我国未来城镇化需要巨额资金投入。根据有关统计，2011年我国城镇人口达到6.91亿，城镇化率超过50%。但实际而言，其中约2亿农民工虽然已经进入城镇并被列为城镇人口，却未能真正实现市民化。中国社科院城市发展与环境研究所发布的《中国城市发展报告（2012）》蓝皮书指出，城镇化下一步面临的将是如何提高城镇化质量和大量流动人口真正融入城市的问题。据蓝皮书测算，今后20年，仍有2亿多农民需要转移到城镇就业和居住，再加上近年来已进入

城镇但还没完全市民化的农民,未来全国将有 4 亿~5 亿农民需要实现市民化。据初步测算,仅解决社会保障和公共服务,农民市民化成本至少人均 10 万元。在未来 20 年内,要将 4 亿~5 亿进城农民完全市民化,至少需要投入 40 万亿~50 万亿元的巨额资金。

截至 2014 年年底,我国 60 岁以上老年人口已达 2.12 亿,占总人口的 15.5%,其中 65 岁以上老年人口 1.37 亿,占总人口的 10%。人口的加速老龄化给我国经济社会发展带来全面、深刻、持久的影响,已经成为影响国计民生、民族兴衰和国家长治久安的重大战略问题。预计到 2025 年,我国老年人口总数将近 3 亿,2034 年则将突破 4 亿。按照目前我国老龄化发展趋势测算,人口老龄化比例从 20% 提高到 30% 只需 20 年左右。随着老龄化进程的加速,我国养老产业需求将快速释放。据《中国老龄产业发展报告(2014)》预测,2014 年至 2050 年间,中国老年人口的消费潜力将从 4 万亿元左右增长到 106 万亿元左右,占 GDP 的比重将从 8% 左右增长到 33%。我国当前养老产业供给不足,需求量大,无疑会催生巨大商机。加强医养结合,实现医疗卫生资源和养老资源的有机结合,有助于整体提升中国经济的服务水平。

我国已成为人口快速流动的动态社会,正在进入城镇化快速发展时期和人口老龄化加速的阶段,教育、医疗、养老、环境等公共服务的需求呈现刚性增长,财政支出增长随之呈现出越来越刚性化的特征。当前我国整体城市基础设施水平较为低下,城市道路、给排水设施、热力管网、污水处理等基础设施无法满足城镇化进程的需要。城市化进程中基础设施资金缺口成为制约我国城市化发展的重要障碍。财政紧运行,将会是今后一个时期的常态,需要改变政府主导公共服务供给的这种传统格局。

四、小结

传统投融资体制存在"一高(融资平台债务高)、一低(公共供给效率低)、一难(私人资本进入难)"等问题。未来很长一段时期内,我国财政紧运行常态化,财政投入难以满足不断增长的公共服务需求,必须吸纳市场、社会参与提供公共服务。当前,财政收入增速呈现累退性,中低速增长成为常态。在支出刚性强、融资平台收紧、土地财政风险较大的背景下,靠财政单方投入不足且效率存疑。

各级地方财政在剔除保运转、保民生以及中央各类政策、项目配套资金等支出后,能够安排用于还债的资金极为有限。虽然地方举债投资形成了一批资产,但变现能力较弱,地方政府偿还债务仍然主要依靠土地出让收入和"借新还旧"。由于近年来房地产市场走弱,土地出让收入大幅下滑,加强宏观调控和金融监管后,银行理财、信托产品等"影子银行"渠道也日益收紧,地方政府还债能力明显减弱、财政支出压力巨大。

巨大资金需求与传统融资模式融资不足之间的矛盾是我国未来城镇化发展中面临的首要问题。因此,积极探索多元化的融资渠道,利用PPP模式引入民间资本,不失为缓解此矛盾的有效途径,对于缓解国内基础设施建设领域的困境具有紧迫而必要的现实意义。

第二节 2014年前后相关PPP的政策回顾与分析

一、债务及预算相关法规变迁历程

中央一直高度重视地方政府债务管理。新中国成立初期,国家曾允许地方政府发行"地方经济建设公债"等债券。1985年为控制地方政府投资规模,中央决定暂停地方政府发行债券。1994年的《预算法》明确规定,地方各级预算不列赤字,"除法律和国务院规定的以外,地方政府不得发行地方政府债券"。1995年的《担保法》也明确规定,"国家机关不得为保证人,但经国务院批准为使用外国政府或者国际经济组织贷款进行转贷的除外。"此后,为弥补建设资金不足,各地通过搭建融资平台、向金融机构贷款、到资本市场融资等方式变相举债,但增速并不快,规模也不大。

2008年起,为应对国际金融危机冲击,国家出台了一揽子刺激计划,地方政府债务规模大幅扩张,地方政府债务引起各方面关注。大量政府债务游离于预算之外,影响了预算完整性和债务资金使用效益。此外,为规范地方政府举债,中央政府自2009年开始代理地方发债,至2014年累计代理地方发债16000亿元。2011年~2013年,国务院在上海、浙江、广东、深圳等部分地区开展了地方政府债券自发代还试点,2014年在10个地区开展自发自还试点。发行地方政府债券,探索建立规范的地方政府举债融资机制,降低了地方融资成本,一定程度上控制了地方政府债务的急剧膨胀。

2014年10月,国务院发布《国务院关于加强地方政府性债务管理的意见》(国发〔2014〕43号),表明新一届政府在地方政府债务管理上已经形成较为明确的政策框架和纲领。对地方政府债务实行规模控制,严格限定政府举债程序和资金用途,把地方政府债务分门别类纳入全口径预算管理,实现"借、用、还"相统一。政府债务只能通过政府及其部门举借,不得通过企事业单位等举借。剥离融资平台公司政府融资职能,融资平台公司不得新增政府债务。地方政府新发生或有债务,要严格限定在依法担保的范围内,并根据担保合同依法承担相关责任。地方政府举债采取政府债券方式,没有收益的公益性事业发展确需政府举借一般债务的,由地方政府发行一般债券融资,主要以一般公共预算收入偿还,有一定收益的公益性事业发展确需政府举借专项债务的,由地方政府通过发行专项债券融资,以对应的政府性基金或专项收入偿还。此外,大力推广 PPP 模式,鼓励社会资本通过特许经营等方式,参与城市基础设施等有一定收益的公益性事业投资和运营。

2014 年 8 月 31 日,全国人大常委会终于讨论通过了新的《预算法》,这是全国人大常委会第四次审议预算法修正案草案。一项法律的修订历时 6 年之久,经全国人大常委会四次审议才最终通过并颁布实施,在我国立法史上实属罕见。《预算法》素有"经济宪法"之称。修改预算法是深化预算制度改革,建立现代财政制度的必然要求,推进国家治理体系现代化的重要保障。新预算法反映了现代预算管理的基本要素,实现了重大突破。新预算法明确提出"规范政府收支行为"的立法宗旨,建立规范和制衡政府收支行为的法治型预算制度。新预算法的功能在于控制、约束政府的预算权,监督政府如何"花钱",实现国家分配公共资源的制度化、规范化、程序化。原预算法规定,"地方各级预算按照量入为出、收支平衡的原则编制,不列赤字"。但实际上,地方政府出于发展需要,采取多种方式融资,已经形成较大规模的地方政府债务。这些债务多数未纳入预算管理,脱离中央和同级人大监督,存在一定的风险隐患。新预算法的修订,既坚持了从严控制地方政府债务的原则,又适应了地方经济社会发展的需要,从法律上解决了地方政府债务怎么借、怎么管、怎么还的问题,有利于把地方政府融资引导到阳光下,建立起规范合理的地方政府举债融资机制;有利于人大和社会监督,防范和化解债务风险。

各级政府在落实《预算法》和《国务院关于加强地方政府性债务管理的意见》(国发〔2014〕43 号)要求方面,积极采取措施规范地方政府债务管理,积极化解政府债务压力,取得了阶段性成效。从 2015 年开始,国务院准备用三年左右时间进行置换存量债务。2015 年地方债发行安排中,地方债置换额度为 3.2 万亿元,置换额度在各省级地方政府之间分配。截至 2016 年 7 月底,已发行地方政府债券 39710 亿元,其中,新增债券 10084 亿元,置换债券 29626 亿元。发行地方债降低了地方政府的利息负担,每年降低至少数百亿元,同时,有利于优化债务期限结构。存量债务置换的项目多为准公益性或现金流无法全部覆盖的项目,债务置换有助于商业银行降低债务违约风险。此外,发行新增地方政府债券。2015 年,全国人大批准新增地方政府债券 6000 亿元,2016 年,全国人大批准新增地方政府债务限额 11800 亿元,比上年增加 5800 亿元,新增债券资金为地方"稳增长"提供了有力支持。

总体来看，我国政府债务仍有一定举债空间，政府可以阶段性加杠杆，支持企业逐步"去杠杆"。当前，应适度加大国债和地方政府债券发行规模，同时，大力推进PPP模式，可以避免全社会债务收缩对经济造成负面影响。随着全社会的杠杆水平逐步下降，政府的杠杆也可以逐步释放。

但要想从根本上解决地方债问题，还是需要经济增长。目前，部分举措只是缓解债务到期的流动性压力，并没有从根本上化解地方债务偿债风险，仍需要通过改革、发展来增强地方财力。

二、2014年以前关于特许经营、民间投资的相关政策

PPP在我国并非一个新生事物，即使在2014年以前，我国一直鼓励民间投资以及特许经营项目。为有效利用外资和民间资本，整合社会资源，提高市场活力，我国出台了多项促进和鼓励社会资本投资的政策文件，见表4-3。

表4-3　　　　　2014年以前我国推进民间投资的部分政策文件

序号	发文时间	发文单位	文件名称	文件主要内容
1	1995/1/16	对外贸易经济合作部	《对外贸易经济合作部关于以BOT方式吸收外商投资有关问题的通知》	以BOT投资方式吸引外资应符合国家关于基础设施领域利用外资的行业政策和有关法律。政府机构一般不应对项目做任何形式的担保或承诺（如外汇兑换担保、贷款担保等）。如项目确需担保，必须事先征得国家有关主管部门的同意，方可对外作出承诺
2	2001/12/11	国家计委	关于印发《促进和引导民间投资的若干意见》的通知（计投资〔2001〕2653号）	鼓励和引导民间投资以独资、合作、联营、参股、特许经营等方式，参与经营性的基础设施和公益事业项目建设。近期要积极创造条件，尽快建立公共产品的合理价格、税收机制，在政府的宏观调控下，鼓励和引导民间投资参与供水、污水和垃圾处理、道路、桥梁等城市基础设施建设
3	2002/12/27	建设部	关于印发《关于加快市政公用行业市场化进程的意见》的通知（建城〔2002〕272号）	鼓励社会资金、外国资本采取独资、合资、合作等多种形式，参与市政公用设施的建设，形成多元化的投资结构。对供水、供气、供热、污水处理、垃圾处理等经营性市政公用设施的建设，应公开向社会招标选择投资主体

续表

序号	发文时间	发文单位	文件名称	文件主要内容
4	2004/3/19	建设部	《市政公用事业特许经营管理办法》（建设部令第126号）（2004年）	鼓励利用社会资金、境外资本，采取独资、合资、合作等形式建设市政公用设施，从事特许经营。政府投资建设的市政公用设施，所有权属于政府。特许经营者按照城市规划投资建设的市政公用设施，在特许经营期满或者终止后，无偿归政府所有
5	2005/2/19	国务院	《国务院关于鼓励支持和引导个体私营等非公有制经济发展的若干意见》（国发〔2005〕3号）——"非公经济36条"	允许非公有资本进入公用事业和基础设施领域。加快完善政府特许经营制度，规范招投标行为，支持非公有资本积极参与城镇供水、供气、供热、公共交通、污水垃圾处理等市政公用事业和基础设施的投资、建设与运营。在规范转让行为的前提下，具备条件的公用事业和基础设施项目，可向非公有制企业转让产权或经营权。支持、引导和规范非公有资本投资教育、科研、卫生、文化、体育等社会事业的非营利性和营利性领域
6	2010/5/7	国务院	《国务院关于鼓励和引导民间投资健康发展的若干意见》（国发〔2010〕13号）——新"非公经济36条"	对于可以实行市场化运作的基础设施、市政工程和其他公共服务领域，应鼓励和支持民间资本进入。鼓励和引导民间资本进入基础产业和基础设施领域；鼓励和引导民间资本进入市政公用事业和政策性住房建设领域；鼓励和引导民间资本进入社会事业领域。为民间投资创造良好环境
7	2013/5/18	国务院、国家发展和改革委员会	国务院批转发展改革委《关于2013年深化经济体制改革重点工作的意见》的通知（国发〔2013〕20号）	抓紧清理有碍公平竞争的政策法规，推动民间资本有效进入金融、能源、铁路、电信等领域
8	2013/8/9	国务院	《国务院关于改革铁路投融资体制加快推进铁路建设的意见》（国发〔2013〕33号）	向地方政府和社会资本放开城际铁路、市域（郊）铁路、资源开发性铁路和支线铁路的所有权、经营权，鼓励社会资本投资建设铁路。研究设立铁路发展基金，以中央财政性资金为引导，吸引社会法人投入

续表

序号	发文时间	发文单位	文件名称	文件主要内容
9	2013/9/6	国务院	《国务院关于加强城市基础设施建设的意见》（国发〔2013〕36号）	建立政府与市场合理分工的城市基础设施投融资体制。政府应集中财力建设非经营性基础设施项目，要通过特许经营、投资补助、政府购买服务等多种形式，吸引包括民间资本在内的社会资金，参与投资、建设和运营有合理回报或一定投资回收能力的可经营性城市基础设施项目，在市场准入和扶持政策方面对各类投资主体同等对待
10	2013/11/12	中国共产党第十八届中央委员会	《中共中央关于全面深化改革若干重大问题的决定》（2013年11月）	允许更多国有经济和其他所有制经济发展成为混合所有制经济。国有资本投资项目允许非国有资本参股。允许社会资本通过特许经营等方式参与城市基础设施投资和运营，研究建立城市基础设施、住宅政策性金融机构

三、2014年以来的PPP相关政策

2014年以来，财政部和发改委都出台了多个文件，要求大力推广政府和社会资本合作模式，见表4-4。政策力度之大、所涉层面之广、后续影响之深不言而喻。发改、财政两部委一方面都认为PPP模式适用于市场化程度较高的基础设施和公共服务类项目，另一方面它们具体表述又有所差别，操作模式的分类方式不同、工作机制迥然有异。这也导致地方在操作过程中无所适从，协调不畅。

表4-4　　2014年以来国务院及中央各部委发布的PPP文件

序号	发文时间	发文单位	文件名称	文件主要内容
1	2014/5/18	发改委	《关于发布首批基础设施等领域鼓励社会投资项目的通知》（发改基础〔2014〕981号）	首批推出的基础设施等领域鼓励社会资本参与的80个项目，鼓励和吸引社会资本特别是民间投资以合资、独资、特许经营等方式参与建设及营运
2	2014/8/31	全国人民代表大会常务委员会	关于修改《中华人民共和国预算法》的决定	改进年度预算控制方式、建立跨年度预算平衡机制和编制政府综合财务报告，明确规定了涉及财政性资金支付（包括财政补贴）的PPP项目，本质上都属于政府购买服务，应当按照预算管理要求列入预算，并经人大审批

续表

序号	发文时间	发文单位	文件名称	文件主要内容
3	2014/9/21	国务院	《国务院关于加强地方政府性债务管理的意见》（国发〔2014〕43号）	推广使用政府与社会资本合作模式。鼓励社会资本通过特许经营等方式，参与城市基础设施等有一定收益的公益性事业投资和运营。对在建项目确实没有其他建设资金来源的，应主要通过政府与社会资本合作模式和地方政府债券解决后续融资
4	2014/9/23	财政部	《关于推广运用政府和社会资本合作模式有关问题的通知》（财金〔2014〕76号）	第一份针对PPP的正式文件，财政部发出PPP总动员，将统筹考虑项目成熟度、可示范程度等因素，在全国范围内选择一批以"使用者付费"为基础的项目进行示范；属于框架性、指导性文件
5	2014/11/16	国务院	《国务院关于创新重点领域投融资机制鼓励社会投资的指导意见》（国发〔2014〕60号）	鼓励社会资本投资运营农业和水利工程。积极推动社会资本参与市政基础设施建设运营。通过特许经营、投资补助、政府购买服务等多种方式，鼓励社会资本投资城镇供水、供热、燃气、污水垃圾处理、建筑垃圾资源化利用和处理、城市综合管廊、公园配套服务、公共交通、停车设施等市政基础设施项目，政府依法选择符合要求的经营者。政府可采用委托经营或转让—经营—转让（TOT）等方式，将已经建成的市政基础设施项目转交给社会资本运营管理
6	2014/11/29	财政部	《政府和社会资本合作模式操作指南（试行）的通知》（财金〔2014〕113号）	制定PPP实操指南，从项目识别、项目准备、项目采购、项目执行、项目移交五个方面做具体规定；属于实施性、操作性文件
7	2014/11/30	财政部	《关于政府和社会资本合作示范项目实施有关问题的通知》（财金〔2014〕112号）	发布首批PPP示范项目，30个项目遍布全国15个省市，涉及城市轨道交通、污水处理、供水供暖、环境治理等多个领域
8	2014/12/2	发改委	《关于开展政府和社会资本合作的指导意见》（发改投资〔2014〕2724号）	发改委PPP模式总动员，从项目适用范围、合作伙伴选择、规范价格管理、开展绩效评价、做好示范推进等方面，对开展PPP提出具体要求

续表

序号	发文时间	发文单位	文件名称	文件主要内容
9	2014/12/2	发改委	《政府和社会资本合作项目通用合同指南》（2014年版）	PPP项目合同指南，包括合同主体、合作关系、项目前期工作、收入和回报、不可抗力和法律变更、合同解除、违约处理、争议解决以及其他约定等
10	2014/12/30	财政部	《关于规范政府和社会资本合作合同管理工作的通知》（财金〔2014〕156号）	规范PPP合同管理，发布PPP项目合同管理指南
11	2014/12/31	财政部	《政府采购竞争性磋商采购方式管理暂行办法》（财库〔2014〕214号）	规范竞争性磋商采购方式，其内容对财金〔2014〕113号文中的竞争性磋商内容的进一步细化，可以作为财金〔2014〕113号文件竞争性磋商的操作实施细则
12	2014/12/31	财政部	《关于政府和社会资本合作项目政府采购管理办法的通知》（财库〔2014〕215号）	规范PPP项目政府采购行为，主要从PPP项目政府采购程序、争议处理和监督检查等方面做了规定
13	2015/2/13	财政部	《关于市政公用领域开展政府和社会资本合作项目推介工作的通知》（财建〔2015〕29号）	框架性文件，主要规定在城市供水、污水处理、垃圾处理、公共交通基础设施、公共停车场、地下综合管廊等市政公用领域开展PPP项目推介工作的目标、原则、要求、实施、保障等
14	2015/3/10	发改委	《关于推进开发性金融支持政府和社会资本合作有关工作的通知》（发改投资〔2015〕445号）	意见性文件，与国开行等联合发文，就推进开发性金融支持PPP项目发布了指导性意见
15	2015/4/7	财政部	《关于政府和社会资本合作项目财政承受能力论证指引的通知》（财金〔2015〕21号）	框架性文件，推进PPP项目实施，保障合同履行，有效防范和控制财政风险，明确和规范了PPP项目财政承受能力论证工作流程
16	2015/2/13	财政部	《关于市政公用领域开展政府和社会资本合作项目推介工作的通知》（财库〔2015〕29号）	规定在城市供水、污水处理、垃圾处理、公共交通基础设施、公共停车场、地下综合管廊等市政公用领域开展PPP项目推介的工作目标、原则、要求、实施和保障等

续表

序号	发文时间	发文单位	文件名称	文件主要内容
17	2015/4/25	发改委、财政部、住房和城乡建设部、交通运输部、水利部、中国人民银行	《基础设施和公用事业特许经营管理办法》(2015年第25号令)	发改委、财政部等六部委的联合发文,规范基础设施和公用事业领域的特许权经营
18	2015/5/19	国务院办公厅	《关于在公共服务领域推广政府和社会资本合作模式的指导意见》(国办发〔2015〕42号)	国务院办公厅转发财政部、发改委、人民银行文件、大力推广PPP,对前期财政部、发改委的文件进行进一步统一、整合
19	2015/6/25	财政部	《关于进一步做好政府和社会资本合作项目示范工作的通知》(财金〔2015〕57号)	要求加快推进首批示范项目、组织上报第二批示范项目、构建激励相容的政策保障机制。按照财金〔2015〕21号文精神,每年度PPP项目安排的预算占一般预算支出比例应当不超过10%;对于组织第二批备选项目,政府和社会资本合作期限原则上不低于10年;对采用BT方式,通过保底承诺、回购安排变相融资项目不予受理;优先支持平台公司存量项目转为PPP
20	2015/12/8	财政部	《关于实施政府和社会资本合作项目以奖代补政策的通知》(财金〔2015〕158号)	通过以奖代补方式支持政府和社会资本合作(PPP)项目规范运作,保障PPP项目实施质量
21	2015/12/18	财政部	《关于规范政府和社会资本合作(PPP)综合信息平台运行的通知》(财金〔2015〕166号)	建立全国PPP项目信息的管理和发布平台。未纳入综合信息平台项目库的项目,不得列入各地PPP项目目录,原则上不得通过财政预算安排支出责任
22	2015/12/18	财政部	关于印发《PPP物有所值评价指引(试行)》的通知(财金〔2015〕167号)	物有所值评价包括定性评价和定量评价。现阶段以定性评价为主,鼓励开展定量评价

为便于PPP模式向更多领域推广,自2014年以来,国务院及住建部、环保部、交通部下发多项有关PPP的通知,在环境污染、公共租赁住房、医疗、棚户区改造等国家重点关注领域明确鼓励推广PPP模式,见表4-5。

表 4-5　行业部门相关的 PPP 的政策

序号	发文时间	行业领域	发文单位	文件名称	文件主要内容
1	2014/12/26	地下综合管廊	财政部、住房城乡建设部	《关于开展中央财政支持地下综合管廊试点工作的通知》（财建〔2014〕839号）	中央财政对地下综合管廊试点城市给予专项资金补助，一定三年，具体补助数额按城市规模分档确定，直辖市每年5亿元，省会城市每年4亿元，其他城市每年3亿元。对采用PPP模式达到一定比例的，将按上述补助基数奖励10%
2	2014/12/27	环境污染	国务院办公厅	《关于推行环境污染第三方治理的意见》（国办发〔2014〕69号）	以环境公用设施、工业园区等领域为重点，以市场化、专业化、产业化为导向，健全统一规范、竞争有序、监管有力的第三方治理市场，推动建立排污者付费、第三方治理的治污新机制
3	2015/2/13	市政公用	财政部	《关于市政公用领域开展政府和社会资本合作项目推介工作的通知》（财库〔2015〕29号）	规定在城市供水、污水处理、垃圾处理、公共交通基础设施、公共停车场、地下综合管廊等市政公用领域开展PPP项目推介的工作目标、原则、要求、实施和保障等
4	2015/3/17	水利工程	国家发展改革委、财政部、水利部	《关于鼓励和引导社会资本参与重大水利工程建设运营的实施意见》（发改农经〔2015〕488号）	推进重大水利工程建设运营的PPP模式的指导意见
5	2015/4/9	水污染防治	财政部、环保部	《关于推进水污染防治领域政府和社会资本合作的实施意见》（财建〔2015〕90号）	财政部、环保部联合发布，对水污染防治领域的PPP指导意见
6	2015/4/20	收费公路	财政部、交通运输部	《关于在收费公路领域政府和社会资本合作模式的实施意见》（财建〔2015〕111号）	财政部、交通运输部联合发布，对收费公路领域的PPP指导意见

续表

序号	发文时间	行业领域	发文单位	文件名称	文件主要内容
7	2015/4/21	公共租赁住房	财政部、国土资源部、住房城乡建设部、中国人民银行、国家税务总局、银监会	《关于运用政府和社会资本合作模式推进公共租赁住房投资建设和运营管理的通知》（财综〔2015〕15号）	鼓励地方运用PPP模式推进公共租赁住房投资建设和运营管理
8	2015/4/25	基础设施、公用事业	发改委、财政部、住房和城乡建设部、交通运输部、水利部、中国人民银行	《基础设施和公用事业特许经营管理办法》（发改委2015年第25号令）	发改委、财政部等六部委的联合发文，规范基础设施和公用事业领域的特许权经营
9	2015/6/11	医疗卫生领域	国务院办公厅	《关于促进社会办医加快发展若干政策措施的通知》（国办发〔2015〕45号）	促进社会力量办医。通过政府购买服务方式，支持符合条件的社会医疗机构承接卫生医疗服务；通过特许经营、公建民营、民办公助等模式，丰富筹资渠道，支持社会力量举办非营利性医疗机构
10	2015/6/25	棚户区改造及配套建设	国务院办公厅	《关于进一步做好城镇棚户区和城乡危房改造及配套基础设施建设有关工作的意见》（国发〔2015〕37号）	在城市基础设施建设运营中积极推广特许经营等各种政府与社会资本合作（PPP）模式，推动政府购买棚改服务
11	2015/10/11	海绵城市建设	国务院办公厅	《关于推进海绵城市建设的指导意见》（国办发〔2015〕75号）	加快推进海绵城市建设，修复城市水生态、涵养水资源，增强城市防涝能力。积极推广政府和社会资本合作（PPP）、特许经营等模式，吸引社会资本广泛参与海绵城市建设

四、2014 年以前的社会投资、BT 与本轮 PPP 的对比分析

从广义角度讲，2014 年以前的社会投资、BT、BOT 等模式都是那个历史时期特定的 PPP，与当前 PPP 有较大的差别，这一轮 PPP 是微观操作和体制机制升级版，对比分析见表 4-6。

表 4-6　　　　　2014 年前后 PPP 对比分析

对比	2014 年以前的各类社会资本投资项目或类 PPP	2014 年以来的 PPP
适用领域和模式	交通、公用事业等领域经营性项目，采用使用者付费回报机制，以特许经营 BOT 方式为主	适用于基础设施、公共服务，侧重于公共产品供给，方式灵活，政府付费、使用者付费及混合付费三类 PPP 模式（但 BT 模式被否定）
	基础设施领域的公益性项目，采取政府付费，以 BT 模式为主	
项目类型（运作方式）	新建项目为主（BT、BOT 为主）	存量项目（TOT）、改扩建项目（ROT）、增量新建（BOT、BOO）均覆盖
功能	通常功能较为单一，侧重于建设、融资，运营功能较少	鼓励全功能、投资运营一体化，强调风险分担、运营功能
合作期限	短期化：BT 项目通常 3~5 年	全生命周期合作，通常 10~30 年，结合资产寿命等确定
	长期化：主要是经营性项目	
采购方式	总体不规范：招商、委托为主，少数以公开招标方式、但依然竞争不充分、排他性强	更规范、更灵活，全部走公开采购程序
管理体制	多部门分散推进、各自签约，财政埋单	以财政部门为主牵头协调推进（发改部门也在积极牵头）
财政支出	形成各自直接债务或隐性债务，很多游离在预算外	全部纳入财政预算、事先进行财政承受能力论证
信息	信息透明度不高	全过程信息透明
监管	缺乏有效监管，社会公众参与不够	强调多方参与
法律支撑	法律法规碎片化，行政法管辖为主	民商法为主、行政法统筹，目前正在 PPP 立法

两个时期的 PPP，不仅在法律、管理、采购、监管、预算等方面有很大差别，而且在具体的合作范围、期限、方式等商业运作上也有很大差异。这一轮 PPP 更是高位推动、制度安排更严谨，其规范性、效率性都比以往有质的提升，

其改革和进步意义更高。

第三节 当前PPP是一次体制机制升级与变革

一、微观层面：降本增效、物有所值

PPP模式下，政府遵循"让专业的人做专业的事"和"激励相容"原则，旨在公共服务供给提质增效。一般是由社会资本承担设计、建设、运营、维护基础设施的大部分工作，政府部门负责基础设施及公共服务价格和质量监管。PPP模式重在整合公私部门各自优势，将政府的政策目标、社会目标和私人部门的资金、技术、运营优势结合起来，以实现用更低的成本提供更高质量的公共服务。PPP引入了市场竞争激励机制，可以缓解公共服务"公共供给效率低"的问题。社会资本在"追求利润"和"规避风险"的驱动下，会充分了解市场环境和实际需求，进行认真的项目前期论证。同时，也会关注项目"全生命周期"管理，提高公共产品提供效率，避免出现成本超支、工期拖延、"豆腐渣"工程等问题，影响项目投资收益。

PPP模式通过市场竞争选择合适的合作伙伴，整合公私部门各自优势，将政府的政策目标、社会目标和私人部门的运营效率、技术进步内在动力结合起来。继而，形成多元化、可持续的公共服务资金投入渠道、政府按照绩效付费的机制，可充分提高公共产品供给质量和效率。

相比以往的政府直接投资、BT（建设-移交，政府回购）模式，当前我国推动PPP应着力于强调社会资本参与运营、进行合理的风险分担，更强调基于绩效评价付费、全生命周期管理。PPP是一个缓释风险、平滑债务、提供效率的有效工具。

二、中观层面：促进市场经济、行政体制、财政体制等领域改革

推广PPP模式是适应"市场配置资源起决定性作用"要求的一次变革。运用PPP模式，不但可以发挥优胜劣汰的市场竞争作用，激发非公有制经济的活力，而且有助于破除各种行政垄断，推进公共产品和服务的市场化配置。推广PPP模式能够打破民间资本进入公共服务领域的"玻璃门、弹簧门、旋转门"，大幅拓展社会资本的发展空间。PPP可以缓解公共领域"私人资本进入难"问题，有利于放宽市场准入、引进竞争机制。PPP建立了政府与市场的"利益共

享"机制,让企业"有钱可赚、有利可图",且盈利相对稳定,从而使民间资本进入成为可能。

有利于加快转变政府职能,实现政企分开、政事分开。十八届三中全会提出,要全面正确履行政府职能,必须进一步简政放权,加强政府的战略规划制定、市场监管和公共服务职能。作为社会资本的境内外企业、社会组织和中介机构承担公共服务涉及的设计、建设、投资、融资、运营和维护等责任,政府作为监督者和合作者,减少对微观事务的直接参与,加强发展战略制定、社会管理、市场监管、绩效考核等职责,有助于解决政府职能错位、越位和缺位的问题,深化投融资体制改革。通过PPP模式,政府将真正实现由"管理者"向"监督者、合作者"的转变,把更多的注意力放到加强监管和公共服务上。政府不再"亲力亲为""大包大揽"提供公共服务,而是作为监督者和合作者,更好地发挥政府引导作用,充分调动市场积极性。政府工作重心从具体的项目运作,转到强调规则程序制定、事中事后监管、法制信用环境营造等方面上来。推进政府职能转变,激发经济活力和创造力,给市场主体稳定预期,给企业合理的、明确的、稳定的利润空间。

有利于完善财政投入和管理方式,提高财政资金使用效益。在PPP模式下,政府以运营补贴等作为社会资本提供公共服务的对价,以绩效评价结果作为支付依据,并纳入预算管理、财政中期规划和政府财务报告,能够在当代人和后代人之间公平地分担,符合代际公平原则。推广PPP是推动财政管理从"短期平衡"向"中长期平衡"的一次转变。通过PPP模式提供公共服务,实现"全生命周期"的预算管理,从以往的"单一年度"预算收支管理,逐步转向跨年度、中长期预算平衡管理。PPP以项目为基础,可以改变政府的收入支出现金流,跨期资金调度。政府通过项目未来运营收入和适当补贴,"撬动"社会资本参与项目,有效弥补当期财政投入不足,平滑年度间财政支出波动。PPP将有力地推动跨年度预算平衡机制,建立权责发生制的政府综合财务报告制度。

三、顶层设计:公共价值取向、提升国家治理能力

推广PPP模式是适应"国家治理现代化"要求的一次变革。公共服务从传统的"政府包揽式"向PPP转变,不仅是简单的、技术层面的方式,更是适应十八届三中全会"转变政府职能、整合社会资源、深化改革开放"要求的"机制变革"。十八届三中全会提出,要推进国家治理体系和治理能力现代化。运用PPP模式,其必要条件就是政府和市场主体"按照合同办事",平等参与、公开透明,这正好与现代国家治理的基本理念相契合。

PPP将是公共服务提供的常态化模式。PPP模式鼓励市场、社会参与提供公

共服务，不仅能降低财政负担、提高供给效率和改善供给质量，更重要的是能贯穿公共治理的理念，推动全社会走向共建、共治和共享。

PPP 强化了公权力的制约，治理是基于共同体的多元共治，突破了"单边责任"和"单边义务"导致的困境，有助于提升社会参与度和满意度。PPP 更是政府职能转变和公共服务供给机制的重大变革，也是供给侧改革为主、需求拉动为辅的体制机制创新。PPP 成功率与国家治理能力正相关，应回归提质增效这一本源，落脚于风险共担、效率提升，而非融资或化解债务等手段。在经济下行、财政趋紧的大环境下，全球都在力推 PPP 模式，更注重公共价值取向、共同治理视角。

综上，PPP 在中国具有迫切的现实需求，也具有重大的战略意义、影响深远，同时也面临巨大挑战、潜在的风险。PPP 将成为一种常态化的公共服务供给方式，也是一次综合性的改革，当前更重要的是一种理念、思路、行为的转变。PPP 的成功运作依赖于本地环境和国家治理水平，是动态变化、因地制宜的。PPP 在微观操作上要达成物有所值、提质增效的诉求，同时，要进行体制机制的升级与变革。PPP 是一把"双刃剑"，发展必然面临各种风险与挑战，但对当下中国更多是机遇、更多是改革创新的契机！

第五章

PPP 模式的核心特征、运作方式与当前操作流程

与传统的政府投资模式不同，PPP 模式涉及多元主体的平等、长期合作，其交易结构和运作方式更为复杂。同时，当前 PPP 在管理体制上尚未理顺、存在政出多门现象。尤其是，PPP 操作流程与传统的基本建设程序存在一定的冲突。不可否认的是，传统的基本建设程序有其严谨科学之处，PPP 与传统投资项目运作机理不同，关键是如何衔接优化，而不是割裂运行。本章主要介绍 PPP 的核心特征与运作方式，传统基本建设程序、PPP 操作流程，同时，提出了两者在操作过程中的衔接、优化建议。

第一节　PPP 的核心特征与常见运作方式

一、PPP 模式的核心特征

PPP 模式通常是政府通过公开采购方式引入有投融资、运营能力的社会资本方，由其设立项目公司（SPV 特殊目的公司），负责项目的投融资、建设、运营、维护等工作，合作期满交移交给政府。常见的运作结构见图 5-1。

尽管 PPP 强调的角度不尽相同，但是，PPP 还没有形成一个完全一致的表述或定义。PPP 所强调的是公共部门和私人部门之间发挥各自所长，通过签署相关协议，明确项目参与各方的权利义务关系、风险和利益分担机制，构建可持续的合作伙伴关系的一种理念，而不仅仅考虑项目建成（B）、融资（F）等项目各阶段的具体活动。PPP 倡导公共部门和私人部门之间构建利益共享、风险共担的长期合作伙伴关系理念，一些共性特征还是明显的。PPP 的内涵中通常应包括如下

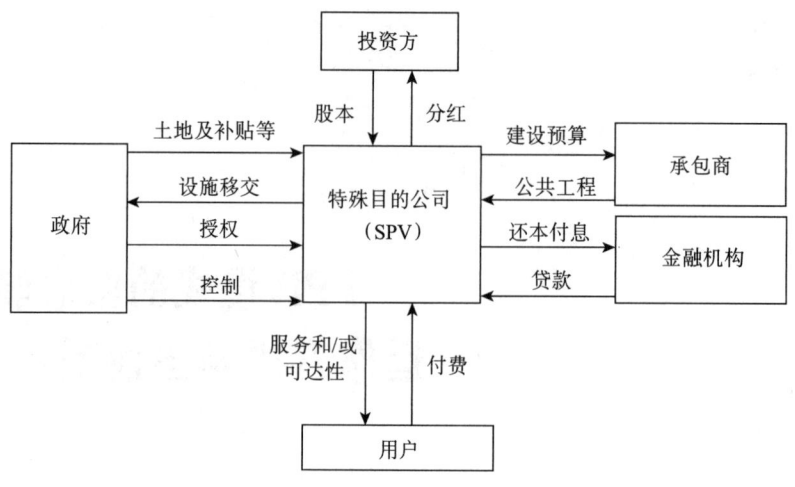

图 5-1 PPP 项目运作结构

要素:

第一,目的与领域:PPP 提供的主体是公共服务或公共设施,方式是由私人部门提供,由公共部门或受益公众购买。

第二,物有所值:强调全生命周期的降本增效,以及财政可承受能力与项目可融资性。

第三,长期合作:要通过合同来界定各方权利与责任,并在此基础上进行长期深入合作、获得相应稳定的回报。政府部门还可能需要提供必要的资本支出,包括土地、现存资产、债务或资本融资。

第四,分工与互补:合理界定各方的职能和责任。公共部门的重要职责是要制定清晰的各种标准,重点是价格和质量监管,要引入私人部门的资金或专业技能。一般是由社会资本承担设计、建设、运营、维护基础设施的大部分工作,并承担主要风险。其中,私人融资、建设并不是必不可少的要素,PPP 更强调运营职能。

第五,产出和绩效:政府要有基于产出及绩效进行支付,付费是和绩效标准(包括服务标准、需求、使用等)紧密相关。

第六,风险分担:要进行合理的风险分担与转移,并实现激励相容。通常由私人资本承担合同期间的重大风险及管理责任。

第七,多方共赢:关注政府(Public)、私营部门(Private)、社会公众(People)"3P"的利益,关注经济性(Economy)、效率性(Efficiency)、有效性(Effectiveness)和公平性(Equity)的"4E"原则。真正的 PPP 是政府、市场、社会(公众)共同参与的公共服务"提质增效"的供给新模式,风险最优分配、共享发展理念是其基本要义。

PPP 有多种不同的结构和合同格式，但是风险分配、绩效付费通常都是必要的关键特征。值得注意的是，PPP 项目虽然从付费方式上分为政府付费、使用者付费和两者混合付费等，但付费方式不是从本质上区分 PPP 模式的核心要素。同时，私人融资不是必不可少的要素，但对于风险转移和管理来说可能是必要的。

各国均是结合自身实际开展 PPP 立法和实践，并不存在静态的最佳实践。PPP 与其运行环境是高度相关。脱离具体环境去研究 PPP 模式的普适性没有任何意义。在当下推广 PPP 模式下，应注重 PPP 模式的规范性、效率性，同时，也要有灵活性、创新性。

二、PPP 项目的运作方式或合同类型

（一）国际货币基金组织关于 PPP 的分类

国际货币基金组织（IMF，2004）对 PPP 的类型和方式界定见表 5-1。从分类及其定义可以看出，PPP 是政府为了提供公共产品而引入私营机构参与的一种合作机制，合作的具体模式取决于项目的条件、风险和目标。

表 5-1　　　　　　　　IMF 对 PPP 的分类

类型	方式
建设 - 拥有 - 运营 Build - own - operate（BOO）	私营部门拥有所有权，未来无义务移交（私有化），这些为 DBFO 设计 - 建设 - 融资 - 运营的变形
建设 - 开发 - 运营 Build - develop - operate（BDO）	
设计 - 建设 - 管理 - 融资 Design - construct - manage - finance（DCMF）	
对已有设施的扩建	
收购 - 建设 - 运营 Buy - build - operate（BBO）	私营部门收购或租赁现有资产
租赁 - 开发 - 运营 Lease - develop - operate（LDO）	
扩建后经营整体工程并转移 Wrap - around addition（WAA）	
新建设施	
建设 - 运营 - 移交 Build - operate - transfer（BOT）	政府拥有所有权，私营部门可能需要租赁资产
建设 - 运营 - 拥有 - 移交 Build - own - operate - transfer（BOOT）	
建设 - 出租 - 拥有 - 移交 Build - rent - own - transfer（BROT）	
建设 - 租赁 - 拥有 - 运营 - 移交 Build - lease - operate - transfer（BLOT）	
建设 - 移交 - 运营 Build - transfer - operate（BTO）	

资料来源：国际货币基金组织，2004。

(二) 中国 2014 年以前的 BT

BT 模式是 2014 年以前政府投资项目采用的重要建设模式之一。BT 是经政府授权或委托的项目业主选择企业（通常具有建筑施工承包资质），约定由该企业完成项目的投融资工作，并负责项目施工，项目完成后，项目业主按约定条件回购。BT 是指企业获得政府的授权后出资和贷款为政府建设项目，在项目建成后交给政府使用，政府则一般在 2~4 年内向企业分期支付（回购）。BT 模式在我国自 20 世纪 90 年代末以来大量应用，尤其是 2008 年以后达到高潮。BT 模式正式出现于《关于培育发展工程总承包和工程项目管理企业的指导意见》（建设部〔2003〕30 号），该文件指出"鼓励有投融资能力的工程总承包企业，对具备条件的工程项目，根据业主的要求按照建设 - 转让（BT）、建设 - 经营 - 转让（BOT）、建设 - 拥有 - 经营（BOO）、建设 - 拥有 - 经营 - 转让（BOOT）等方式组织实施。" 2008 年，在经济刺激政策下，BT 模式大行其道。BT 项目主要集中于非经营性的项目，如市政道路、场馆、土地整理、桥梁等领域。BT 的偿债模式主要是以土地抵押、预期土地出让金或其他财政资金作为还债保证，大幅加剧了政府债务隐患。面对新形势，从 2012 年 12 月开始，中央有关部门限制、规范 BT 模式。2012 年 12 月底，财政部联合发改委、银监会和人民银行等四部委下发《关于制止地方政府违法违规融资行为的通知》。该文规定"除法律和国务院另有规定外，地方各级政府及所属机关事业单位、社会团体等不得以委托单位建设并承担逐年回购（BT）责任等方式举借政府性债务。对符合法律或国务院规定可以举借政府性债务的公共租赁住房、公路等项目，确需采取代建制建设并由财政性资金逐年回购（BT）的，必须根据项目建设规划、偿债能力等，合理确定建设规模，落实分年资金偿还计划"。

对于 BT 项目而言，政府面临财政担保、无序扩张、质量低下、债台高筑等困境。BT 是否属于"带资承包"存在争议。但从实质上看，多数是以 BT 之名，要求承包商（或投资人）行垫资施工之实。BT 模式主要只是解决了政府当时资金燃眉之急，容易诱发政府短期行为、道德风险，同时，企业仅是参与建设，没有参与运营及维护，缺乏风险分担机制，很难保障项目全生命期的效率。

客观上讲，BT 模式也有其优点，但是弊端也明显，譬如，属于违规或变相举债方式，与预算管理精神相悖、不利于公共服务效率提高等，不宜作为 PPP 的运作方式。

(三) BOT 与其演变

BOT（Build - Operate - Transfer，建造 - 经营 - 移交）是 PPP 模式最常见的

运作方式。同时，BOT 是一种统称，可以演化形成多种形式，如 BOOT（Build-Own-Operate-Transfer，建造-拥有-经营-移交）、BOO（Build-Own-Operate，建造-拥有-经营）等。事实上，BOT 方式具有延展性，可以转化为多种形式，如：BLMT（建设-租赁-维护-移交）、DBFO（设计-建设-融资-运营）、DBFOT（设计-建设-融资-运营-移交）等。BOT 及其衍生运作方式见表 5-2。

表 5-2　　　　　　　　　　BOT 及其衍生运作方式

BOT 各种变形	强调要素	说明
BLT 建设-租赁-移交	社会资本投资建设，通常不参与运营维护	通常建设隐含融资，规划、设计等依据情况而定
BLMT 建设-租赁-维护-移交	侧重于公益性项目	
BTO 建设-移交-运营	侧重于资产所有权提前移交	
DBFO 设计-建设-融资-运营	强调职能组合，社会资本承担的责任	
DBFOT 设计-建设-融资-运营-移交		

BOT 相关的演变实际上都是项目全生命周期各个职能的有机组合，就形成了新的运作方式，其中多数方式都属于 PPP 的运作方式。

正如前述，BT 模式可以看作 BOT 模式的变种或演变，有其存在的客观背景和优点，但是，弊端也是非常突出的。历史地看，可以将 BT 看作 2014 年以前的广义 PPP 模式。但是，在当前发展阶段和国家治理新形势下，为保障公共服务提质增效和持续性，BT 模式是不值得提倡的，不属于 PPP 的运作方式。

（四）PPP 项目运作方式的逻辑

PPP 模式可以在公共产品和服务全生命周期的各个环节实施，可依据社会资本在 PPP 项目中的参与程度、项目资产产权归属、投融资职责分配、商业风险归属（社会资本承担的风险大小）等因素对 PPP 项目进行分类。每个 PPP 选项（运作方式、合同）中，社会资本方承担着不同级别的责任和风险，项目结构和合同形式也存在差异。

PPP 运作方式选择的关键是设计、建造、融资和运营、移交等职能的组合及风险的分配，不同级别的责任和风险对应着不同的运作方式。PPP 运作方式的核心是强调将之前由公共部门负责的公共设施的规划、建设、融资、维护及运营（按照生命周期方式）等服务职能整合起来，在合作限期内部分或全部转移给私营合作伙伴，以此形成不同的运作方式和风险、责任分配。

各国根据具体情况，选择实现 PPP 理念的具体运作方式，不能僵化地锁定若干种所谓典型模式进行推广应用。通常而言，PPP 不等同 BOT，BOT 属于典型的、普遍的 PPP 的运作方式之一，同时，多数 BOT 相关的演变方式也属于 PPP 模式所倡导的。但值得注意的是，具体 PPP 的运作方式在各个国家界定标准不一。例如，在美国 PPP 项目中大多数为 DB（设计－建设）项目，占总数的 67%，但显然 DB（设计－建设）模式，类似我国当下被否定的 BT 模式，不符合我国当前 PPP 对运作方式的要求。当下我国更强调公共服务的提质增效，在运作上更强调长期性运营维护、绩效付费等要素。故而，PPP 应结合本国 PPP 的核心特征、政策逻辑、本地发展实际进行研判。

三、当前中国 PPP 项目运作方式要点

（一）财政部提出的 PPP 运作方式

1. 存量项目运作方式

委托运营（Operations & Maintenance，O&M），是指政府将存量公共资产的运营维护职责委托给社会资本或项目公司，社会资本或项目公司不负责用户服务的政府和社会资本合作项目运作方式。政府保留资产所有权，只向社会资本或项目公司支付委托运营费。

管理合同（Management Contract，MC），是指政府将存量公共资产的运营、维护及用户服务职责授权给社会资本或项目公司的项目运作方式。政府保留资产所有权，只向社会资本或项目公司支付管理费。

转让－运营－移交（Transfer－Operate－Transfer，TOT），是指政府将存量资产所有权有偿转让给社会资本或项目公司，并由其负责运营、维护和用户服务，合同期满后资产及其所有权等移交给政府的项目运作方式。

改建－运营－移交（ROT）（Rehabilitate－Operate－Transfer，ROT），是指政府在 TOT 模式的基础上，增加改扩建内容的项目运作方式。

2. 增量项目运作方式

建设－运营－移交（Build－Operate－Transfer，BOT），是指由社会资本或项目公司承担新建项目设计、融资、建造、运营、维护和用户服务职责，合同期满后项目资产及相关权利等移交给政府的项目运作方式。

建设－拥有－运营（Build－Own－Operate，BOO），由 BOT 方式演变而来，两者区别主要是 BOO 方式下社会资本或项目公司拥有项目所有权，但必须在合同中注明保证公益性的约束条款，一般不涉及项目期满移交。

（二）发改委提出的PPP运作方式

经营性项目。对于具有明确的收费基础，并且经营收费能够完全覆盖投资成本的项目，可通过政府授予特许经营权，采用建设－运营－移交（BOT）、建设－拥有－运营－移交（BOOT）等模式推进。

准经营性项目。对于经营收费不足以覆盖投资成本、需政府补贴部分资金或资源的项目，可通过政府授予特许经营权附加部分补贴或直接投资参股等措施，采用建设－运营－移交（BOT）、建设－拥有－运营（BOO）等模式推进。

非经营性项目。对于缺乏"使用者付费"基础、主要依靠"政府付费"回收投资成本的项目，可通过政府购买服务，采用建设－拥有－运营（BOO）、委托运营等市场化模式推进。

（三）我国PPP运作方式的关键要素与选择

2014年以来的PPP模式是一次体制机制的升级，更加强调公共服务的提质增效。故此，我国当下PPP的运作方式上，更加强调合作期限适当、双方风险合理分担、社会资本负责运营、政府按绩效付费等要素。具体运作方式的选择主要由收费定价机制、项目投资收益水平、风险分配、融资需求、改扩建需求和期满处置等因素决定。不管采取何种运作方式，核心就是围绕D（设计）、B（建设）、F（融资）、O（运营）、L（租赁）、M（维护）、T（移交）等这几个职能组合展开。

当前，规范的PPP运作方式应突出强调期限、运营、风险、绩效等因素，其中，合作期限要适当，不能过短（经营期大部分在10~30年，原则上不能低于10年）；O（运营）和/或M（维护）职能不可或缺，建设、融资等职能并不一定强制要求。通常所有权、移交等因素由当地法律、融资、各方诉求等综合决定，选择性较多。事实上，BOT方式作为新建项目最常见的BOT运作方式，不仅适用于经营性项目，同样适用于公益性项目，核心在于运营职能界定，公益性PPP项目主要强调社会资本负责项目全生命周期的维护维修责任。

在目前运作方式上，主要以财政部约定的几种为主，即委托运营（Operations & Maintenance，O&M）、管理合同（Management Contract，MC）、转让－运营－移交（Transfer－Operate－Transfer，TOT）、改建－运营－移交（ROT）、建设－运营－移交（Build－Operate－Transfer，BOT）、建设－拥有－运营（Build－Own－Operate，BOO）。此外，目前PPP项目的复合型越来越强，在具体操作中还存在各种项目打包、多种运作方式组合，如BOT+TOT、BOT+O&M等。

第二节 投资项目（含 PPP 项目）相关流程

一、传统的基本建设的流程

基本建设是指以固定资产扩大再生产为目的进行的各种新建、改建、扩建、迁建、恢复工程，及与之相关的各项建设工作。建设程序是指建设项目从设想、选择、评估、决策、设计、施工到竣工验收、投入生产等的整个过程。

目前，我国基本建设程序可大致划分为投资前期、建设期、生产经营期三大阶段。在此基础上，可进一步具体细分为以下几个子阶段，即项目建议书阶段、可行性研究报告（以下简称"可研"）阶段、设计阶段、建设准备阶段、建设实施阶段和竣工验收阶段。其中，可行性研究是项目投资前期阶段中的一项非常重要的工作，是整个项目研究和控制的重点。可行性研究主要是对项目在技术上是否可行和经济上是否合理进行科学的分析和论证，通过技术、工程和经济上的全面分析论证和多种方案比较，提出评价意见。

当然，上述部分环节在实践过程中可以有所精简、合并。如对于一些相对单一、技术工艺要求不高、前期工作成熟的项目，项目建议书和可行性研究报告也可以合并，一步到位编制项目可行性研究报告，即可行性研究报告代项目建议书。此外，设计过程一般划分为两个阶段，即初步设计和施工图设计，重大项目和技术复杂项目，可根据不同行业的特点和需要，增加技术设计阶段。

投资项目审批、核准需要经过复杂的审批程序。在发改部门审批时，还需要规划行政主管部门出具的有效规划意见、国土资源行政主管部门出具的用地预审意见或相关文件、环境保护行政主管部门出具的环境影响评价审批文件等。在实施过程中，企业还要办理诸多的设计、施工、验收、审计等批准或备案等数十项的手续，行政审批或干预行为较多。传统基本建设程序相对比较严谨，但也存在僵化、繁琐以及不当干预等问题，与当前的简政放权不符，需要进一步优化。

二、发改委 PPP 操作流程

2014 年 12 月国家发展改革委发布的《关于开展政府和社会资本合作的指导意见》（发改投资〔2014〕2724 号）规定，加强政府和社会资本合作项目的规范管理分为 6 个环节：

（1）项目储备。根据经济社会发展需要，按照项目合理布局、政府投资有效配置等原则，切实做好PPP项目的总体规划、综合平衡和储备管理。从准备建设的公共服务、基础设施项目中，及时筛选PPP模式的适用项目，按照PPP模式进行培育开发。

（2）项目遴选。会同行业管理部门、项目实施机构，及时从项目储备库或社会资本提出申请的潜在项目中筛选条件成熟的建设项目，编制实施方案并提交联审机制审查，明确经济技术指标、经营服务标准、投资概算构成、投资回报方式、价格确定及调价方式、财政补贴及财政承诺等核心事项。

（3）伙伴选择。实施方案审查通过后，配合行业管理部门、项目实施机构，按照《招标投标法》《政府采购法》等法律法规，通过公开招标、邀请招标、竞争性谈判等多种方式，公平择优选择具有相应管理经验、专业能力、融资实力以及信用状况良好的社会资本作为合作伙伴。

（4）合同管理。项目实施机构和社会资本依法签订项目合同，明确服务标准、价格管理、回报方式、风险分担、信息披露、违约处罚、政府接管以及评估论证等内容。各地可参考《政府和社会资本合作项目通用合同指南》，细化完善合同文本，确保合同内容全面、规范、有效。

（5）绩效评价。项目实施过程中，加强工程质量、运营标准的全程监督，确保公共产品和服务的质量、效率和延续性。鼓励推进第三方评价，对公共产品和服务的数量、质量以及资金使用效率等方面进行综合评价，评价结果向社会公示，作为价费标准、财政补贴以及合作期限等调整的参考依据。项目实施结束后，可对项目的成本效益、公众满意度、可持续性等进行后评价，评价结果作为完善PPP模式制度体系的参考依据。

（6）退出机制。政府和社会资本合作过程中，如遇不可抗力或违约事件导致项目提前终止时，项目实施机构要及时做好接管，保障项目设施持续运行，保证公共利益不受侵害。政府和社会资本合作期满后，要按照合同约定的移交形式、移交内容和移交标准，及时组织开展项目验收、资产交割等工作，妥善做好项目移交。依托各类产权、股权交易市场，为社会资本提供多元化、规范化、市场化的退出渠道。

2016年10月，发改委发布《传统基础设施领域实施政府和社会资本合作项目工作导则》（发改投资〔2016〕2231号），明确PPP项目工作分为项目储备、项目论证、社会资本方选择、项目执行四个阶段。

（1）项目储备。主要包括：加强规划政策引导、建立PPP项目库、纳入年度实施计划、确定实施机构和政府出资人代表等。

（2）项目论证。主要包括：PPP项目实施方案编制、项目审批、核准或备案、PPP项目实施方案审查审批、合同草案起草。

（3）社会资本方选择。主要包括：社会资本方遴选、PPP合同确认谈判、

PPP 项目合同签订。

（4）项目执行。主要包括：项目公司设立、项目法人变更、项目融资及建设、营绩效评价、项目临时接管和提前终止、项目移交、PPP 项目后评价、信息公开及社会监督。

三、财政部 PPP 操作流程

2014 年 11 月，财政部发布《关于印发政府和社会资本合作模式操作指南（试行）的通知》（财金〔2014〕113 号）明确 PPP 项目操作实施可分为 5 个阶段，19 个步骤，5 个阶段分别为：项目识别、项目准备、项目采购、项目执行、项目移交，见图 5-2。

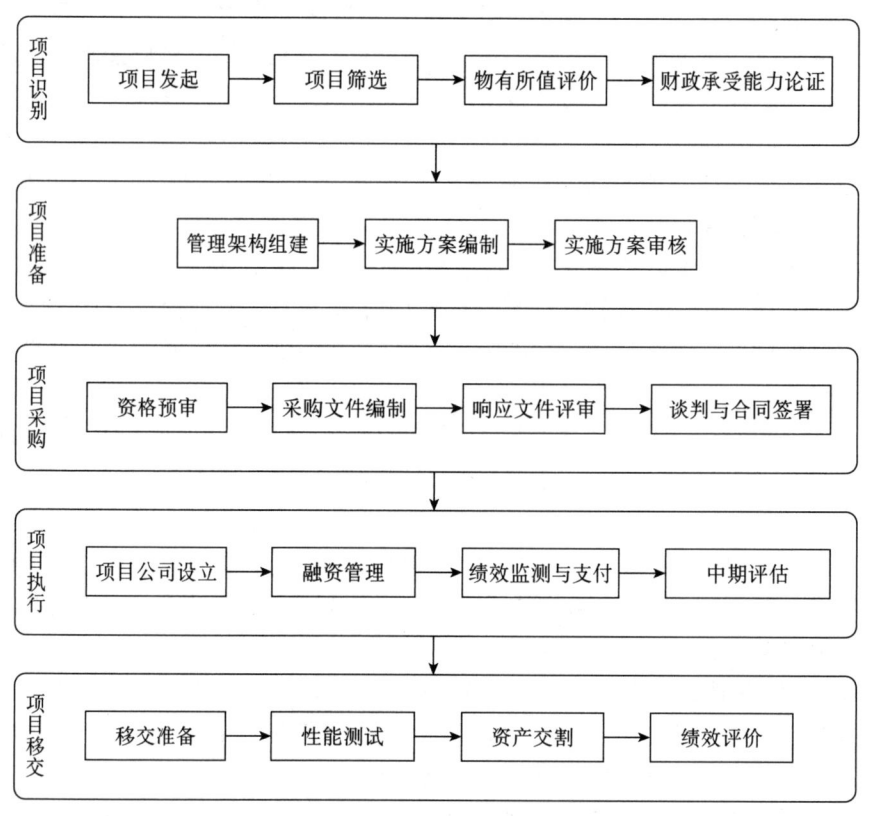

图 5-2 财政部 PPP 主要操作流程

总体上而言，财政部操作流程更为细化，后续支撑性文件更完整，也是目前各地实际推进 PPP 项目的主要操作性指南。截至 2016 年 12 月底，财政部全国 PPP 综合信息平台入库项目共计 11260 个，投资额 13.5 万亿元。已签约落地投资额 2.2 万亿元，落地率 31.6%。全国入库项目和落地项目均呈逐月持续稳步上升态势，运行较好。

财政部 PPP 操作流程的关键阶段和内容如下：

（一）项目识别

1. 项目发起

政府和社会资本合作项目由政府或社会资本发起，以政府发起为主。

（1）政府发起。财政部门（政府和社会资本合作中心）应负责向交通、住建、环保、能源、教育、医疗、体育健身和文化设施等行业主管部门征集潜在政府和社会资本合作项目。行业主管部门可从国民经济和社会发展规划及行业专项规划中的新建、改建项目或存量公共资产中遴选潜在项目。

（2）社会资本发起。社会资本应以项目建议书的方式向财政部门（政府和社会资本合作中心）推荐潜在政府和社会资本合作项目。政府部门在接到社会资本提出的 PPP 项目建议书之后，对该 PPP 项目建议进行初步审查，判定该项目是否具有潜在的公共利益；如果该 PPP 项目符合公共利益的需求，那么政府部门将邀请 PPP 项目的发起人提交更多的关于项目可行性的信息，以便政府部门对社会资本的资质以及项目的技术可行性和经济可行性进行适当的评估，判定项目是否可以按照政府部门可接受的方式顺利实施。

2. 项目筛选

财政部门（政府和社会资本合作中心）会同行业主管部门，对潜在政府和社会资本合作项目进行评估筛选，确定备选项目。财政部门（政府和社会资本合作中心）应根据筛选结果制定项目年度和中期开发计划。

对于列入年度开发计划的项目，项目发起方应按财政部门（政府和社会资本合作中心）的要求提交相关资料。新建、改建项目应提交可行性研究报告、项目产出说明和初步实施方案；存量项目应提交存量公共资产的历史资料、项目产出说明和初步实施方案。

3. 物有所值评价

财政部门（政府和社会资本合作中心）会同行业主管部门，从定性和定量两方面开展物有所值评价工作。定量评价工作由各地根据实际情况开展。

定性评价重点关注项目采用政府和社会资本合作模式与采用政府传统采购模式相比能否增加供给、优化风险分配、提高运营效率、促进创新和公平竞争等。

定量评价主要通过对政府和社会资本合作项目全生命周期内政府支出成本现值与公共部门比较值进行比较，计算项目的物有所值量值，判断政府和社会资本合作模式是否降低项目全生命周期成本。

4. 财政承受能力论证

为确保财政中长期可持续性，财政部门应根据项目全生命周期内的财政支出、政府债务等因素，对部分政府付费或政府补贴的项目，开展财政承受能力论证，每年政府付费或政府补贴等财政支出不得超出当年财政收入的一定比例。通过物有所值评价和财政承受能力论证的项目，可进行项目准备。

（二）项目准备

5. 管理架构组建

县级（含）以上地方人民政府可建立专门协调机制，主要负责项目评审、组织协调和检查督导等工作，实现简化审批流程、提高工作效率的目的。政府或其指定的有关职能部门或事业单位可作为项目实施机构，负责项目准备、采购、监管和移交等工作。

6. 实施方案编制

项目实施机构应组织编制项目实施方案，依次对以下内容进行介绍：

（1）项目概况。项目概况主要包括基本情况、经济技术指标和项目公司股权情况等。基本情况主要明确项目提供的公共产品和服务内容、项目采用政府和社会资本合作模式运作的必要性和可行性，以及项目运作的目标和意义。经济技术指标主要明确项目区位、占地面积、建设内容或资产范围、投资规模或资产价值、主要产出说明和资金来源等。项目公司股权情况主要明确是否要设立项目公司以及公司股权结构。

（2）风险分配基本框架。按照风险分配优化、风险收益对等和风险可控等原则，综合考虑政府风险管理能力、项目回报机制和市场风险管理能力等要素，在政府和社会资本间合理分配项目风险。原则上，项目设计、建造、财务和运营维护等商业风险由社会资本承担，法律、政策和最低需求等风险由政府承担，不可抗力等风险由政府和社会资本合理共担。

（3）项目运作方式。项目运作方式主要包括委托运营、管理合同、建设－运营－移交、建设－拥有－运营、转让－运营－移交和改建－运营－移交等。具体运作方式的选择主要由收费定价机制、项目投资收益水平、风险分配基本框架、融资需求、改扩建需求和期满处置等因素决定。

（4）交易结构。交易结构主要包括项目投融资结构、回报机制和相关配套安排。项目投融资结构主要说明项目资本性支出的资金来源、性质和用途，项目资产的形成和转移等。项目回报机制主要说明社会资本取得投资回报的资金来源，包括使用者付费、可行性缺口补助和政府付费等支付方式。相关配套安排主要说明由项目以外相关机构提供的土地、水、电、气和道路等配套设施和项目所需的上下游服务。

（5）合同体系。合同体系主要包括项目合同、股东合同、融资合同、工程承包合同、运营服务合同、原料供应合同、产品采购合同和保险合同等。项目合同是其中最核心的法律文件。项目边界条件是项目合同的核心内容，主要包括权利义务、交易条件、履约保障和调整衔接等边界。权利义务边界主要明确项目资产权属、社会资本承担的公共责任、政府支付方式和风险分配结果等。交易条件边界主要明确项目合同期限、项目回报机制、收费定价调整机制和产出说明等。履约保障边界主要明确强制保险方案以及由投资竞争保函、建设履约保函、运营维护保函和移交维修保函组成的履约保函体系。调整衔接边界主要明确应急处置、临时接管和提前终止、合同变更、合同展期、项目新增改扩建需求等应对措施。

（6）监管架构。监管架构主要包括授权关系和监管方式。授权关系主要是政府对项目实施机构的授权，以及政府直接或通过项目实施机构对社会资本的授权；监管方式主要包括履约管理、行政监管和公众监督等。

（7）采购方式选择。项目采购应根据《中华人民共和国政府采购法》及相关规章制度执行，采购方式包括公开招标、竞争性谈判、邀请招标、竞争性磋商和单一来源采购。项目实施机构应根据项目采购需求特点，依法选择适当采购方式。公开招标主要适用于核心边界条件和技术经济参数明确、完整、符合国家法律法规和政府采购政策，且采购中不作更改的项目。

7. 实施方案审核

财政部门（政府和社会资本合作中心）应对项目实施方案进行物有所值和财政承受能力验证，通过验证的，由项目实施机构报政府审核；未通过验证的，可在实施方案调整后重新验证；经重新验证仍不能通过的，不再采用政府和社会资本合作模式。

（三）项目采购

8. 资格预审

项目实施机构应根据项目需要准备资格预审文件，发布资格预审公告，邀请社会资本和与其合作的金融机构参与资格预审，验证项目能否获得社会资本响应和实现充分竞争，并将资格预审的评审报告提交财政部门（政府和社会资本合作中心）备案。

项目有3家以上社会资本通过资格预审的，项目实施机构可以继续开展采购文件准备工作；项目通过资格预审的社会资本不足3家的，项目实施机构应在实施方案调整后重新组织资格预审；项目经重新资格预审合格社会资本仍不够3家的，可依法调整实施方案选择的采购方式。

资格预审公告应在省级以上人民政府财政部门指定的媒体上发布。资格预审合格的社会资本在签订项目合同前资格发生变化的，应及时通知项目实施机构。

资格预审公告应包括项目授权主体、项目实施机构和项目名称、采购需求、对社会资本的资格要求、是否允许联合体参与采购活动、拟确定参与竞争的合格社会资本的家数和确定方法，以及社会资本提交资格预审申请文件的时间和地点。提交资格预审申请文件的时间自公告发布之日起不得少于15个工作日。

9. 采购文件编制

项目采购文件应包括采购邀请、竞争者须知（包括密封、签署、盖章要求等）、竞争者应提供的资格、资信及业绩证明文件、采购方式、政府对项目实施机构的授权、实施方案的批复和项目相关审批文件、采购程序、响应文件编制要求、提交响应文件截止时间、开启时间及地点、强制担保的保证金交纳数额和形式、评审方法、评审标准、政府采购政策要求、项目合同草案及其他法律文本等。

采用竞争性谈判或竞争性磋商采购方式的，项目采购文件除上款规定的内容外，还应明确评审小组根据与社会资本谈判情况可能实质性变动的内容，包括采购需求中的技术、服务要求以及合同草案条款。

10. 响应文件评审

评审小组由项目实施机构代表和评审专家共5人以上单数组成，其中评审专家人数不得少于评审小组成员总数的2/3。评审专家可以由项目实施机构自行选定，但评审专家中应至少包含1名财务专家和1名法律专家。项目实施机构代表不得以评审专家身份参加项目的评审。

项目采用公开招标、邀请招标、竞争性谈判、单一来源采购方式开展采购的，按照政府采购法律法规及有关规定执行。

项目采用竞争性磋商采购方式开展采购的，按照下列基本程序进行：

（1）采购公告发布及报名。竞争性磋商公告应在省级以上人民政府财政部门指定的媒体上发布。竞争性磋商公告应包括项目实施机构和项目名称、项目结构和核心边界条件、是否允许未进行资格预审的社会资本参与采购活动，以及审查原则、项目产出说明、对社会资本提供的响应文件要求、获取采购文件的时间、地点、方式及采购文件的售价、提交响应文件截止时间、开启时间及地点。提交响应文件的时间自公告发布之日起不得少于10日。

（2）资格审查及采购文件发售。已进行资格预审的，评审小组在评审阶段不再对社会资本资格进行审查。允许进行资格后审的，由评审小组在响应文件评审环节对社会资本进行资格审查。项目实施机构可以视项目的具体情况，组织对符合条件的社会资本的资格条件进行考察核实。采购文件售价，应按照弥补采购文件印制成本费用的原则确定，不得以营利为目的，不得以项目采购金额作为确定采购文件售价依据。采购文件的发售期限自开始之日起不得少于5个工作日。

（3）采购文件的澄清或修改。提交首次响应文件截止之日前，项目实施机构可以对已发出的采购文件进行必要的澄清或修改，澄清或修改的内容应作为采购文件的组成部分。澄清或修改的内容可能影响响应文件编制的，项目实施机构应在提交首次响应文件截止时间至少5日前，以书面形式通知所有获取采购文件的社会资本；不足5日的，项目实施机构应顺延提交响应文件的截止时间。

（4）响应文件评审。项目实施机构应按照采购文件规定组织响应文件的接收和开启。评审小组对响应文件进行两阶段评审：

第一阶段：确定最终采购需求方案。评审小组可以与社会资本进行多轮谈判，谈判过程中可实质性修订采购文件的技术、服务要求以及合同草案条款，但不得修订采购文件中规定的不可谈判核心条件。实质性变动的内容，须经项目实施机构确认，并通知所有参与谈判的社会资本。具体程序按照《政府采购非招标方式管理办法》及有关规定执行。

第二阶段：综合评分。最终采购需求方案确定后，由评审小组对社会资本提交的最终响应文件进行综合评分，编写评审报告并向项目实施机构提交候选社会资本的排序名单。具体程序按照《政府采购货物和服务招标投标管理办法》及有关规定执行。

项目实施机构应在资格预审公告、采购公告、采购文件、采购合同中，列明对本国社会资本的优惠措施及幅度、外方社会资本采购我国生产的货物和服务要求等相关政府采购政策，以及对社会资本参与采购活动和履约保证的强制担保要求。社会资本应以支票、汇票、本票或金融机构、担保机构出具的保函等非现金形式缴纳保证金。参加采购活动的保证金的数额不得超过项目预算金额的2%。履约保证金的数额不得超过政府和社会资本合作项目初始投资总额或资产评估值的10%。无固定资产投资或投资额不大的服务型合作项目，履约保证金的数额不得超过平均6个月的服务收入额。

项目实施机构应组织社会资本进行现场考察或召开采购前答疑会，但不得单独或分别组织只有一个社会资本参加的现场考察和答疑会。

11. 谈判与合同签署

项目实施机构应成立专门的采购结果确认谈判工作组。按照候选社会资本的排名，依次与候选社会资本及与其合作的金融机构就合同中可变的细节问题进行合同签署前的确认谈判，率先达成一致的即为中选者。确认谈判不得涉及合同中不可谈判的核心条款，不得与排序在前但已终止谈判的社会资本进行再次谈判。

确认谈判完成后，项目实施机构应与中选社会资本签署确认谈判备忘录，并将采购结果和根据采购文件、响应文件、补遗文件和确认谈判备忘录拟定的合同文本进行公示，公示期不得少于 5 个工作日。合同文本应将中选社会资本响应文件中的重要承诺和技术文件等作为附件。合同文本中涉及国家秘密、商业秘密的内容可以不公示。

公示期满无异议的项目合同，应在政府审核同意后，由项目实施机构与中选社会资本签署。

需要为项目设立专门项目公司的，待项目公司成立后，由项目公司与项目实施机构重新签署项目合同，或签署关于承继项目合同的补充合同。

项目实施机构应在项目合同签订之日起 2 个工作日内，将项目合同在省级以上人民政府财政部门指定的媒体上公告，但合同中涉及国家秘密、商业秘密的内容除外。

各级人民政府财政部门应当加强对 PPP 项目采购活动的监督检查，及时处理采购活动中的违法违规行为。

（四）项目执行

12. 项目公司设立

社会资本可依法设立项目公司，也可根据需求不再成立项目公司。政府可指定相关机构依法参股项目公司。项目实施机构和财政部门（政府和社会资本合作中心）应监督社会资本按照采购文件和项目合同约定，按时足额出资设立项目公司。

13. 融资管理

项目融资由社会资本或项目公司负责。社会资本或项目公司应及时开展融资方案设计、机构接洽、合同签订和融资交割等工作。财政部门（政府和社会资本合作中心）和项目实施机构应做好监督管理工作，防止企业债务向政府转移。

社会资本或项目公司未按照项目合同约定完成融资的，政府可提取履约保函直至终止项目合同；遇系统性金融风险或不可抗力的，政府、社会资本或项目公司可根据项目合同约定协商修订合同中相关融资条款。

当项目出现重大经营或财务风险，威胁或侵害债权人利益时，债权人可依据与政府、社会资本或项目公司签订的直接介入协议或条款，要求社会资本或项目公司改善管理等。在直接介入协议或条款约定期限内，重大风险已解除的，债权人应停止介入。

14. 绩效监测与支付

项目合同中涉及的政府支付义务，财政部门应结合中长期财政规划统筹考虑，纳入同级政府预算，按照预算管理相关规定执行。财政部门（政府和社会资本合作中心）和项目实施机构应建立政府和社会资本合作项目政府支付台账，严格控制政府财政风险。在政府综合财务报告制度建立后，政府和社会资本合作项目中的政府支付义务应纳入政府综合财务报告。

项目实施机构应根据项目合同约定，监督社会资本或项目公司履行合同义务，定期监测项目产出绩效指标，编制季报和年报，并报财政部门（政府和社会资本合作中心）备案。

政府有支付义务的，项目实施机构应根据项目合同约定的产出说明，按照实际绩效直接或通知财政部门向社会资本或项目公司及时足额支付。设置超额收益分享机制的，社会资本或项目公司应根据项目合同约定向政府及时足额支付应享有的超额收益。

项目实际绩效优于约定标准的，项目实施机构应执行项目合同约定的奖励条款，并可将其作为项目期满合同能否展期的依据；未达到约定标准的，项目实施机构应执行项目合同约定的惩处条款或救济措施。

社会资本或项目公司违反项目合同约定，威胁公共产品和服务持续稳定安全供给，或危及国家安全和重大公共利益的，政府有权临时接管项目，直至启动项目提前终止程序。

政府可指定合格机构实施临时接管。临时接管项目所产生的一切费用，将根据项目合同约定，由违约方单独承担或由各责任方分担。社会资本或项目公司应承担的临时接管费用，可以从其应获终止补偿中扣减。

在项目合同执行和管理过程中，项目实施机构应重点关注合同修订、违约责任和争议解决等工作。

（1）合同修订。按照项目合同约定的条件和程序，项目实施机构和社会资本或项目公司可根据社会经济环境、公共产品和服务的需求量及结构等条件的变化，提出修订项目合同申请，待政府审核同意后执行。

（2）违约责任。项目实施机构、社会资本或项目公司未履行项目合同约定义务的，应承担相应违约责任，包括停止侵害、消除影响、支付违约金、赔偿损失以及解除项目合同等。

（3）争议解决。在项目实施过程中，按照项目合同约定，项目实施机构、社会资本或项目公司可就发生争议且无法协商达成一致的事项，依法申请仲裁或提起民事诉讼。

15. 中期评估

项目实施机构应每3~5年对项目进行中期评估，重点分析项目运行状况和项目合同的合规性、适应性和合理性；及时评估已发现问题的风险，制订应对措施，并报财政部门（政府和社会资本合作中心）备案。

政府相关职能部门应根据国家相关法律法规对项目履行行政监管职责，重点关注公共产品和服务质量、价格和收费机制、安全生产、环境保护和劳动者权益等。

社会资本或项目公司对政府职能部门的行政监管处理决定不服的，可依法申请行政复议或提起行政诉讼。

政府、社会资本或项目公司应依法公开披露项目相关信息，保障公众知情权，接受社会监督。

社会资本或项目公司应披露项目产出的数量和质量、项目经营状况等信息。政府应公开不涉及国家秘密、商业秘密的政府和社会资本合作项目合同条款、绩效监测报告、中期评估报告和项目重大变更或终止情况等。

社会公众及项目利益相关方发现项目存在违法、违约情形或公共产品和服务不达标准的，可向政府职能部门提请监督检查。

（五）项目移交

16. 移交准备

项目移交时，项目实施机构或政府指定的其他机构代表政府收回项目合同约定的项目资产。

项目合同中应明确约定移交形式、补偿方式、移交内容和移交标准。移交形式包括期满终止移交和提前终止移交；补偿方式包括无偿移交和有偿移交；移交内容包括项目资产、人员、文档和知识产权等；移交标准包括设备完好率和最短可使用年限等指标。

采用有偿移交的，项目合同中应明确约定补偿方案；没有约定或约定不明的，项目实施机构应按照"恢复相同经济地位"原则拟定补偿方案，报政府审核同意后实施。

17. 性能测试

项目实施机构或政府指定的其他机构应组建项目移交工作组，根据项目合同约定与社会资本或项目公司确认移交情形和补偿方式，制定资产评估和性能测试方案。

项目移交工作组应委托具有相关资质的资产评估机构，按照项目合同约定的评估方式，对移交资产进行资产评估，作为确定补偿金额的依据。

项目移交工作组应严格按照性能测试方案和移交标准对移交资产进行性能测试。性能测试结果不达标的，移交工作组应要求社会资本或项目公司进行恢复性修理、更新重置或提取移交维修保函。

18. 资产交割

社会资本或项目公司应将满足性能测试要求的项目资产、知识产权和技术法律文件,连同资产清单移交项目实施机构或政府指定的其他机构,办妥法律过户和管理权移交手续。社会资本或项目公司应配合做好项目运营平稳过渡相关工作。

19. 绩效评价

项目移交完成后,财政部门(政府和社会资本合作中心)应组织有关部门对项目产出、成本效益、监管成效、可持续性、政府和社会资本合作模式应用等进行绩效评价,并按相关规定公开评价结果。评价结果作为政府开展政府和社会资本合作管理工作决策参考依据。

四、PPP项目论证的核心——两评一案、一合同

(一)两评一案

物有所值评价报告、财政承受能力论证报告、实施方案是PPP进行决策、采购落地的关键文件。这些成果是政府和社会资本进行谈判的决策依据,与社会资本成立公司签订协议的依据,其中实施方案是PPP论证的核心,可研报告是开展前期论证较为基础性的文件。通常PPP项目落地前主要内容和涉及的部门分工见表5-3。

表5-3　　　　　　　　PPP项目落地前主要文件与分工

序号	材料名称	咨询机构或设计院工作内容	政府或责任部门工作内容	备注
1	项目可行性研究报告(基础性,如涉及规划、根据需要)	设计院编制各类规划(概念性规划、总规、控规等,前置或后置)	规划部门出具意见	如有,规划部门(行业主管部门牵头负责、设计院编制)
		设计院负责编制可行性研究报告	发改委关于项目立项或项目核准的批复文件	发改委(行业主管部门牵头负责、设计院编制)
2	项目物有所值评价报告	咨询机构负责编制报告	财政部门的审核/批复意见	财政部门(行业主管部门等参与)
3	项目财政承受能力论证报告	咨询机构负责编制报告	财政部门的审核/批复意见	财政部门(行业主管部门等参与)
4	项目实施方案	咨询机构负责编制报告	本级人民政府对项目实施方案的批复意见	本级人民政府

续表

序号	材料名称		咨询机构或设计院工作内容	政府或责任部门工作内容	备注
5	采购与其他前期工作	采购与签约（资格预审文件、PPP项目合同等）	行业主管部门会同招标代理机构负责以竞争性方式引入社会资本，最终由行业主管部门或实施机构与社会资本签署PPP项目合同		
		其他前期工作（如有，规划、土地、环评、初步设计、施工图设计等）	各类前期工作、开工前手续（如有）		行业主管局牵头负责（如有）
6	持续录入财政部PPP综合信息平台		财政局在线填报（县、市、省审核）		财政局PPP中心

在PPP前期论证或决策过程中，应充分考虑项目特性、所处环境、竞争程度、实施能力等多个方面，必须因地制宜、规范创新地设计合理的交易结构和运作方式。广义讲，运作方式实际是交易结构的一部分。交易结构的核心是利益相关者的责权利安排，主要包括项目投融资结构、回报机制、相关配套安排等多个方面。PPP项目交易结构的核心要素是回报机制、社会资本的盈利方式。不管项目模式如何设计，核心之一就是要明确项目回报机制，重点放在交易结构的合理设计上。项目回报机制主要说明社会资本取得投资回报的资金来源，包括使用者付费、可行性缺口补助和政府付费等支付方式。使用者付费（User Charge），是指由最终消费用户直接付费购买公共产品和服务（如供水、燃气项目）。可行性缺口补助（Viability Gap Funding），是指使用者付费不足以满足社会资本或项目公司成本回收和合理回报，而由政府以财政补贴、股本投入、优惠贷款和其他优惠政策的形式，给予社会资本或项目公司的经济补偿。政府付费（Government Payment），是指政府直接付费购买公共产品和服务，主要包括可用性付费（Availability Payment）、使用量付费（Usage Payment）和绩效付费（Performance Payment）。三种回报机制见图5-3。

在投资决策过程中，对于多数社会资本而言，最关注的是内部收益率IRR、投资回收期等指标，其中，最关键的财务指标是内部收益率IRR。目前，很多基础设施领域的社会资本均具有相应工程资质，非常看重工程利润，项目的收益分为工程利润和投资收益两大部分，其中工程利润暗含在项目造价中，投资收益是采购的中标价，也是显性的收益水平。在方案设计、政府与社会资本洽商过程中，应坚持"盈利不暴利"原则设定收益率，并且应经过测算、论证后统筹考虑。目前，相对合理的项目整体预期收益率区间如下：全部投资内部收益率IRR

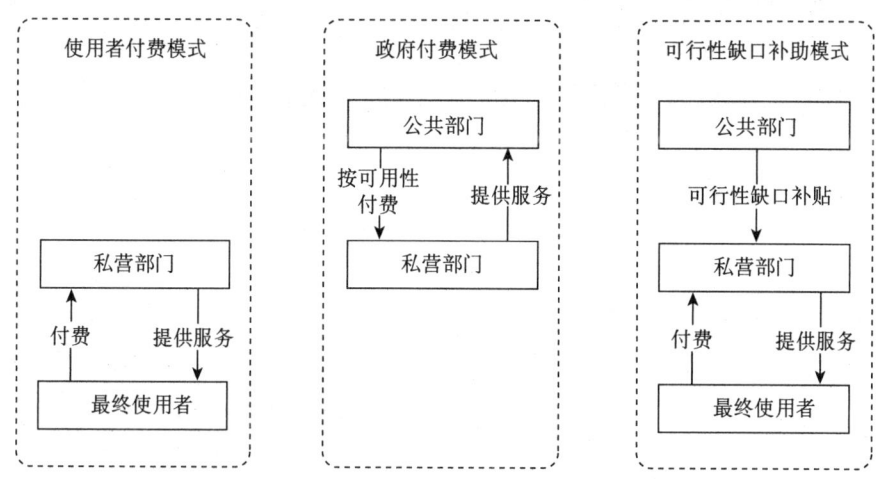

图 5-3　PPP 项目的回报机制

在 6%~8%，社会资本自有资金内部收益率 IRR 在 8%~12%（考虑工程利润后）。社会资本对 PPP 项目的收益指标要求，在不同时期随着央行中长期贷款基准利率、行业平均利润水平、竞争环境等变化。

PPP 项目定价需要平衡一些目标：（1）规定的服务标准及相关成本；（2）客户的支付意愿及能力；（3）成本回收；（4）私人经营者的经济要求（投资利润率）；（5）补贴需求/可得性。政府应根据不同的制度环境、风险和监管目标，采取不同的定价方式，同时，还要设立动态调节、调价机制。通常定价是量、价结合，进行综合性、结构化定价，根据项目特性有时需要结合需求，建立分段的利益共享或超额收益限制机制。

（二）PPP 项目合同体系

PPP 项目合同是其他合同产生的基础，也是整个 PPP 项目合同体系的核心。在整个合同体系中，与政府最直接相关、最重要的合同是 PPP 项目合同，其次是股东协议（公司章程），但股东协议是基于政府入股项目公司情形下的签署的合同。如政府不入股，则不存在与政府相关的股东协议。

PPP 项目必须基于平等合作的理念，按照权责对等原则合理分配项目风险，按照激励相容原则科学设计合同条款，明确项目的产出说明和绩效要求、收益回报机制、退出安排、应急和临时接管预案等关键环节，实现责权利对等。在合同约定、谈判与执行过程中，还应关注以下几个方面：风险分担方面、项目建设的规范与造价确认机制、投融资、运营方面、绩效与支付方面、违约等。

第三节　PPP 项目运作流程的衔接、优化

　　PPP 操作程序与基本建设程序各有利弊，两者应进一步衔接、优化。但是，这并不意味着两者简单的叠加、重组，仍需要以 PPP 核心本质、契约为线索展开。

　　PPP 操作应摈弃部门之争，进行协同作战，与社会资本形成良性互动、紧密合作关系。在现有的政策、实践基础上，进一步完善法律法规、政策、操作指南，形成统一、协调的管理体制与跨部门协调机制。PPP 领域最好不可一分为二或割裂运行，PPP 程序在与基本建设程序对接时要结合项目特性区别对待，但总体基调仍应为简政放权、做好后续有效监管和服务。

　　前期策划、论证阶段将部分环节适当精简、整合。可以考虑将 PPP 程序、基本建设程序两者的部分环节精简、融合。发起 PPP 项目应先符合总体规划，并且，所有项目均应编制具有一定深度的可研报告，可考虑将可研、实施方案和财政承受能力评价等组合在一起，构成 PPP 决策的基本体系。当然，也可考虑将物有所值评价和财政承受能力评价并入 PPP 实施方案，或部分性融入可研报告中。此外，应将 PPP 项目合同或合作协议置于核心地位，高度重视合同责权利安排，以契合实施方案、论证意见。

　　在审批环节，积极推行"多评合一、并联审批"，部分前期工作或审批程序放在社会资本遴选完成后或项目正式开工前完成即可。强调绩效和产出导向，简化工程招投标、施工建设、运营等工作的审批程序，实施差别性监管。政府要重点审查投资额与政府付费或补贴紧密相关的公益性项目或准经营性项目，严格把控造价、质量、安全和进度。对于使用者付费项目以及对技术、运营等能力要求较高的项目，政府应依据合同约定，更多地尊重、采纳社会资本的合理的专业意见、给予社会资本方更多自主权，并发挥其积极性、专业性。

第六章

项目全生命周期的风险分担与应对

在 PPP 长达数十年合作期内,很多风险无处不在且难以预测,极易引发合同争议乃至项目失败。采用 PPP 模式的目的之一不是尽量多地将风险转移给相对方,实际上,合理的风险分担与对应的激励机制是 PPP 的核心理念之一。国内外 PPP 项目风险形成机制与表现特征不同,PPP 项目的成败很大程度上取决于是否对风险进行了有针对性的识别、评估和管控。本章重点分析了国内外 PPP 项目的主要风险,以及风险的分配、防范、应对的思路和框架。

第一节 PPP 项目失败案例回顾与风险特点

一、国内外 PPP 失败案例概览与初步分析

PPP 项目风险大,不确定性因素多,很容易造成失败。不论是在国外还是国内、发达国家还是发展中国家,都有很多失败案例。部分国外 PPP 失败案例见表 6-1。

表 6-1　　　　　　　部分国外 PPP 失败案例一览

项目名称	国家或地区	描述	问题
英法海峡隧道项目	英国、法国	英法海峡隧道横穿多佛尔海峡,连接英国多佛尔和法国桑加特,全长约50公里(其中37.2公里在海底,12.8公里在陆地下面),堪称20世纪最大的基础设施建设工程。1981年9月11日,英法两国首脑宣布英法海峡隧道必须由私营部门出资建设经营。1986年经过公开竞标,英法政府和英国的海峡隧道集团与法国法兰西曼彻公司组成的联合体签署特许权协议,授权建设经营海峡	与前期测算相比,成本剧增、收益严重不足,导破产

续表

项目名称	国家或地区	描述	问题
英法海峡隧道项目	英国、法国	隧道 55 年（含建设期 7 年）。两国还承诺在 2020 年前不会修建具有竞争性的第二条海峡隧道 项目最初投资预算为 60.23 亿英镑，其中 10.23 亿为股权资金，由英国的海峡隧道集团和法国法兰西曼彻公司各出资 79% 和 21%。由海峡隧道集团和法兰西曼彻公司股东组成的 Trans Manche Link（TML）联合体是项目的总承包商，负责施工、安装、测试等。1986 年 8 月 13 日，上述两家公司联合成立合伙制公司——欧洲隧道公司作为项目运营主体，并与 TML 签订施工合同。 隧道于 1987 年 12 月 15 日正式动工，1994 年 5 月 6 日正式投入运营 但由于项目建成后轮渡、航空等跨越海峡方式的价格竞争影响了欧洲隧道公司的收入，因而无法保证隧道经营者因"项目唯一性"而获得稳定的投资回报。此外，英法政府在建设期间要求增加安全管理和环保措施导致了施工成本的增加和工期的延迟，在施工结束后又延迟发放欧洲隧道公司的营运许可证书，使得隧道正式开通时间一拖再拖，项目现金流进一步恶化 在项目公司要求下，两国政府最终于 1997 年同意将特许期限由 55 年延长至 99 年，但是项目公司在运营的前十几年背负了巨大的财务负担，最终于 2006 年不得不申请破产保护。2007 年 7 月 2 日，债务重组后的欧洲隧道集团在伦敦和巴黎交易所上市，接替负责隧道的经营	与前期测算相比，成本剧增、收益严重不足，导破产
伦敦地铁	英国	1997 年大选后英国政府开始考虑新的资金筹措方式，考虑到完全私有化不符合地铁准公共产品的特殊属性，政府倾向使用 PPP 模式对整个地铁进行升级改造。经过 4 年多的论证和试行，分别于 2002 年 12 月和 2003 年 4 月签署了 3 份 PPP 合同，将 30 年的特许经营权分别转让给 SSL、BCV 和 JNP 3 家公司。采用"设计－建造－融资－运营"的 DBFO 模式，3 家公司分别负责不同类别的地铁的维护和修复，而运营和票务依然由伦敦地铁公司负责。基础设施公司的回报由固定资产和业绩决定。2008 年 Metronet 联合体宣告破产，该 PPP 项目的失败直接导致英国政府损失超过 41 亿英镑；2010 年另一个 PPP 联合体 Tube Line 也宣布破产。Tube Line 最初希望政府为其更新的 Piccadilly 和北方线支付 68 亿英镑，但是政府的仲裁人只核定 44 亿英镑的费用，因此该公司只好破产。伦敦地铁支付了大约 3.1 亿英镑回购了他们的股票	政府监管不力，私营企业管理混乱，缺乏创新动力，最后破产后重新国有化

续表

项目名称	国家或地区	描述	问题
加州 91 号快速路（SR91）项目	美国	加州交通部以及橙县交通局与私营合作方 CPTC（California Private Transportation Company）于 1990 年 12 月就"加州 91 号快速路"项目签订了特许经营合同。根据合同，CPTC 全权负责该项目的建设，包括设计、融资、建造以及运营和维护。"加州 91 号快速路"于 1995 年 12 月顺利完工并投入使用，成为美国交通史上的一个创举：它是美国 50 年以来第一条利用私营资金建造的收费公路，是美国第一个使用浮动收费标准（采取拥堵定价收费方法）的收费公路，也是世界上第一个使用电子收费卡进行全自动收费的公路 根据特许经营合同，主要有两部分核心内容：一是交易结构。特许经营合同规定在项目建成投入使用之后 CPTC 将获得 35 年的运营权并独享该项目的全部收益；项目最终造价是 1.3 亿美金，其中包括 2000 万 CPTC 的直接投资，其余为 CPTC 银行贷款。二是重要条款。特许经营合同中包含了一项非竞争条款（也称为排他性条款）：政府承诺在 2030 年之前不在该项目沿线两侧一英里半的范围之内新建具有竞争性的道路，或者升级、拓宽具有竞争性的现有道路；私营方 CPTC 称这一项条款对保护项目的合理收益至关重要。这在当时国际上的高速公路特许经营项目中也是一种常见的做法 在项目运营头 5 年，很多使用者出于项目公共利益考虑，普遍支持采取拥堵定价方法。但在项目运营 5 年后，高峰时期使用率一度下降至预测值的 43%。高速公路使用率下降带来两个负面结果：一是免费车道拥堵程度成倍增加；二是为了弥补损失，特许经营者会提高收费标准，这一举措将违反了特许经营协议中描述的收费标准有关规定。由于橙县 1990 年代末持续、快速地发展，当地交通出行量节节攀升，91 号公路上的交通拥堵和安全问题又再一次地摆在了政府面前。迫于当地民众的压力，加州政府 1999 年 1 月宣布将在 91 号公路上新建车道并连接到附近的另一条公路，以缓解交通压力。私营方称加州交通部拓宽 91 号公路的计划违反了 PPP 合同中的非竞争条款，并要求其对此进行赔偿。在法院的调解下，政府和私营方于 1999 年 10 月达成了协议 公私双方矛盾加剧，特许经营者向法院提起了反对扩容计划的法律诉讼。公共机构最终于 2002 年以近 2.1 亿美元（比项目造价高出 8000 万美元）的价格回购了"加州 91 号快速路"，才得以解决非竞争条款的限制。自 2003 年起，"加州 91 号快速路"作为一个政府收费公路项目交由橙县交通局运营管理	非竞争条款存在分歧，政府不得不花巨资赎回以提前终结项目

续表

项目名称	国家或地区	描述	问题
墨西哥国家电信（Telmex）	墨西哥	1990年，卡洛斯·埃鲁收购了墨西哥国家电信公司（Telmex）。Telmex控制全墨西哥90%以上的电话业务。埃鲁可以制定高于任何发达国家的收费标准，而用户除了按其要求缴费别无他法	反垄断法缺位，监管不力，垄断暴利
收费公路、机场和发电项目	墨西哥和哥伦比亚	20世纪90年代，为鼓励私人部门参与提供公共产品，哥伦比亚政府为多个机场和收费公路项目的收入提供担保，并与独立发电商签订长期购电协议，承诺公用事业付款。截止到2005年，由于项目收入低于预期，哥伦比亚政府已经向私人部门支付了20亿美元，许多项目的运营期限长达30~50年，令政府的"担保之路"漫长，财政不堪重负 墨西哥政府为促成PPP项目，强迫国有商业银行向收费公路项目提供融资，结果由于公路收益低于预期加上利率上升，政府不得不接管这些项目，并承担了近百亿美元债务	政府越位带来的财政负担
公用设施运营"泛市场化"	土耳其	2002年伊始，土耳其通过基础设施与公共工程的私有化加速国家的市场化。到2009年，共有6个港口、8条收费高速公路、2座跨海大桥、数家大型电厂、多家公立医院及国家电信陆续被卖给包括跨国公司在内的私人部门。对私人部门的涨价冲动，政府通过向居民发放"生活直补"来解决，财政被企业"牵着鼻子走"	垄断导致贫富分化引发骚乱

资料来源：财政部国际司、辽宁省财政科学研究所及其他。

由于PPP是一种新生事物，我国政府和社会资本普遍缺乏经验，PPP在我国的应用也遇到了诸多实际问题。从20世纪80年代以来，由于各种因素导致的PPP失败案例也不少，既有来自发达地区的，也有来自欠发达地区的，既有20世纪的项目，又有近年来的项目。部分国内PPP失败案例见表6-2。

表6-2　　　　　　　　部分国内PPP项目失败案例原因

案例序号	项目名称	出现的问题
1	国家体育场（鸟巢）	设计发生重大变更，出现商业化和公益性的冲突，政府提前收回运营权
2	福建泉州刺桐大桥（国内民营资本在PPP领域第一个）	协议不完善，出现竞争性项目，运营困难，2015年政府回购
3	杭州湾跨海大桥	方案及造价重大变更、实际收益远低于可研预期、民间资本退出

续表

案例序号	项目名称	出现的问题
4	兰州威立雅供水苯超标	严重环境污染，企业逐利与政府缺位
5	上海大场水厂	2004 年政府回购
6	天津双港垃圾焚烧发电厂	政府所承诺补贴数量没有明确定义
7	北京新里程肿瘤医院	项目失败
8	延安东路隧道	2002 年政府回购
9	连云港连云新城开发项目	规划调整、市场不景气，收益严重不足
10	山东中华发电项目	2002 年开始收费降低，收益减少
11	重庆大渡口港口	成本上升、市场需求不足、亏损严重

资料来源：亓霞、柯永建、王守清："基于案例的中国 PPP 项目的主要风险因素分析"，《中国软科学》，2009 年第 5 期。

从中可以得出，合法性、市场需求、产品/服务收费等元素发生变化，从而威胁到项目的正常建设和运营，甚至直接导致项目的中止和失败。简单对比中西方 PPP 项目失败案例，可以得出：西方 PPP 项目失败的原因主要是项目收益不足、政府监管不力，但是，对于中国而言，除了一般性商业风险外，政府信用、法规风险问题更为突出。

客观上讲，这些案例只是呈现了一部分 PPP 项目失败的原因，一个项目的失败往往不是单一风险作用的结果，而是表现为多个风险的互相作用，以上案例只是反映了一个侧面。从国内外失败案例来看，PPP 项目出现失败似乎是难以完全避免的，但需要认真识别、积极防范和应对，以降低失败概率和风险应对成本。

二、PPP 项目的成功评判标准

项目成功（Project Success）的定义并不一致，这是一个经常被讨论却很难达成共识的话题。PPP 项目的失败相对容易判定，但评价一个 PPP 项目的成功是一个更不容易达成的事项。英国 PPP 项目总体比较成功，但也存在很多批评，如隐匿债务、成本过高、服务质量差等。通常情况下，PPP 项目的成功与效率被认为同义，如目标的实现程度。但是，随着时间的推移，环境发生变化，参照的标杆也在变化，则会导致当初认为有效的目标设定发生较大偏差。

在我国亦是如此，以广西来宾 B 电厂 BOT 项目为例，该电厂完整经历了 PPP 全生命周期，但对其是否成功依然存在争议。1988 年，电荒持续困扰广西，广西政府计划投资 27 亿元，在来宾 A 电厂附近建设一座火电厂，称之为 B 厂。B 电厂 BOT 项目于 1997 年 7 月正式建成，是中国第一个经国家批准的 BOT 试点项目。2015 年 9 月，该项目的圆满移交为我国第一个规范的 PPP 项目画上句号，影响可谓深远。在20世纪90年代，法国电力国际和通用电气阿尔斯通凭借具有竞争力的投标方案和法国出口信贷COFACE的大力支持，最终获得来宾B项目的特许经营权。法国电力国际是直属法国政府所有的公司，具有丰富的国际投资和电厂经营经验；通用电气阿尔斯通是一家跨国的设备制造厂商。项目主要包括三大合同协议：特许权协议、购电协议和燃料供应和运输协议，其中最主要的特许权协议规定了项目公司和广西政府双方的主要权利和义务。广西政府与项目公司签订特许权协议，并为购电协议、燃料供应和运输协议和电力调度协议提供担保。广西方面承担的是市场风险、汇率风险、政治风险，政府的担保和激励措施降低了项目中的很多不确定性。

在18年运营期里，外界对其高利润高电价、项目无风险的质疑声音也从未中断过，尤其是该项目上网电价远超隔壁A厂。双方合作中存在磕碰，中方也交了不少学费。后续双方通过降低超发电电价、置换贷款等一系列举措进了再谈判和调整。18年间，由于种种原因，各地的BOT电力项目纷纷撤销或改制。但该项目是首个经国家批准的BOT试点项目，在成功运营18年后如期移交政府，实属不易。并且，项目移交后，广西还收获了净值约为12亿元的72万千瓦机组火电厂，至少还能运营15年。

客观讲，在当时环境下合约双方在运营管理、项目融资、合同体系、风险控制、制度安排、冲突解决等方面的创新之举，为我国推进PPP模式提供了重要借鉴，成为我国PPP模式的经典案例。抛开成败不论，单就从一而终走下来、各方利益均有一定保障来讲，是非常不容易的，必要的"学费"也是应该的。关键在于今后如何吸取经验教训，更好地推进PPP。

PPP项目的双刃剑效应通常会导致认识、理解上出现分歧，评判一个项目成功反倒更难达成一致意见。政府更关注项目保质保量、按时完工，产出或功能令用户满意，但社会资本更关注财务绩效、权利和责任的对等与平衡等。故此，应理性对待PPP项目实施过程中的风险，鼓励在规则框架内博弈、协作，积极分担、应对风险。

三、中国PPP失败主要风险特点

（一）共同风险：市场或收益风险

项目收益风险（或市场风险）属于商业化风险，对于国内外PPP项目来讲，都是容易导致失败的主要因素之一。西方国家普遍前期工作耗费时间长，但前期的策划、规划、设计等工作充分、论证相对科学。即便如此，很多项目依然存在项目超支、收入与预期偏差较大等问题。我国地区发展很不平衡，市场需求波动性大，非常难以预测。对快速发展中的中国而言，市场风险及项目收益风险更为突出。以小城市、小城镇的供水、供热、污水等公用事业为例，这些民生工程需要超前供给以满足市民需求。但是近年来，很多地区人口增长缓慢、甚至人口外流很大，导致需求不足、产能闲置、成本分摊压力大、财政补贴压力大。再以在能源或矿产产地的高速收费项目为例，行业景气时，车流量大、收益高，但是，行业衰退后，很多高速公路陷入亏损。

市场需求是千变万化的，一旦发生重大偏差，当初的预期收益就难以实现。我国PPP领域法律法规不完善，各方的认知、专业性及实施能力有待提高，导致很多PPP项目合同约定空泛，缺乏相应的调整、再谈判机制。一旦发生商业风险，没有合同依据和应对措施，往往导致项目陷入僵局。如合作期间，遇到政府主要领导换届、政府干预等情况，则进一步更加剧了项目失败风险。

社会投资方参与PPP的主要诉求落在收益保障上。影响社会资本方收益水平的主要因素有三个方面：一是定价机制；二是价格调整机制；三是预期外因素导致实际收益发生变化。很多PPP项目失败除了市场和收益风险外，很大程度上是各种非商业风险造成的，尤其是政府信用风险。

（二）突出风险：地方政府信用风险

与西方相比，我国PPP项目失败风险尤其突出的是政府信用、法规风险。导致PPP项目失败的风险因素虽然复杂多样，但是这些风险之间具有关联性，有些风险是起因，可以导致后续一系列的风险。我国政府信用风险是出现频率较高的一类风险因素，也是导致PPP项目失败的主要诱因之一。

政府信用风险发生不仅是单方面原因，具有复杂性、多样性。一是民众反对。由于PPP项目大多都是基础设施，这些项目与公众利益、国计民生密切相关，特别是收费、环保等敏感问题备受关注。一旦遭到公众反对，政府迫于压力也无法兑现原有的承诺，导致政府承诺难以履行。二是过度、违规承诺，难以兑现。某些地方政府为了提升政绩、急于招商，在合同中存在一些超越本级财政承受和实施能力、本级权限的违法违规承诺事宜，最终产生信用风险。当然，这其中有些是政府主动承诺的，也有些是来自社会资本方的不合理、不合规的诉求。地方政府限于专业性、招商落地等原因，往往先承诺下来再说，一旦出现风险或领导换届，就出现重大纠纷。三是政府部门支持不力，履约不到位。很多项目由于地方政府不具备最终审批权或不作为，导致土地、配套、项目审批等无法如约执行，最终PPP项目实施举步维艰，陷入失败。四是地方财力有限，财政支出压力大、难以执行。很多PPP项目尽管约定了政府的各种义务和补贴，但是，地方财力往往入不敷出，再加上预算约束不强，导致财政承诺难以兑现。五是主要领导换届。多数PPP项目合作周期长，历经多届政府，往往新官不理旧账，由此造成的风险急剧增加。有研究表明，政府换届带来的项目失败风险是不换届带来的失败风险的2倍以上。这些都导致社会资本往往难以把控风险，缺乏有效的救济途径。

简言之，PPP项目最大的风险来源于政府信用，包括政府公信力（政府承诺能否如约兑现）和政府支付能力（政府是否有能力兑现承诺）。

第二节 一个分析框架：合理的风险分担与激励机制

一、私人部门的风险与收益机制

风险是损失的不确定性，可简单表示为事件发生概率及其发生后果或损失的函数。由于PPP项目全生命周期过程中，各种风险都客观存在，不同的管理主体在应对风险方面的能力有差异、应对成本有差异，合理的风险分担机制安排有助于降低概率、减少损失。

PPP项目周期长，市场需求具有不确定性，私人部门未来的利润指标也随之波动，可能有些年份盈利，有些年份亏损。对长期性投资而言，通常立足于资金的时间价值角度，私人部门的投资回报率主要用内部收益率（IRR）来度量。IRR为全生命周期投资的净现值（NPV）等于零时的收益率，计算原理如下：

$$\sum_{t=0}^{n} (CI_t - CO_t)(1 + IRR)^{-t} = 0$$

其中，$(CI_t - CO_t)$是第t年的净现金流量，CI_t是第t年的现金流入（项目未来的投资收入），CO_t是第t年的现金流出（项目前期投资、非折旧的经营及维护成本等）。

当IRR≥基准收益率时，私人部门认为投资具有可行性，反之，则无投资意愿。通常，基准收益率可以认为是其权益资本收益率，计算公式如下：

$$K_s = R_f + \beta (R_m - R_f)$$

其中，K_s是在给定风险水平条件下预期报酬率，R_f为无风险投资收益率，β为风险矫正系数，R_m为资本市场的平均投资收益率。权益资本收益率等于无风险利率加上风险溢价，投资人必须考虑风险对应的收益。

对私人部门而言，其收益率通常要考虑资金成本、机会成本，尤其是应考虑投资风险。未来收入（CI_t）通常与市场需求、产出水平等有关，存在较大不确定性，通常投资人随着风险程度要求的风险补偿也随着增大。否则，投资人会通过降低支出（CO_t），也即牺牲质量或绩效来确保 IRR 不过于降低。进一步而言，如果政府将风险过度向私人部门转移，私人权衡风险的可承受性取决于 IRR 敏感性变化水平。如让私人部门承担较大风险、负担重大损失，私人部门出于自利行为，很可能通过各种方式降低损失或要求较高的补偿，必然影响项目绩效。

二、风险分担与激励相容的分析框架

目前，PPP 的风险分担现实和理论上，存在两个误区和一个模糊性原则。两个误区表现在：其一是单边风险管理思维，最大化转移风险给对方，尤其是很多地方政府认为 PPP 是全部或绝大部分将风险转移给私人部门。第二个误区是私人部门将承担风险看成是获得高额回报的机会，要求更多的控制权和收益权。一个模糊性风险分担原则，就是让对风险最有控制力的一方承担该风险，这也为多数专家学者认可。事实上，以上两个误区不利于 PPP 风险防控和发挥协同效应。此外，最优风险分担是暂时性博弈均衡，很难完全界定清晰，风险分担机制安排是动态发展的，需要考虑承受力、偏好、风险的净收益等因素。

通常，风险与收益是对等的，风险应对也需要花费成本、自身也承担着"风险"。我们可以先假定各方能相对清晰界定风险源，相对准确预测风险后果及对等收益。由于初始评估阶段和实施阶段存在较大差异，则私人部门的风险收益、政府的 VFM 资金价值都会随着风险而变化。在变化过程中，两者分别代表了生产者剩余水平或消费者剩余水平的变动，由此我们可以考察 PPP 项目效率和社会总福利情况。

私人随着承担的风险程度加大，其应对风险的补偿收益呈现边际收益递减现象，即风险收益先上升、后下降，甚至存在无法控制风险而导致更大损失的问题。对于政府而言，随着风险剥离，资金价值也存在类似的边际效益递减规律，即大多数学者认为的风险分担与项目绩效之间并非简单的正相关或负相关关系。很显然，尽管政府作为公共利益的代表，但将风险完全转移给私人部门是不适当的，可能不利于项目效率。此外，风险承担方通常会要求较高的风险溢价，但风险对价过高，往往会造成风险应对的不经济。任何一方都不应将风险最大化转移给另外一方，同时，任何一方也不应主动承担所有风险，而应寻求风险的最优分担格局。在此基础上提出如图 6-1 所示的合理的风险分担及激励框架和区间。

在该分析框架内，r_1 为传统政府采购方式私人承担的风险，如采用 EPC（设计施工总承包）方式下私人承担的风险，在该点上，政府的 VFM 价值是 0。在风险区间（$r_1 - r_m$）之间，尽管私人存在风险收益递减现象，但私人总的收益依然再不在增加，故私人依然有承担风险的意愿；但如果风险承受超过 r_m，私人则

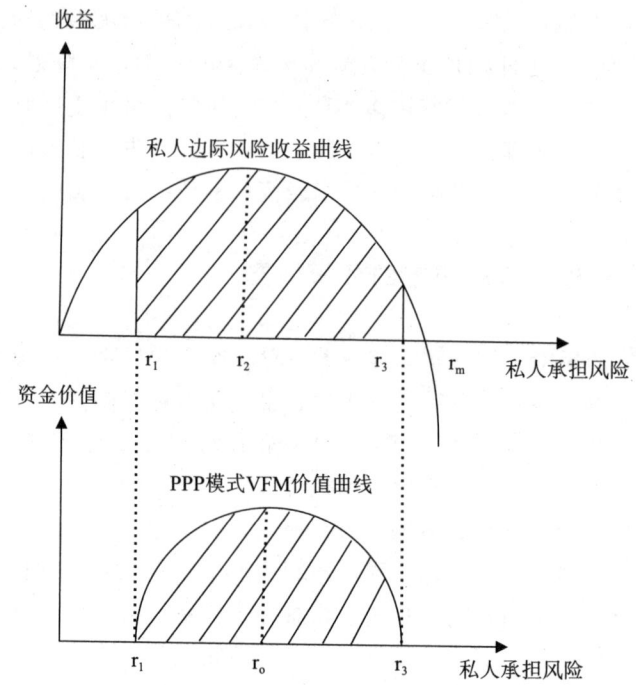

图 6-1　合理的风险分担及激励框架及区间

会出现净损失，导致私人无承担风险的意愿。但对政府而言，在私人承担风险区间（r_1-r_3）之间，政府的资金价值为正，如果在区间（r_3-r_m）之间，尽管政府将大部分风险都转移给了私人部门，但其让渡给私人的利益过大，实际上对社会福利，尤其是消费者剩余而言是不经济的。对私人而言，最高风险收益点为r_2，对政府而言，最优风险分担点为r_o。如果$r_2=r_o$，则说明项目资金价值与私人利润均同时达到最大化均衡，社会福利和效率达到最大化，但这通常是理想化情况。在现实过程中，合理的风险分担应在区间（r_1-r_3）之间，即图中阴影部分，但在风险分担、激励实施过程中，应力求让风险分担点接近政府最优风险分担点r_o。也即合理的风险分担区间（r_1-r_3）之间的某一个靠近r_o风险及收益组合点是相对优的选择。

三、框架涵义与政策主张

有些人认为"采用 PPP 模式就是要把尽量多的风险转移给私营部门"（主要是公共部门官员）、"承担更多的风险就可以获得更多的回报（从而把承担风险看成是获得高额回报的机会）"（主要是私营部门人员），这些观点都是片面的。事实上，让私营部门承担其无法承担的风险，一旦风险发生时又缺乏控制能力，必然会降低提供公共设施或服务的效率和增加控制风险的总成本（包括公共部门的成本）。效率和总成本与风险分担的关系不是简单的正相关或负相关，只有达到最优风险分担时，才能实现效率最高和总成本最低。

PPP 项目不在于风险的最大化转移或剥离，而重在风险合理分担和激励机制安排。风险分担策略取决于决策者对风险的态度和承受力、对价水平。风险分担要考虑三个基本要素，即概率（probabilities）、价格（price）和偏好（preferences），让最有能力管理风险的一方在获得相应收益的基础上积极管控风险，才有可能在适当的成本下将损失降低。通过合理的风险分担机制，可以有效激发私人部门的创新、意愿、能力，以更好地发挥管理理念、机制、技术与方法等方面优势，实现互利双赢。

因而，风险分担与激励机制的构建应立足于减少风险发生概率、降低风险发生后造成的损失和风险管理成本，这就要求在恰当的激励机制或对价下，让最有能力控制风险的一方承担该风险，以使得风险的净收益最大或净损失降到最低。同时，管理主体有积极性进一步提升创新、管理能力，在控制风险的同时，获得额外收益。即操作过程中，承担风险的一方：

（1）应该对该风险具有控制力；
（2）能够将该风险合理转移；
（3）对于控制该风险有更大的经济利益或动机；
（4）由该方承担风险最有效率；
（5）如果风险最终发生，承担风险的一方不应将由此产生的费用和损失转移给合同相对方。

按照风险分配优化、风险收益对等和风险可控等原则，综合考虑政府风险管理能力、项目回报机制和市场风险管理能力等要素，在政府和社会资本间合理分配项目风险。

第三节　风险分配的一般性原则、安排与复杂性

一、常见项目的各类风险描述

（一）政治风险

基于政治、政府和官员的风险，足以导致项目失败、合同的变更或失效，主

要有以下几点：

1. 审批延误

审批延误风险主要是指由于项目的审批程序过于复杂，导致立项周期过长和项目成本过高，且批准之后对项目的性质和规模进行必要的商业调整非常困难，给项目的正常运作带来威胁，比如某些行业里一直存在的成本价格倒挂现象。或者项目建设期一再推迟，致使原来的审批超过时效。

2. 政治决策失误风险

政治决策失误是指由于政府的决策程序不规范、官僚作风、缺乏 PPP 项目运作经验和能力、前期准备不足和信息不对称等导致项目决策失误的风险。

3. 政治反对风险

政治反对风险是指由于各种原因导致公众利益得不到保护或受损，从而引起指责甚至公众反对项目建设所造成的风险。

4. 政府信用风险

政府信用风险是指政府不履行或拒绝履行合同约定的责任和义务而给项目带来直接或间接危害的风险，以及项目相关的基础设备、配套设备不到位引发的风险。包括因政府换届、负责人变更、实施单位职能调整、合并分立或撤销而可能导致政府的违约风险，以及政府无法承担过高的履约成本而拒绝履行合同义务所导致的风险。

5. 政府官员腐败风险

政府官员腐败风险是指政府或官员或其代表利用其权力影响力要求或索取不合法的财物，直接增加项目公司在关系维持方面的成本，并加大了政府在将来的违约风险。

6. 国有化或征收风险

主要是指在特许期届满前收回特许经营权，或项目被征收的风险。

（二）政策法规风险

普适性的法律、法规、规章、规范性文件的修订或变更导致项目不利的风险，主要包括：

1. 法律及监管体系不完善风险

PPP 项目涉及的法律法规比较多，我国 PPP 项目还在起步阶段，现有的 PPP 立法，层次较低、效力较差、相互之间存在某些冲突、可操作性差、部门利益之争等原因造成的风险。

2. 法律法规变更风险

由于执行、颁布、修订、法律解释、政策改变等导致项目的合法性、市场需求、收费、合同的有效性等变化，从而危害到项目的正常建设和运行，甚至导致项目终止或失败。

3. 民事、行政、刑事责任风险

在项目中的一些不法行为所导致的法律风险，比如环境污染、滥用职权、安全事故等。

4. 公共政策及法律法规变化风险

公共政策及法律法规变化风险主要是指由于有关公用基础设施项目的监管政策。譬如国家或地方明确的特许权制度规定出台或更改，涉及公用基础设施项目的土地、税务、环保标准、基本建设程序等方面的法律法规的变化等。

（三）财税与金融风险

1. 税收风险

国家和地方的税收政策、收费政策的变更和调整所产生的风险。在我国目前实践中，主要体现在增值税，其次是行业的所得税优惠。

2. 利率风险

存贷款基准利率和市场利率水平以及国债利率水平的波动等引发的风险。

3. 汇率风险

包括外汇汇率波动风险和外汇兑换成本风险。

4. 通货膨胀风险

整体物价水平上升、货币的购买力下降所导致的成本上升风险。通货膨胀风险主要包括运营成本中的原材料、管理费用等在内的综合物价费用的上涨。严重的通货膨胀有可能导致净现值为正的项目盈利为负，已确定的产品或服务价格不能维持项目的持续运行。

（四）融资、建设风险

1. 融资风险

指由于融资结构不合理、金融市场不健全、融资的可及性等因素引起的风险，其中最主要的表现形式是融资困难，如逾期未能完成融资，或融资成本过高，或未能在预期的条件下融到所需资金等，很可能就会导致违约甚至项目失败。

2. 建设风险

包括工程设计风险、工地状况风险、施工风险、技术风险、安全事故、工程进度风险、工程质量风险、工程成本风险、工程管理风险、历史文物风险以及竣

工验收风险,也包括因工程设计或工程建造等原因而导致试运行风险、项目产出不达标风险等。主要如下:

(1) 地质勘察风险。项目所在地的地质条件的不确定性所反映的地质勘察风险、地质资料不全风险,也包括工地的不利地质风险。

(2) 设计风险。项目方案设计不合理以及适用性不强,或由于需求变化、新材料、新工艺的发展而导致设计的变更,导致项目布局不合理、技术方案出现较大变更、建设费用增加、工程拖延等。

(3) 施工条件风险。主要包括施工工地风险,为项目提供的水、电、道路条件的变化风险,以及其他施工所需条件的变化所导致的风险。

(4) 工程质量风险。违背建设程序,在建设过程中不按建设程序办事,未搞清地质情况就仓促开工,边设计边施工或不经竣工验收就交付使用等,或由于监理不到位、材料技术等使用不符合标准等因素造成的质量问题。

(5) 安全、环境、健康风险。材料设备及施工工艺落后,防护设施不全,或施工人员专业技能水平低,缺乏有效的安全培训,在建设过程中由于操作不当导致事故。

(6) 建设成本超支风险。项目原成本数据不准确,估价错误,工程方案变动的工程量增加、工期延长、人工、材料成本增加等。或项目建设单位缺乏全面专业化的基建管理经验和专业工作人员,在工程勘察设计审计、工程质量控制、工期控制以及成本费用控制方面未能达到专业化标准,工作效率低下,造成建设成本上升。

(7) 完工风险。除不可抗力外,工程建造过程中由于施工方时间、作业人员安排不合理等原因造成工程拖延,导致项目不能按照合同约定及时完成。

(五) 市场、运营风险

投资人在含运营过程的项目中面临着各种市场、运营风险,主要包括:

1. 项目唯一性风险

指政府或其他投资人新建或改建其他相似项目,导致对该项目形成实质性商业竞争而产生的风险,该风险会引发市场需求变化风险、市场收益风险、信用风险等一系列后续风险。

2. 物资供应与价格风险

工程建造及项目运营过程中的原材料、能源及其他项目所需物资的供应量、供应及时程度的不确定性,以及原材料、能源及其他项目所需物资的价格波动所带来的风险。

3. 市场收益不足风险

指项目运营后的收益不能收回投资或不能达到预定水平的风险。

4. 市场需求风险

由于宏观经济、社会发展、人口规模的变化、法律法规调整等因素产生项目市场需求变动风险，导致市场预测与实际需求之间出现差异而产生的风险。该项风险不包括供给竞争风险的影响。

5. 收费困难与变更风险

收费困难风险是指政府或使用者付费计量的准确性以及费用收取的及时性、可得性所产生的风险。收费变更风险指由于PPP产品或服务的收费价格过高、过低或者收费调整不弹性、不自由导致项目公司的运营收入不如预期而产生的风险。

6. 项目运营管理不善风险

管理风险指生产运营过程中因管理不善而引起的成本增加或利润减少。包括财务管理风险、外部合作机构管理风险，以及管理成本超支等风险。如管理制度不健全导致运营成本增加；管理人员决策失误导致运营亏损；技术、质量等方面不善引起的运营风险；生产技术人员与经验不足而引起的原材料的浪费等。

7. 项目移交风险

因运营期超负荷运行、过度使用、维护不力等情形，造成合作期限届满时，项目状况无法达到移交要求引起的风险。

（六）社会资本信用或违约风险

社会资本因财务状况、经营管理团队的变化、企业并购、破产或倒闭而可能导致社会资本的违约风险，以及社会资本无法承担过高的履约成本而拒绝履行合同义务所导致的社会资本违约风险。

（七）不可抗拒的自然风险

不可抗力指合同一方无法控制，在签订合同前无法合理防范，情况发生时又无法回避或克服的事件或情况，如自然灾害或事故、战争、禁运等。地震、台风、冰雹等自然灾害的发生会造成项目停运或影响项目运转效率。不可抗拒的自然风险对政府和投资人都会产生影响。

二、风险分配的一般原则、安排与流程

（一）风险分配的原则与安排

风险分担是贯穿PPP项目生命周期的核心问题，合理的风险分配有助于降低

交易成本、提升项目效率。合理分担风险直接关系到协议各方的经济利益，是PPP项目成功的一个重要因素。风险分担的不合理必然会增加协议一方的成本，从而影响合作方的积极性并可能导致项目失败。合理的风险分担原则必须具备两个功能：（1）减少风险发生的可能性、风险发生后造成的损失和风险管理的成本，使PPP项目对各方都具有吸引力；（2）培养各方理性和谨慎的行为，即各方要有能力控制分担给己方的风险，并为项目的成功而有效努力。

承担风险的一方应该对该风险具有控制力，且有更大的经济利益或动机，风险分配过程也往往存在政府、社会资本谈判、博弈过程，权衡各方意愿。风险分担与应对的原则如下：

（1）最优风险分配原则。在受制于法律约束和公共利益考虑的前提下，风险应分配给能够以最小成本（对政府而言）、最有效管理它的一方承担，并且给予风险承担方选择如何处理和最小化该等风险的权力。

（2）风险收益对等原则。既关注社会资本对于风险管理成本和风险损失的承担，又尊重其获得与承担风险相匹配的收益水平的权利。承担的风险程度与所得的回报大小相匹配。

（3）风险可控且有上限原则。应按项目参与方的财务实力、技术能力、管理能力等因素设定风险损失承担上限，不宜由任何一方承担超过其承受能力的风险，以保证双方合作关系的长期持续稳定。社会资本承担的风险要有上限，超过上限，启动重新谈判或调节/调价机制。

在PPP项目操作过程中，综合考虑政府风险管理能力、项目回报机制和市场风险管理能力等要素，在政府和社会资本间合理分配项目风险。我国相关政府文件指导的风险分配原则与安排见表6-3。

表6-3　　　　　　　　　风险分配原则与安排

文件名称	风险分配原则	风险分配安排
关于推广运用政府和社会资本合作模式有关问题的通知（财金〔2014〕76号）	按照"风险由最适宜的一方来承担"的原则，合理分配项目风险。在明确项目收益与风险分担机制时，要综合考虑政府风险转移意向、支付方式和市场风险管理能力等要素，量力而行，减少政府不必要的财政负担	项目设计、建设、财务、运营维护等商业风险原则上由社会资本承担，政策、法律和最低需求风险等由政府承担
国家发展和改革委员会关于开展政府和社会资本合作的指导意见（发改投资〔2014〕2724号）	构建有效的风险分担机制。按照风险收益对等原则，在政府和社会资本间合理分配项目风险	项目的建设、运营风险由社会资本承担，法律、政策调整风险由政府承担，自然灾害等不可抗力风险由双方共同承担

续表

文件名称	风险分配原则	风险分配安排
关于印发政府和社会资本合作模式操作指南（试行）的通知（财金〔2014〕113号）	按照风险分配优化、风险收益对等和风险可控原则，综合考虑政府风险管理能力、项目回报机制和市场风险管理能力等要素，在政府和社会资本间合理分配项目风险	原则上，项目设计、建造、财务和运营维护等商业风险由社会资本承担，法律、政策和最低需求等风险由政府承担，不可抗力等风险由政府和社会资本合理共担
PPP项目合同指南（财金〔2014〕156号）	(1) 承担风险的一方应该对该风险具有控制力；(2) 承担风险的一方能够将该风险合理转移（例如通过购买相应保险）；(3) 承担风险的一方对于控制该风险有更大的经济利益或动机；(4) 由该方承担该风险最有效率；(5) 如果风险最终发生，承担风险的一方不应将由此产生的费用和损失转移给合同相对方	(1) 通常由政府方承担的风险，包括：①土地获取风险；②项目审批风险；③政治不可抗力。(2) 通常由项目公司承担的风险，包括：①如期完成项目融资的风险；②项目设计、建设和运营维护相关风险；③项目审批风险；④获得项目相关保险。(3) 通常由双方共担的风险：自然不可抗力

以上文件只是一般性风险的分配指引，PPP项目的一般性风险分配原则见表6-4。

表6-4　　　　　　　　　PPP项目一般性风险分配表

风险类别	政府	项目公司或社会资本	共同承担
设计风险		Y	
融资风险		Y	
建设风险		Y	
运营维护风险		Y	
政策、法律风险	Y		
最低需求（使用量付费）	Y		
不可抗力风险			Y

当然，在实际操作中各种风险因素的分配方式不能一概而论，应结合各个主体的具体行为确定。比如：

1. 土地获取风险

通常根据政府方和项目公司哪一方更有能力、更有优势承担取得土地的责任的原则，来判定由哪一方负责取得土地：如果签署PPP项目合同的政府方是对土地使用权拥有一定控制权和管辖权的政府或政府部门，则该政府方负责取得土地使用权对于项目的实施一般更为经济和效率；如果项目公司完全有权、有能力根据我国法律规定自行取得土地使用权的，则可以考虑由项目公司自行取得土地使用权（如"招拍挂"），但政府方应提供必要的协助。

2. 项目审批风险

在遵守我国法律法规的前提下，按照一般的风险分配原则，该项条件通常应由对履行相关审批程序最有控制力且最有效率的一方负责满足，例如：如果项目公司可以自行且快捷地获得相关审批，则该义务可由项目公司承担；如果无政府协助项目公司无法获得相关审批，则政府方有义务协助项目公司获得审批；如果相关审批属于政府方的审批权限，则应由政府方负责获得。

3. 项目建设和运营维护相关风险

需求预测的风险。一是可用性付费模式（大部分的社会公共服务类项目以及部分公用设施和公共交通设施项目）通常与项目的设施容量或服务能力相关，而不考虑项目设施或服务的实际需求，因此项目公司一般不需要承担需求风险，只要所提供设施或服务符合合同约定的性能标准即可获得付费。二是使用量付费模式（污水处理、垃圾处理等部分公用设施项目）主要依据项目公司所提供的项目设施或服务的实际使用量来付费，因此，项目的需求风险通常主要由项目公司承担。在采用使用量付费用的项目中，通常通过设定最低使用量在一定程度上降低项目公司承担实际需求的风险，在此种情况下，政府需要承担实际使用量低于最低使用量的风险；也会通过设定最高使用量，有效防止政府因项目使用量持续增加而承担过度的财政风险。

原料供应风险。一是对于可在公开市场上购买的原料，例如原煤、水泥等，原料供应的风险和责任通常由项目公司自行承担。二是在原料无法从公开市场上取得、仅能由政府供应（例如污水、垃圾），或者项目公司无法承担有关原料供应风险的情形下，通常会约定由政府负责供应原料。

综上，以上只是实践中较为常见的风险分配安排，并非适用于所有项目，在实践中不同 PPP 项目合同中的风险分配安排可能完全不同。

（二）PPP 项目风险分配的流程

结合 PPP 项目全生命周期，可将项目的风险分担划分为三个阶段，且风险分担具有动态性博弈与均衡。一是风险的初步分担阶段（可行性研究阶段），公共部门初步判断哪些风险是公共部门和私营部门可以控制的，对于双方控制力之外的风险，留待下一阶段分担。公共部门最优控制力的风险（如税收、土地、审批等法规变化等）是公共部门应当承担的，其他风险（如设计、建设、运营等技术、商业风险)则转移给私营部门。二是风险的全面分担阶段(采购与谈判阶段),私营部门就第一阶段的风险初步分担结果进行自我评估,主要评估其拥有的资源和能力(包括经验、技术、人才等),据此判断其对第一阶段分担的风险是否具有控制力。对于双方控制力之外的风险(如自然灾害等),则经过谈判确定风险分担机制,之后私营部门计算风险价值并进行自我评估,提出风险补偿价格。风险分担达成一致意见后,双方将签订合同。三是风险的跟踪和再分担阶段(建设和运营阶段),跟踪已分担的风险是否发生协议各方意料之外的变化或者出现未曾识别的风险,再根据风险分担原则进行谈判,进行风险的再分担。风险分担的流程与逻辑见图6-2。

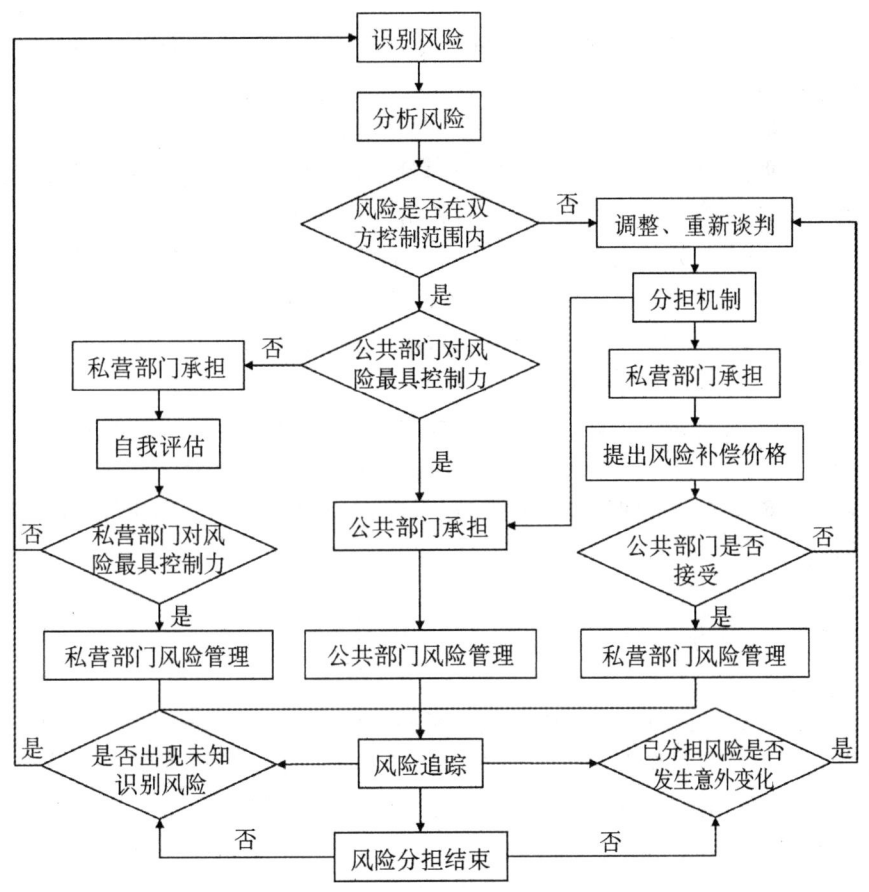

图6-2 风险分担的流程与逻辑

三、风险转移机制与复杂性

（一）项目公司的风险转移机制

项目公司也可以将其承担的风险转嫁出去，形成风险转移机制：

（1）建设期间的风险。项目公司通常会与承包商签订一个固定价格、固定工期的"交钥匙"合同，将工程费用超支、工期延误、工程质量不合格等风险全部转移给承包商。

（2）运营服务风险。项目公司可与专业运营商签订运营服务合同将运营维护中的部分或全部风险转移给专业运营商。

（3）原料供应的风险。项目公司通常会与原料的主要供应商签订长期原料供应合同，并且约定一个相对稳定的原料价格，通常包括"照供不误"的条款，即将部分原料价格及质量品质的风险转移给原料供应商。

（4）产品或服务的销售风险。项目公司通常与产品或服务的购买者签订购销协议，甚至约定"照付不议"条款，即约定一个最低采购量，不论购买者是否需要采购产品，均应按最低采购量支付相应价款，即将部分产品或服务的销售风险转移给产品或服务的购买者。

（5）保险可覆盖的风险。通过针对项目融资、建设、运营等不同阶段的不同类型的风险进行投保，包括货物运输险、工程一切险、针对设计或其他专业服务的职业保障险、针对间接损失的保险、第三者责任险等，转移该等保险可覆盖的风险。

（二）风险分配的复杂性

在实践中，不同行业、不同区域、不同合作主体间面临的实际情况不一样，可能导致 PPP 项目风险分配安排完全不同。此外，需要明确的是 PPP 的风险分配具有高度的复杂性、动态性特征，故此，应注重以下几个方面：

（1）设计、建设、运营等商业风险通常由社会资本承担，但可能由于政府单方原因，如重大标准的变更等造成的风险由政府承担。例如，政府前期工作深度不足、不断调整规划、技术标准、干预运营等单方行为，造成的损失自然由政府承担。政府方的参与必须有一定的限度，过度的干预不仅会影响项目公司正常的经营管理以及项目的建设和投运，而且还可能将本已交由项目公司承担的风险和管理角色又揽回到政府身上。PPP 项目与传统的建设采购项目完全不同，应恪守契约、各负其责、平等协商合作。

（2）不减轻或免除责任机制。通常由项目公司对其所作出的设计承担全部责任，政府方对设计的审查不能减轻或免除项目公司依法履行相关设计审批程序的义务。由项目公司负责按照合同约定的要求和时间完成项目的建设并开始运营，该责任不因项目建设已部分或全部由项目公司分包给承包商实施而豁免或解除。

（3）风险转移机制不豁免机制。风险转移机制指社会资本方或项目公司拟将本就由其承担的风险，通过各种方式（如分包、保险等）转移给其他方。但社会资本方对政府方所应承担风险责任并不因将该等风险转移给第三方而被豁免或解除。项目公司依然是责任主体，政府依然可以直接追责项目公司而非第三方。

（4）第三方责任风险的分配机制。在实施过程中应根据哪一方对第三方过错的风险最有控制力及最有效率来确定应由谁承担第三方过错的风险。比如项目建设运营过程中发生的第三人侵害的风险通常应由社会资本方承担，而如果政府方对第三人侵害更有控制力，则也应政府方承担相应范围的风险。

故此，不同PPP项目合同中的风险分配安排可能完全不同，并不能直接套用政策文件。具体PPP项目的风险分配需要根据项目实际情况，以及各方的风险承受能力和承担意愿，在谈判过程中确定。

第四节　项目全生命周期的风险分担与应对

一、通常的风险应对策略

PPP项目风险的应对策略主要包括：风险回避、风险自留、风险控制、风险转移。

1. 风险回避

风险回避是投资主体有意识地放弃风险行为，完全避免特定的损失风险。简单的风险回避是一种最消极的风险处理办法，因为投资者在放弃风险行为的同时，往往也放弃了潜在的目标收益。一般只有在以下情况下才会采用这种方法：

（1）投资主体对风险极端厌恶。

（2）存在可实现同样目标的其他方案，其风险更低。

（3）投资主体无能力消除或转移风险。

（4）投资主体无能力承担该风险，或承担风险得不到足够的补偿。

2. 损失控制

损失控制不是放弃风险，而是制定计划和采取措施降低损失的可能性或者是减少实际损失。控制的阶段包括事前、事中和事后三个阶段。事前控制的目的主要是为了降低损失的概率，事中和事后的控制主要是为了减少实际发生的损失。

3. 风险转移

风险转移，是指通过契约，将让渡人的风险转移给受让人承担的行为。通过风险转移过程有时可大大降低经济主体的风险程度。风险转移的主要形式是合同和保险。

（1）合同转移。通过签订合同，可以将部分或全部风险转移给一个或多个其他参与者。

（2）保险转移。保险是使用最为广泛的风险转移方式。

4. 风险保留

风险保留，即风险承担。也就是说，如果损失发生，经济主体将以当时可利用的任何资金进行支付。风险保留包括无计划自留、有计划自我保险。

（1）无计划自留。指风险损失发生后从收入中支付，即不是在损失前做出资金安排。当经济主体没有意识到风险并认为损失不会发生时，或将意识到的与风险有关的最大可能损失显著低估时，就会采用无计划保留方式承担风险。一般来说，无资金保留应当谨慎使用，因为如果实际总损失远远大于预计损失，将引起资金周转困难。

（2）有计划自我保险。指可能的损失发生前，通过做出各种资金安排以确保损失出现后能及时获得资金以补偿损失。有计划自我保险主要通过建立风险预留基金的方式来实现。

二、常见风险分配框架、应对措施

（一）通常的项目风险分配框架

PPP 项目通常的风险分配框架和矩阵见表 6-5。

（二）风险分配与应对案例

以污水处理厂、综合管廊为例说明 PPP 项目在风险分配及应对的具体做法，见表 6-6、表 6-7。

表 6-5　　　　　　　　　　　风险矩阵——一般性分配

风险类别		政府承担	社会资本承担	共同承担	备注
政治、政策风险	征收、管制、国有化	√			
	现有设施状况及相关规定	√			
	项目唯一性（没有竞争项目）	√			
	审批获得延迟	√			
	土地使用权	√			
	税率提高或降低			√	
	政府不支付费用	√			
	政府中止合同	√			
	政府的无所作为或负面作为	√			
	社会公众反对（环保，利益得不到保护、受损）	√			
建设（含设计、融资）风险	设计不当或缺陷		√		
	融资方式、融资成本高		√		
	土地拆迁与补偿	√			
	设备/材料进口限制			√	
	施工质量		√		
	工地安全		√		
	施工成本超支		√		视情形
	分包商违约		√		
	劳资争端		√		
	迟延提供施工图纸		√		
	工程变更所引起的工期、成本变化		√		视情形
	环境破坏（潜在的、现行的、持续的）		√		
	考古和历史文物的保护	√			
	完工风险，工期滞后		√		
	缺陷与隐蔽缺陷		√		
运营、移交风险	维护技术要求改变		√		视情形
	服务质量不好		√		
	运营商能力缺陷或违约		√		
	环境破坏		√		
	由于设计缺陷引起维护不达标		√		

续表

	风险类别	政府承担	社会资本承担	共同承担	备注
运营、移交风险	由于维护人员不遵守规程引起维护不达标		√		
	维护成本高		√		
	付费迟延	√			
	政府不支付费用	√			
	技术风险		√		
	劳资争端		√		
	停机时间过长或停止服务时间过长		√		
	项目公司破产			√	
	项目移交时不能满足即时的新要求		√		
市场和收益风险	收费/收益不足		√		视情形
	市场对产品（如电/水/气等）的需求发生变化		√		
	产品输送途径（如电网、水、气管等）中断		√		视情形
	产品使用费（电/水/气/过路/桥费等）收取困难		√		视情形
	其他收入不足		√		
	偷窃行为（如偷水、偷电、偷气等）			√	视情形
	燃油/煤等原材料的供应和价格发生变化		√		视情形
	政府对利润和收费价格的限制	√			视情形
财务及金融风险	通货膨胀			√	
	利率			√	
	外汇兑换率			√	
	外汇可兑换性			√	
法规变更	政府可控的法规变更	√			
	政府不可控的法规变更			√	
不可抗力				√	

表6-6 污水PPP项目风险分配与应对措施

风险类型	风险描述	分配风险方式与降低风险措施
设计风险	设计风险	政府负责并已完成的设计风险由政府承担，其他由社会资本承担。选择有经验/可靠的设计院
建设风险	完工延误风险	政府造成延误由政府承担，项目公司造成延误由项目公司承担，不可抗力延误通过保险规避风险
建设风险	建设成本超支风险	项目公司承担。选择有经验/可靠的承包商，采取固定总价合同
建设风险	建设质量风险	项目公司承担。选择有经验/可靠的承包商，采取固定总价合同
运营风险	实际运营成本高于项目公司预期成本	投标后，此类风险由项目公司承担
运营风险	由于项目公司的管理问题造成项目运营成本超支	由项目公司承担；项目公司应通过加强管理提高效率以降低这类风险
运营风险	由于项目动力、主要原材料价格等主要成本因素价格上涨导致成本超支	设计根据直接成本因素来调整污水处理价格的公式，由政府方与项目公司共同承担此类风险
污水来水不确定性风险	来水水量不足	政府方在扩建或新建时做好污水水量的预测和调度工作，以降低对本项目水量的影响。政府提供基本水量保证
污水来水不确定性风险	进水超量	在一定范围内的风险由项目公司承担，即此时项目公司有义务保证处理该种污水来水并达标排放；超过范围后，由政府方面承担风险，豁免项目公司责任，允许污水厂出水超标排放
污水来水不确定性风险	污水进水水质超标（各项污染物指标超出设计标准）	在一定范围内的风险由项目公司承担，即此时项目公司有义务保证处理该种污水来水并达标排放；超过范围后，由政府方面承担风险，即允许污水厂出水超标排放，或由政府承担增加的改造及运行费用或允许调价后要求项目公司达标排放
污水来水不确定性风险	更改出水排放标准	政府要求改变的污水处理出水水质标准，则承担相应风险，造成运行成本的增加或资本性支出，项目公司有权获得相应的补偿
污水来水不确定性风险	出水水质不达标	根据超出水质允许达标排放的污染物排放总量计算水质超标的违约金，并在甲方向项目公司支付购买服务费中扣除

续表

风险类型	风险描述	分配风险方式与降低风险措施
污水来水不确定性风险	污水来水中，某种生化处理系统有害的物质含量超标，而致使系统完全丧失或降低处理能力，导致或出水水质不达标	此类风险由管网维护方，即政府承担。政府按基本水量付费，直至系统恢复。政府通过加强对管网各污水排放口的监管而降低此类风险
通货膨胀	由于通货膨胀，项目实际收入减少	由政府方与项目公司共同承担此类风险
汇率变化	由于汇率变化，国外投资人实际收入减少	由政府方与国外投资人共同承担此类风险。在一定范围内的汇率变化由项目公司承担，超过后由政府承担
法律变更与经营环境	由于环境保护的需要，对项目在噪声、臭味或出水水质等方面的要求提高，会导致项目公司必须投入改造费用或增加运行成本	此类风险应由双方共同承担。一次投入或运行费用增加在一定范围内由项目公司承担，超出一定范围后政府方承担
	对项目公司税收等方面的法律变更，导致项目公司实际收入减少	由双方共同分担。在一定范围内的变更由项目公司承担，超过后由政府方承担
不可抗力	政府对项目实施没收、充公等	由政府方承担
	发生自然灾害等不可抗力事件，致使项目不能或暂时不能正常运转	要求项目公司为项目设施购买财产保险，用于灾害后项目设施的修复。不可抗力期间，双方承担各自风险：即项目公司不承担未能处理污水的违约责任，政府方也不承担支付基本水量水费义务

表 6-7　　　　　综合管廊 PPP 项目风险分配与应对措施

风险描述	分配风险方式与降低风险措施
项目审批风险	承担主体：项目实施机构，项目实施机构或者其指定的主体应当依法完成地下综合管廊 PPP 项目的 PPP 模式审批手续，并根据项目实际情况完成项目前期建设手续审批等工作
土地获取风险	承担主体：政府或项目公司/中选社会资本，可由项目所在地政府根据项目投资情况、项目交易架构、资产归属等因素确定项目用地的取得方式，一般建议采用划拨的方式确定项目所需的土地使用权
融资风险	承担主体：项目公司/中选社会资本，社会资本应积极寻找融资方介入 PPP 项目，探索通过发行企业债券、中期票据、项目收益债券等市场化方式融资

续表

风险描述	分配风险方式与降低风险措施
建设风险	社会资本承担建设工作的，由此产生的建设风险应由其承担。但如因土地征拆迁与补偿、非因项目公司设计不当或设计变更等形成的风险不应由项目公司或中选社会资本承担。与承包商签订《建设工程施工合同》，约定固定价格、固定工期的工程总承包形式交由承包商负责项目建设，并由承包商要承担工期延误、工程质量不合格和成本超支等风险，实现项目公司承担的建设风险转移
原材料供应风险	承担主体：项目公司/中选社会资本，项目公司通常会与原材料的主要供应商签订长期原材料供应合同，并且约定一个相对稳定的原材料价格
项目收益稳定性风险	首先，PPP项目授权实施机构应当保障该管廊PPP项目在特定区域及时间范围内，项目公司或中选社会资本享有唯一、独占性的经营权，以排除潜在竞争项目对项目收益造成的不利影响。其次，政府应当确定项目公司或中选社会资本作为收费主体的保障措施，加强制入廊政策及入廊费、运维费定价收费标准等。最后，根据项目需要，政府可根据绩效考核给予项目一定的补助
管线入廊不可控风险	承担主体：政府。第一，加强管线的入廊管理，该区域内的所有管线必须入廊，既有管线在改造时，应有序迁移至地下综合管廊。第二，实行有偿使用制度。入廊管线单位应向地下综合管廊建设运营单位交纳适当的入廊费和日常运维费，具体收费标准由地下综合管廊建设运营单位与入廊管线单位根据市场化原则共同协商确定。第三，提高运营管理水平。第四，管廊容量应满足长期管线增容和扩建需要
运营维护质量风险	承担主体：项目公司/中选社会资本。第一，项目公司/中选社会资本应优先选择资信状况良好、管理经验丰富的运营商，并通过在运营服务合同中预先约定风险分配机制或转移风险，确保项目平稳运营并获得稳定收益。第二，项目公司/中选社会资本应根据项目实际情况，确定运营事务交由专业运营商的范围、时间及运营内容。第三，从管廊运营单位角度来说，运营服务对象并不直接为社会公众，而是入廊管线单位。建议在考虑项目风险分配的问题上，应由入廊管线单位和综合管廊运营单位合理共同分担运营的风险。第四，综合管廊项目运维风险的可控性来源于对项目公司的监管，主要通过项目绩效考核体现出来，在一定条件下也可通过调价机制来实现对项目运维风险的控制
不可抗力风险	政治不可抗力的承担：政府，自然不可抗力的承担：项目公司/中选社会资本及政府

三、当前应关注重大风险，化解社会资本的后顾之忧

政府信用风险、项目的收益风险是PPP推进过程中的重大风险，也是社会资本尤其是民间资本最大的后顾之忧。故而，应引起高度重视，积极防范风险。

（一）强化政府信用

政府信用通常是PPP最大的风险来源，包括政府公信力、支付能力。地方政府诚信履约对于保障投资者权益、稳定预期至关重要。在PPP模式中政府和私人投资者形成的是彼此平等的合作伙伴关系，政府为提供公共服务中的监督者、合作者角色。但在实际操作过程中，地方政府往往容易缺位、越位。在PPP推进过程中，的确存在一些地方政府契约意识薄弱、非正常干预、任意违约等问题，造成项目争议不断、甚至失败。

PPP模式周期比较长，政府不能因为短期利益、招商任务等目的违法违规操作，在项目承诺上应审慎。政府应首先增强自身的法治和契约意识，依法行政。其次，要认真做好项目前期论证工作，选择的项目力求有稳定的收益作保证，并与当地财力和经济发展承担能力相匹配。最后，政府的承诺要合理、合法合规，充分考虑未来长期的变化因素作出相关审慎的承诺，避免失信违约。尤其是对回报率、收费标准、配套条件、终止合同条件等事项的承诺方面，预留调整空间并设计合理合法的调整机制。既可保证项目生产或运营的可持续性，使社会投资人的投资成本及运营成本得以补偿并获得合理回报，又避免政府失信违约或对PPP项目监管的被动局面。此外，对社会资本而言，也要重视项目商业模式的可行性，切勿追求高额回报或将项目成功过分依赖于某个领导及其缺乏客观依据的承诺上。

进一步强化、防范地方政府信用风险。一是在合同内容上，强调权利义务对等，提供有利于督促政府诚信履约的选项，如履约担保或惩罚性违约金设置等。二是丰富救济渠道，提高争议解决的便捷性与公正性。三是强化责任约束，明确政府违约责任，并结合政务领域诚信体系建设，强化对政府的信用约束，强化监督。

（二）需求或收益风险

市场规模较大和用户购买力较强的国家更有利于PPP的发展，需求风险是在影响PPP失败的众多因素中最为显著的要素之一。需求风险不仅受到政府和社会

资本行为的影响，还将面临其他不可控的因素。政府承担一定需求风险有助于满足社会资本的参与约束条件，而社会资本承担需求风险则有助于建立最优激励。通常，最优需求风险分配合约同时具备最低收入保证和收入上限的特点。对项目收入不能覆盖成本和收益，但社会效益较好的 PPP 项目，各级财政部门可给予适当补贴。财政补贴要以项目运营绩效评价结果为依据，综合考虑产品或服务价格、建造成本、运营费用、实际收益率、财政中长期承受能力等因素合理确定。

双方都要进行充分的市场调查，做好市场预测工作，一旦偏离实际市场需求将会产生守信风险。社会资本不要抱有投机心理，试图利用政府部门缺乏专业知识的弱点签订不平等的合同，显失公平的合同在以后的执行过程中很容易造成政府出现信用风险。另外，更不可采用贿赂手段牟取暴利。

政府要想吸引社会资本参与 PPP 项目投资，必须对项目收益予以一定保障。主要应考虑项目收益来源的可靠性，对使用者付费而言，应合理测算产品（服务）的使用量、确立合理的定价/调价和政府补偿机制。防止因项目投资建设规模超过合理需求而导致的公共产品（服务）定价过高、企业亏损或者政府补贴过重等情形。让政府或企业任何一方独立去预测和承担特许期内的风险是不现实的，必须设立重新谈判触发机制和谈判原则，或建立动态调节（如调整价格或特许期等）机制，以实现项目参与各方长期的动态公平。

第五节 重大风险的识别、评估与管控框架

一、基于政企合作视角的风险定量分析与评估

（一）定量分析

风险量化充分考虑各类风险出现的概率和带来的后果支出责任，可采用比例法、情景分析法及概率法进行测算。

比例法。在各类风险支出数额和概率难以进行准确测算的情况下，可以按照项目的全部建设成本和一定时期内的运营成本的一定比例确定风险承担支出。

情景分析法。在各类风险支出数额可以进行测算、但出现概率难以确定的情况下，可针对影响风险的各类事件和变量进行"基本"、"不利"及"最坏"等情景假设，测算各类风险发生带来的风险承担支出。计算公式为：风险承担支出数额＝基本情景下财政支出数额×基本情景出现的概率＋不利情景下财政支出数

额×不利情景出现的概率+最坏情景下财政支出数额×最坏情景出现的概率。

概率法。在各类风险支出数额和发生概率均可进行测算的情况下，可将所有可变风险参数作为变量，根据概率分布函数，计算各种风险发生带来的风险承担支出。

（二）常见的风险责任计算

1. 比例法

主要是按照项目建设运营成本的一定比例确定项目全部风险成本，适用于风险后果值和风险概率难以测算的情形。

项目全部风险成本=（建设净成本+运营维护净成本）×风险承担成本比例

（政府）自留风险成本=全部风险成本×风险分担比例

通常，项目风险根据前期工作深度、行业及地区相关案例综合确定，一般全部风险成本不超过项目建设运营成本的20%（风险承担成本比例一般为5%~20%）。

在项目风险分担过程中，如果项目的大部分风险由社会资本方承担，政府自留风险承担比例取则较低。根据风险分担情况确定政府、社会资本方风险。一般情况下，可转移风险承担成本（即社会资本承担的风险责任）占项目全部风险承担成本的比例一般为70%~85%，自留风险（政府承担的风险责任）承担成本的比例一般为15%~30%（风险分担比例）。

2. 概率法

以通货膨胀风险为例。项目运营期通货膨胀风险将导致项目人工成本、外购材料费等运营成本上升，风险损失约为运营成本的10%，风险概率随着运营期的增加而逐步增大。如项目定价是与通货膨胀率挂钩，则项目运营期各年度通货膨胀风险支出预测，见表6-8。

表6-8　　　　通货膨胀风险——政府或有支出责任

年度	2018	2019	……
计量基数（运营成本）	A	B	……
损失比例	10%		
发生概率	5.00%	8.00%	……
风险支出	A×10%×5%	A×10%×8%	……

（三）风险预测与量化

建立风险清单，合理量化风险。其中，风险值=风险可能性×影响程度。

1. 可能性

分为基本确定、很可能、可能、不太可能、几乎不可能五类，评定1~5的不同分值。见表6-9。

表6-9　　　　　　　　　　　风险可能性评分标准

级别	可能性	描述	评价方法指导	
			频率	概率
基本确定	很高	经常发生	过去一年内发生过至少一次	≥80%
很可能	高	较多情况下发生	过去一年内发生过一次	40%~80%
可能	中等	某些情况下发生	过去两年内发生过一次	20%~40%
不太可能	低	极少情况下发生	过去三年发生过一次	5%~20%
几乎不可能	很低	一般情况下不会发生	从未发生（自企业成立以来）	<5%

2. 风险影响程度分析

考虑风险的影响程度时，可以从财务损失、企业声誉损失、法律、健康安全环境、营运等指标来进行考虑。风险影响程度见表6-10。

表6-10　　　　　　　　　　　风险影响程度

灾难性影响（5级）	对使命或者目标的达成有灾难性影响 例如：对企业生存能力造成灾难性破坏或可能导致企业崩溃的灾难
重大影响（4级）	对使命或者目标的达成有重大影响 例如：对企业客户服务能力造成严重破坏，或者需要管理层采取特殊的手段进行处理的重大事件
中度影响（3级）	对使命或者目标的达成有中度影响 例如：需要管理层特别关注的事件
轻微影响（2级）	对使命或者目标的达成有轻度影响 例如：管理层给予一定的关注就可以将影响最小化的事件
极轻微影响（1级）	对使命或者目标的达成有极轻度影响 例如：通过日常活动就可以消除影响的事件

3. 风险评估

根据上述可以计算出风险值，可以确定风险等级，分别见表6-11、表6-12。

表6-11　　　　　　　　　　风险评估矩阵

可能性等级 \ 影响程度等级		极低 1	低 2	中 3	高 4	极高 5
基本确定	5	5 (5×1)	10 (5×2)	15 (5×3)	20 (5×4)	25 (5×5)
很可能	4	4 (4×1)	8 (4×2)	12 (4×3)	16 (4×4)	20 (4×5)
有可能	3	3 (3×1)	6 (3×2)	9 (3×3)	12 (3×4)	15 (3×5)
不太可能	2	2 (2×1)	4 (2×2)	6 (2×3)	8 (2×4)	10 (2×5)
极小	1	1 (1×1)	2 (1×2)	3 (1×3)	4 (1×4)	5 (1×5)

表6-12　　　　　　　　　　风险等级标准

风险等级	分值	备注
低度	1~2	风险很小，日常工作中极少关注或忽略
较低	3~4	风险较小，日常工作中偶尔关注
中度	5~10	一般风险，需要引起一般关注
高度	12~16	风险较大，需要引起高度关注
极高	20~25	风险很大，需要引起极大关注

从更直观的角度看，风险程度坐标见图6-3。

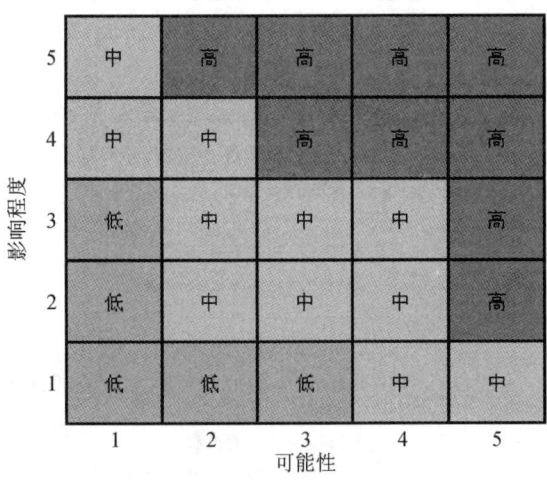

图6-3　风险坐标图

（四）建立有效的管控机制

对政府和社会资本而言，需要建立风险清单，构建一个风险矩阵，用系统的方法对项目全部风险分类，全面识别潜在的风险；充分利用以往的经验数据，根据行业的性质使风险量化的结果达到精确水平；运用敏感性分析，对影响因素进行比较，使风险转移到能最好管理该风险的项目一方，承担风险的程度要与所获收益相匹配。

在 PPP 项目实施过程中，应重点关注重大风险，并进行识别、评估，积极应对，并做到评估准确、应对到位、管控有效。相关框架参见表 6-13、表 6-14。

表 6-13　　　　　　　　　风险识别、评估与应对

风险编号	风险类型	风险点	风险事件发生可能性	风险事件发生的后果	风险等级	应对措施
1	运营风险		高	严重	A	
2						
3						

表 6-14　　　　　　　　　重大风险应对与过程管控

风险描述	风险应对责任人	风险应对策略	估计成本	收益	最终选择的风险应对策略	实施情况或后果	备注

合理的风险分担机制要辅以相关的契约安排、激励机制、保障措施等治理安排（Ruuska，2011）。PPP 合同的长期性及不完全性决定了在 PPP 执行过程中可能会出现较为频繁的"再谈判"（renegotiation）。"再谈判"应该被视为一种常态化的规则而非特殊情况。尤其是，对民间资本最大的后顾之忧——政府信用风险、项目市场收益风险，要高度重视，积极防范风险，设立重新谈判触发机制和谈判原则，或建立动态调节机制。在 PPP 实施过程中要不断加强风险的识别、防范、应对，以实现项目参与各方长期的动态公平，各方利益的均衡。

二、基于社会资本方视角的全生命周期风险管控

（一）项目前期及决策阶段——风险主要形成阶段

投资项目前期要做好政策法规研究，注重全生命周期的策划。从项目发起、

前期工作伊始就深度参与，加强策划、营销力度，不断优化模式，同时，加强与相关方的沟通、磋商工作。在项目识别、投资决策环节上，应尤其关注项目的区位、产业基础及地方财力、市场、政府关系，在开发模式及交易结构设计上应清晰界定各方责权利，尤其是收益与风险分配，在内部决策上要坚持专业、严谨态度，加强过程审核、前置评审。关注的要素如下：

（1）注重区域选择、项目策划，尤其要关注模式设计（运作方式、交易结构安排）与合作方选择；

（2）尽快早期前期介入，合理设计、预测投资价差、投资收益及衍生收益；

（3）合理分配项目全生命周期风险，注重风险的兜底性安排；

（4）建立过程审核、独立评审、前置评审程序，避免走过场、流于形式。

（二）项目建设、运营阶段

在项目执行环节上，牢牢树立"市场引领工程、工程保障市场"思维，注重收益实现、现金流回笼，实现模式的"闭合"。在团队组建，尤其是主要管理人员选定上要慎重，并注重后期投资运营、风险防范相关方面的培训、提升工作。在规划、融资、建设、招商、运营、维护等各个环节要注重风险防范，加强与政府的沟通、谈判，前瞻性化解不确定性因素和风险。关注的要素如下：

（1）政府对接为牛鼻子，以市场为导向、工程为保障，高度重视风险防范、现金流风险；

（2）高度重视项目公司团队构建（重策划、敢担当、控风险），避免工程导向单边思维；

（3）创新融资方式、增信措施、金融工具等，积极利用新型金融工具、外部资源化解项目风险；

（4）加强研究、积极应对政策、市场变化，构建再谈判机制，不断完善、补充合同，固化风险；

（5）加强资本运作、资产运营管理，有效控制风险、适时、适度退出回收。

（三）健全制度、完善机制

风险防范意识要贯穿项目全过程，必须有相应的制度支撑、机制保障。从项目策划开始就注重风险的分担、防范，在决策、执行过程中，更应将投资风险放在第一位。始终围绕投资的收益及风险展开所有的经济活动，从策划、决策、融资、建设、运营、维护、后评估等各个环节都建立起相应的风险清单，形成风险识别、应对方案和责任追求机制。在风险应对上，坚持事前有审核、事中有监控、事后有评价，积极解决问题的同时，要总结经验、促进最佳实践分享。关注的要素如下：

（1）前期决策管控（差别化、专业化）；

（2）平滑交接、构建强有力团队（规避项目三接头管理弊端）；

（3）完善全生命周期策划、管控，建立生产经营风险管控体系；

（4）建立风险的识别、应对标准化方案；

（5）加强经验、实践的交流、传播；

（6）加强风险管控的追责、奖励机制。

对社会资本最大的后顾之忧——政府信用风险和项目市场收益风险，要高度重视项目决策阶段的项目风险源、杜绝高风险项目，同时，注重实施风险，设立重新谈判触发机制和谈判原则，或建立动态调节、应对机制。

第七章

PPP 项目的融资与金融

融资是 PPP 推进过程中的一个难题，尤其是 PPP 项目的融资渠道、期限、增信等方面阻滞了 PPP 的推进步伐，也在一定程度上对民间资本产生了"挤出效应"。此外，PPP 金融市场不完善，导致社会资本进入、退出都不畅通，影响了各类社会资本（含金融机构）参与 PPP 的积极性，导致市场不活跃、资源配置有缺陷。本章主要就融资结构、融资难点进行分析，并对金融机构参与 PPP、金融市场发展提出了相关建议。

第一节 融资类型与结构

一、企业融资类型

企业从不同来源渠道获取的资金在融资成本、融资风险、税收等方面各不相同，同时，股东和债权人在企业治理结构中的作用也有很大的不同，对企业行为形成不同的约束。企业融资类型较多，与 PPP 项目相关的融资从两个维度分析：

（一）股权融资、债权融资和夹层融资

企业融资可大体分为股权融资、债权融资和夹层融资三类。股本融资是指资金需求方以企业所有权换取他人资源的经济活动。夹层融资是指处于股权融资和普通债务融资之间的一种融资方式。通常要求的收益水平以及对应的风险也不同，见图 7-1。

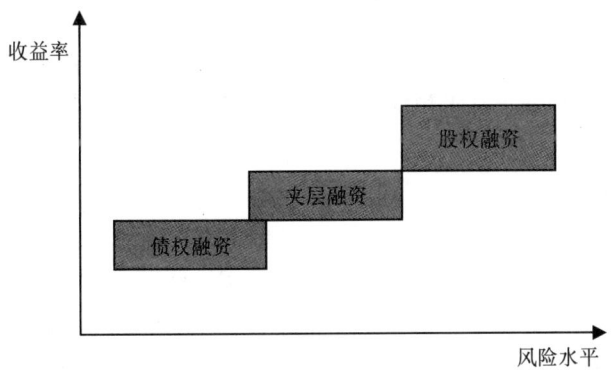

图 7-1　企业融资的几种方式的收益与风险

三种融资方式各有利弊：
1. 股权融资
股权融资又包含吸收直接投资、发行股票和利用留存收益等形式，称之为权益资本。股权融资具有优势也具有劣势，其中优势如下：

（1）股权融资是企业稳定的资本基础，促进企业长期持续稳定经营。股权资本无须偿还，是企业的永久性资本，除非企业清算时才有可能予以偿还。

（2）股权融资是企业良好的信誉基础。股权资本作为企业最基本的资本，代表了公司的资本实力，是进行业务活动的信誉基础。

（3）企业财务风险较小，使用上也无特别限制。股权资本不用在企业正常运营期内偿还，资本使用上也无特别限制。另外，可以根据其经营状况和业绩的好坏，决定向投资者分红，资本成本负担比较灵活。

但是，股权融资也存在相应的缺点：

（1）资本成本负担较重。一般而言，股权融资成本要高于债务融资。这主要是由于投资者投资于股权特别是投资于股票的风险较高，投资者或股东相应要求得到较高的报酬率。如企业长期不派发利润和股利，将会影响企业的市场价值。从企业成本开支的角度来看，股利、红利从税后利润中支付，而使用债务资本的资本成本允许税前扣除。此外，普通股的发行、上市等方面的费用也十分庞大。

（2）容易分散企业的控制权。利用股权融资，由于引进了新的投资者或出售了新的股票，必然会导致企业控制权结构的改变。控制权的频繁迭变，势必要影响企业管理层的人事变动和决策效率，影响企业的正常经营。

（3）信息沟通与披露成本较大。投资者或股东作为企业的所有者，有了解企业经营业务、财务状况、经营成果等的权利。企业需要通过各种渠道和方式加强与投资者的关系管理，保障投资者的权益。

2. 债权融资

债权融资主要是企业通过向银行借款、发行债券、融资租赁等方式筹集和取得的资金。按机构对贷款有无担保要求，大致可分为信用贷款和担保贷款。

债权融资的优点：

（1）筹资弹性大。利用债务融资，可以根据企业的经营情况和财务状况，灵活商定债务条件，控制筹资数量，安排取得资金的时间。

（2）资本成本负担较轻。一般来说，债务融资的资本成本要低于股权融资。

（3）可以利用财务杠杆。债务融资不改变公司的控制权，不会稀释股权，不享受剩余索取权。当企业的资本报酬率高于债务利率时，会增加普通股股东的每股收益，提高净资产报酬率，提升企业价值。

（4）稳定公司的控制权。债权人无权参加企业的经营管理，利用债务融资不会改变和分散股东对公司的控制权。

债权融资的缺点：

（1）不能形成企业稳定的资本基础。债务资本有固定的到期日，到期需要偿还，只能作为企业的补充性资本来源。往往由于财务风险升高而不容易再取得新的债务资金。

（2）财务风险较大。债务资本有固定的到期日，有固定的利息负担，抵押、质押等担保方式取得的债务，资本使用上可能会有特别的限制。这些都要求企业必须有一定的偿债能力，要保持资产流动性及其资产报酬水平，作为债务清偿的保障。

（3）筹资数额有限。债务融资的数额往往受到贷款机构资本实力的制约，不可能像发行债券股票那样一次筹集到大笔资本，无法满足公司大规模筹资的需要。

3. 夹层融资

"夹层融资"（mezzanine finance）的概念源自华尔街，原指介于投资次级债券与垃圾债券之间的债券等级，后逐渐演变到公司财务中，是指风险和收益介于股权与优先债权之间的投资形式，期限一般较长。夹层融资主要包括兼具股权与债务特性的混合融资和其他衍生工具融资。夹层投资也是私募股权资本市场（private equity market）的一种投资形式，是传统创业投资的演进和扩展。

夹层优点体现为灵活性，通过融合不同的债权及股权特征。夹层融资在传统股权、债券的二元结构中增加了一层。一般采取次级贷款的形式，但也可以采用可转换票据或优先股的形式。最常见的夹层融资形式包括转股权的从属债务、可转换债和可赎回优先股。

夹层融资利率比优先债权高，是承担较高风险的债务资金，但夹层人可以优先于股权人得到清偿。从资金费用角度，夹层融资低于股权融资，如可以采取债权的固定利率方式,体现出债权的优点;从权益角度,对于优先债权人来讲,可以体现出股权的优点。此外,夹层融资常常是帮助企业改善资产结构和迅速增加营业额。夹层融资也存在劣势,如费用较高,融资法律架构及交易结构复杂等。

(二) 直接筹资与间接筹资

按其是否以金融机构为媒介,企业融资分为直接融资和间接融资两种类型。直接融资是企业直接与资金供应者协商融通资本的一种筹资活动。直接筹资方式主要有吸收直接投资、发行股票、发行债券等。间接融资,是企业借助银行等金融机构融通资本的筹资活动。间接筹资的基本方式是向银行借款,此外还有融资租赁等筹资方式,间接筹资形成的主要是债务资金,主要用于满足企业资金周转的需要。

此外,在按照融资过程中资金来源的不同方向,可以把企业融资分为内源融资和外源融资。各方关系见表7-1。

表7-1   各种融资方式及其相互关系

资金性质	融资渠道或融资方式		来源
自有资金 (股权性质)	资本金		内源融资
	折旧基金		
	留存利润		
借入资金 (债权性质)	发行股票	直接融资	外源融资
	发行债券		
	其他企业资金(各种商业信用)		
	民间资金(民间借贷和内部集资)		
	其他资金		
	银行借贷资金	间接融资	
	非银行金融机构资金(信托资金、融资租赁、典当等)		

二、融资结构与资本结构

(一) 融资结构与资本结构理论的差异与联系

企业投融资决策通常是根据自己的目标函数和成本效益原则,选择最佳的融资结构和资本结构。融资结构指企业通过不同渠道筹措的资金的有机组合以及各种资金所占比例，具体指企业所有的资金来源项目之间的比例关系，即自有资金（权益资本）及借入资金（负债）的构成比例。它是资产负债表的右方的基本结构，主要包括短期负债、长期负债和所有者权益等项目之间的比例关系。企业的融资结构揭示了企业资产的产权归属和债务保证程度，反映了企业融资风险的大小，即流动大的负债所占比重越大，其偿债风险越大，反之则偿债风险越小。

广义的资本结构是指企业全部资本的各种构成及其比例关系。狭义的资本结构是指企业各种长期资本的构成及其比例关系，尤其是指长期债务资本与（长期）股权资本之间的构成及其比例关系。

资本结构与融资结构虽有许多共同点，但却是两个不同的财务金融范畴，它们的研究内容和目的是各有侧重的。在现代企业融资活动中，为实现企业价值最大化，一般将资本结构作为研究重点，探讨资本结构变动对企业价值及总资本成本率的影响，相应形成了不同的资本结构理论。融资结构和资本结构结合运用，有助于识别举债来源的变化、综合分析企业的财务状况，为科学地进行融资决策提供依据。

(二) 资本结构理论

1. 早期资本结构理论

企业的市场价值（V）一般由权益资本价值（E）和债务价值（D）组成，其大小受预期收益及投资者的要求收益率的影响。预期收益通常与公司的息税前盈利密切相关，而息税前盈利是由资产的组合、管理、生产、销售、经济状况等因素决定的，因此增减企业的债务不会影响息税前盈利。

$$V = E + D = \frac{EBIT}{K_a}$$

假设企业只采用权益资本和负债两种融资方式，那么总资产成本率 K_a 就是权益性资本成本率（即权益资本的要求收益率，用 K_e 表示）和债务资本成本率 K_d 的加权平均资本成本率（又称企业的资本变化率）。用公式表示为：

$$K_a = \frac{E}{V} K_e + \frac{D}{V} K_d$$

由此，出现了净收益理论、净营业收益理论两种极端理论。

（1）净收益理论。作为早期资本结构理论中的一个极端理论，净收益理论主张采用负债融资对企业总是有利的：通过负债融资提高企业的财务杠杆比率，可降低总资本成本率，从而提高企业的市场价值。

假设：权益资本的要求收益率 K_e 和负债成本率 K_d 均固定不变，$K_d < K_e$，那么总资产成本率 K_a 将随着负债 D 的增加而下降。一般情况下，权益资本的风险

较负债大，因此随着 D/V 比率的逐渐增加，加权平均资本成本率 K_a 将减少。由此，在无债务（D/V=0）时，$K_a = K_e$，加权平均成本最高。随着财务杠杆比率的提高，K_a 开始下降，当企业的资本完全来自于负债时，E 等于 0，$K_a = K_d$，加权平均资本成本降至最低点，此时企业的市场价值最高。显然，随着财务杠杆作用的扩大，不考虑企业融资风险和融资成本率变化的假设很难成立。根据该理论，企业最理想的结构是 100% 的负债，因为此结构能确保加权平均资本成本最低时的企业市场价值最大。

（2）净营业收益理论。净营业收益理论代表了早期资本结构理论的另一个极端理论。它认为企业财务杠杆的变化对企业总价值没有影响，加权平均成本率是固定不变的，即企业价值与资本结构不相关。它假设总资本成本率不受资本结构变化的影响，是固定不变的；同时，负债成本率也是固定不变的。

$$K_a = \frac{E}{V}K_e + \frac{D}{V}K_d$$

根据公式，可推导出企业市场价值不受债务在整个企业资本中所占比率增减的影响。在市场将公司的总价值资本化的情况下，负债资金所得的益处正好被权益资本化比率的增加而抵消。因此，在任一负债比率下，权益资本化比率与债务资本化率的加权平均数均保持不变。随着财务杠杆作用的扩大，企业权益成本会相应增加，而投资者对此所要求的补偿则是根据负债增加率来提高权益资本化比率，财务杠杆产生的收益率将全部作为股利向股东发放，权益资本成本率的上升正好抵消了财务杠杆带来的好处。因此，权益者仍以原来的固定的加权平均成本率来衡量企业的净营业收入，企业的总价值没有变化。如果此理论成立，则不存在资本结构的决策问题，也没有最佳资本结构。

2. MM 资本结构理论

1958 年，美国的莫迪格莱尼和米勒两位教授合作发表"资本成本、公司价值与投资理论"一文。无论公司有无债务资本，其价值（普通股资本与长期债务资本的市场价值之和）等于公司所有资产的预期收益额按适合该公司风险等级的必要报酬率予以折现。利用财务杠杆的公司，其股权资本成本率随筹资额的增加而提高。因此，公司的市场价值不会随债务资本比例的上升而增加，因为便宜的债务给公司带来的财务杠杆利益会被股权资本成本率的上升而抵消，最后使有债务公司的综合资本成本率等于无债务公司的综合资本成本率，所以公司的价值与其资本结构无关。

MM 模型的基本假设是：公司只有长期债券和普通股票；不考虑企业增长问题；所有利润全部作为股利分配。MM 模型认为：当不考虑公司税时，企业的价值是由其预期收益和与其风险等级相对应的贴现率贴现确定的。用公式表示为：

$$V_L = E_L + D_L = EBIT/WACC = EBIT/R_u = V_u$$

式中：V_L——运用财务杠杆机制的企业市场价值；

V_u——不运用财务杠杆机制的企业市场价值；

E_L——该企业股票的市场价值总额；

D_L——该企业债券的市场价值总额；

WACC——同等级风险企业资本的平均投资收益率；

EBIT——企业息税前利润；

R_u——仅靠权益资本经营的企业所要求的收益率（或该企业权益资本投资机会成本）。

公式表明，对所有同一风险等级的企业来说，WACC 等于不利用财务杠杆企业权益资本的投资收益率 R_u，企业价值与是否运用财务杠杆无关。同时，MM 模型又认为，负债融资企业的普通股资本成本等于企业总资本成本加上该企业资本成本与企业债务资本成本的差额与债券市场价值—股票市场价值权益比例的乘积。公式为：

$$R_L = R_u + (R_u - R_B) \times D/E$$

式中：R_L——普通股预期收益率；

R_u——企业所有有价证券收益率；

R_B——企业债券预期收益率；

D/E——债务—权益比

公式表明，在不考虑债务风险的情况下，股权收益率随负债率的提高而提高。在考虑债务风险的情况下，股权收益率随负债率的提高而下降，债务收益率则由于风险增加而提高。

这一结论似乎与前一结论相矛盾，但实际上两者是一致的。当企业增加债务资本，相应增加了风险，企业权益投资者必然要求增加风险补偿，即提高必要收益率，而提高的必要收益率恰好抵消了预期收益率对股价上升的推动作用。

如果考虑到公司税，MM 理论认为，运用财务杠杆机制企业的价值等于同样风险等级的不运用财务杠杆机制企业的价值，加上免税现值。用公式表示：

$$V_L = V_u + PVTS$$

$$PVTS = \frac{T \times R_b \times D_L}{R_b} = TD_L$$

式中：PVTS——免税现值；

T——所得税率；

R_b——利息率；

D_L——债务融资额。

因此，$V_L = V_u + TD_L$，由此推断：要使 V_L 趋于最大化，应尽可能扩大 D_L 的规模。

同时，MM 模型还认为，运用财务杠杆企业权益资本的机会成本等于同等风险程度的不运用财务杠杆企业权益资本的机会成本加上风险年金率。用公式表示：

$$R_L = R_u + 风险年金率 = R_u + (R_u - R_b) \times (1 - T) \times (D_L/E_L)$$

综上所述，在考虑公司税的情况下，企业价值和资本投资机会成本均与资本结构有关。当债务比重加大时，资本投资机会减少，企业价值增加。如果进一步考虑个人所得税的因素，则 MM 模型扩展为：

$$V_L = V_u + \left[1 - \frac{(1-T)(1-T_s)}{(1-T_b)}\right] \times D_L$$

式中：T——公司税率；

T_b——个人债券收入所得税率；

T_s——个人所得税率。

从上式可推断：

当公式 $T_s = T_b$ 时，模型变为 $V_L = V_u + T \times D_L$，表明财务杠杆所增加的免税价值为个人所抵消，即企业价值不变。

当 $T_s < T_b$，括号内的价值小于 T，甚至可能小于 0。意味着企业价值将下降。

总之，企业所得税提高，会促使资金从股票流向债券；个人所得税提高，会促使资金从债券流向股票，进而影响企业价值。

基本观点：在符合该理论的假设之下，公司的价值与其资本结构无关。公司的价值取决于其实际资产，而非各类债务和股权的市场价值。

莫迪格莱尼和米勒于 1963 年合作发表了另一篇论文"公司所得税与资本成本：一项修正"。有债务公司的价值等于有相同风险但无债务公司的价值加上债务的税上利益。MM 资本结构理论的权衡理论观点认为，随着公司债务比例的提高，公司的风险也会上升，因而公司陷入财务危机甚至破产的可能性也就越大，由此会增加公司的额外成本，降低公司的价值。因此，公司最佳的资本结构应当是节税利益和债务资本比例上升而带来的财务危机成本与破产成本之间的平衡点。其修正观点：若考虑公司所得税的因素，公司的价值会随财务杠杆系数的提高而增加，从而得出公司资本结构与公司价值相关的结论。

3. 新的资本结构理论

代理成本理论认为，债务资本适度的资本结构会增加股东的价值。信号传递理论认为，公司价值被低估时会增加债务资本；反之，公司价值被高估时会增加股权资本。优选顺序理论认为，不存在明显的目标资本结构。

综上，项目公司的资本成本并不独立于其资本结构，确实存在一个可以使企业的市场价值达到最大化的最佳资本结构，此资本结构可通过财务杠杆的运用来获得。一般来说，在最佳资本结构点上，负债的实际边际成本率与权益资本的边际成本率相同，资本结构和融资结构的杠杆应适度。

三、投融资结构与杠杆效应

（一）PPP项目适度融资的必要性

1. 发挥财务杠杆作用，提高社会资本的回报率

对 PPP 项目而言，如项目内部收益率（Project IRR）高于同期银行贷款利率或其他金融机构的融资成本，则社会资本或项目公司都倾向于举债放大财务杠杆，而不是全部使用自有资金。

从静态的利润角度看融资举债的必要性，分析如下：

其一，基于杜邦体系分析：

$$权益收益率 = \frac{净利润}{所有者权益} = \frac{净利润}{资产总额} \times \frac{资产总额}{所有者权益}$$

$$= 总资产收益率 \times 权益乘数$$

ROE（权益或净资产收益率）= ROA（资产收益率）× 权益乘数（大于1）

从静态角度看，净资产收益率可以随着权益乘数（债务杠杆）放大而增加。

其二，基于静态财务杠杆分析：

负债比例与财务风险分析如下：

设：K—全部投资， K_0—资本金， K_L—借款，

R—项目投资利润率，R_0—资本金利润率，R_L—借款利率

则：$R_0 = \dfrac{K \cdot R - K_L \cdot R_L}{K_0} = \dfrac{(K_0 + K_L) \cdot R - K_L \cdot R_L}{K_0} = R + \dfrac{K_L}{K_0}(R - R_L)$

式中 K_L/K_0 为负债比例。当 $R > R_L$ 时，$R_0 > R$；反之，$R_0 < R$。

只有当预期利润增加的幅度超过财务风险增加的幅度时，借债才是有利的。但是，从动态角度看，自有资金/资本金内部收益率（Equity IRR）同样与项目内部收益率（Project IRR）存在倍数型的杠杆关系，但非线性关系。通常，项目内部收益率（Project IRR）高于同期银行贷款利率或其他金融机构的融资成本，则自有资金/资本金内部收益率（Equity IRR）通常比项目内部收益率（Project IRR）高。但在实际操作过程中，两者不存在线性相关，也不存在绝对性放大效应，取决于融资成本、还本付息方式、年限等多个因素。增加债务融资比例对提高社会资本的回报是有利的，但债务资本规模必须适度。如果负债过度，综合资本成本率会升高，并使公司价值下降。

项目公司利用债务资本进行举债经营具有双重作用，既可以发挥财务杠杆效

应，也可能带来财务风险，必须权衡财务风险和资本成本的关系。从理论上讲，最佳资本结构是存在的，但由于企业内部条件和外部环境的经常性变化，动态地保持最佳资本结构十分困难。因此，目标资本结构通常是企业结合自身实际进行适度负债经营所确立的资本结构。

2. 形成风险分散，有利于监管

社会资本或项目公司承担了整个项目的债务融资风险。债务融资会适当地刺激社会资本合理地管理与债务相关的成本变动风险，使绩效与项目预期一致。若出现违约，社会资本不会要求政府来偿还其债务融资的本息。此外，融资机构也会对PPP项目的贷款人进行严格的审查、监管和必要的介入。

（二）PPP项目的投融资结构

1. 资本金

项目资本金，是指在投资项目总投资中，由投资者认缴的出资额，对投资项目来说是非债务性资金，项目法人不承担这部分资金的任何利息和债务；投资者可按其出资的比例依法享有所有者权益，也可转让其出资，但不得以任何方式抽回。

PPP项目主要是基础设施、公共服务资产的供给等，涉及我国对项目投资资本金的要求。PPP项目投融资需要遵守固定资产投资项目资本金制度。该制度自1996年建立，国务院发出《国务院关于固定资产投资项目试行资本金制度的通知》（国发〔1996〕35号），决定固定资产投资项目试行资本金制度。固定资产投资项目资本金制度既是宏观调控手段，也是风险约束机制，往往随着宏观经济调控和经济环境变化不断调整。《国务院关于调整和完善固定资产投资项目资本金制度的通知》（国发〔2015〕51号）要求，各行业固定资产投资项目的最低资本金比例按以下规定执行：

（1）城市和交通基础设施项目：城市轨道交通项目由25%调整为20%，港口、沿海及内河航运、机场项目由30%调整为25%，铁路、公路项目由25%调整为20%。

（2）房地产开发项目：保障性住房和普通商品住房项目维持20%不变，其他项目由30%调整为25%。

（3）产能过剩行业项目：钢铁、电解铝项目维持40%不变，水泥项目维持35%不变，煤炭、电石、铁合金、烧碱、焦炭、黄磷、多晶硅项目维持30%不变。

（4）其他工业项目：玉米深加工项目由30%调整为20%，化肥（钾肥除外）项目维持25%不变。

（5）电力等其他项目维持20%不变。

（6）城市地下综合管廊、城市停车场项目，以及经国务院批准的核电站等重大建设项目，可以在规定最低资本金比例基础上适当降低。

国家根据经济形势发展和宏观调控需要，适时调整固定资产投资项目最低资本金比例。需要说明的是，通常PPP领域不适用于房地产等商业化领域，也不适用于产能过剩行业。对于基础设施领域的多数PPP项目而言，一般资本金最低比例要求为投资额的20%~25%，通常不超过30%。剩余的70%~80%的资金通常以债务融资形式实现。但金融机构可能出于增信、控制风险角度要求提高资本金比例。

PPP项目资本金计算的基数是项目投资额，是指投资项目可行性研究报告的估算，或核定时以经批准的概算为依据。投资项目资本金可以用货币出资，也可以用实物、工业产权、非专利技术、土地使用权作价出资。对作为资本金的实物、工业产权、非专利技术、土地使用权，必须经过有资格的资产评估机构依照法律、法规评估作价，不得高估或低估。

资本金通常是按照工程进度分期分批到位，贷款人应当确认与拟发放贷款同比例的项目资本金足额到位，并与贷款配套使用。

2. PPP项目融资结构的复杂化、动态化

对PPP项目而言，提供的是公共产品，通常收益率不是很高，并且，投资回收期长。故此，社会资本都倾向于采取各种金融工具、财务杠杆，降低风险或提高收益率。这也导致融资结构的复杂化、动态化趋势。

通常，PPP项目在满足国家对资本金比例的最低要求基础上，社会资本倾向于出资偏低的资本金比例，但金融机构、政府则倾向于设定偏高的资本金比例。但是，随着基金、信托等金融工具创新，社会资本往往会借助金融工具的结构化、杠杆化效应，形成"明股实债"、"夹层融资"等动态化、可转换方式，突破一般性"股+债"的结构。

为了利用财务杠杆，社会资本通常倾向于偏低的资本金比例，以提高资本金内部收益率。随着资本工具的增多，社会资本资本金部分（投资额的20%~30%）也可以设计合理的交易结构，利用各种金融工具获得资金。但融资方案及结构相对较复杂，需要确定融资渠道、成本、期限、增信、还本付息方式等。

最终的融资结构由于政府、社会资本、金融机构等主体结合项目特性、风险、收益等综合权衡、确定。同时，SPV项目公司长达10~30年运营期内，出于资产负债率、现金流、利润等角度考虑，还可以不断进行资本运作，进行再融资、资产证券化等。目前我国融资还是偏重于间接融资，PPP项目的融资渠道还是主要依赖于银行贷款，PPP的二级市场、金融市场需要深化。

第二节 我国银行贷款业务框架、项目融资的难点

一、我国银行贷款业务法规框架

中国银监会发布《流动资金贷款管理暂行办法》、《个人贷款管理暂行办法》、《固定资产贷款管理暂行办法》和《项目融资业务指引》(并称"三个办法一个指引"),初步构建和完善了我国银行业金融机构的贷款业务法规框架,成为我国银行业贷款的长期制度安排。与PPP项目的融资相关的主要是固定资产贷款、项目融资。

(一)固定资产贷款

"固定资产投资"沿用了国家统计部门的口径,包括基本建设投资、更新改造投资、房地产开发投资以及其他固定资产投资四大类。贷款业务操作要求如下:

1. 贷款人受理的固定资产贷款申请应具备以下条件
(1)借款人依法经工商行政管理机关或主管机关核准登记;
(2)借款人信用状况良好,无重大不良记录;
(3)借款人为新设项目法人的,其控股股东应有良好的信用状况,无重大不良记录;
(4)国家对拟投资项目有投资主体资格和经营资质要求的,符合其要求;
(5)借款用途及还款来源明确、合法;
(6)项目符合国家的产业、土地、环保等相关政策,并按规定履行了固定资产投资项目的合法管理程序;
(7)符合国家有关投资项目资本金制度的规定;
(8)贷款人要求的其他条件。

2. 银行尽职调查的主要内容
(1)借款人及项目发起人等相关关系人的情况;
(2)贷款项目的情况;
(3)贷款担保情况;
(4)需要调查的其他内容。
尽职调查人员应当确保尽职调查报告内容的真实性、完整性和有效性。

3. 风险评价与审批

贷款人应建立完善的固定资产贷款风险评价制度，设置定量或定性的指标和标准，从借款人、项目发起人、项目合规性、项目技术和财务可行性、项目产品市场、项目融资方案、还款来源可靠性、担保、保险等角度进行贷款风险评价。

贷款人应按照审贷分离、分级审批的原则，规范固定资产贷款审批流程，明确贷款审批权限，确保审批人员按照授权独立审批贷款。

4. 合同签订

贷款人应在合同中与借款人约定具体的贷款金额、期限、利率、用途、支付、还贷保障及风险处置等要素和有关细节。

贷款人应在合同中与借款人约定提款条件以及贷款资金支付接受贷款人管理和控制等与贷款使用相关的条款，提款条件应包括与贷款同比例的资本金已足额到位、项目实际进度与已投资额相匹配等要求。

贷款人应在合同中与借款人约定对借款人相关账户实施监控，必要时可约定专门的贷款发放账户和还款准备金账户。

贷款人应要求借款人在合同中对与贷款相关的重要内容作出承诺，承诺内容应包括：贷款项目及其借款事项符合法律法规的要求；及时向贷款人提供完整、真实、有效的材料；配合贷款人对贷款的相关检查；发生影响其偿债能力的重大不利事项及时通知贷款人；进行合并、分立、股权转让、对外投资、实质性增加债务融资等重大事项前征得贷款人同意等。

（二）项目融资

中国银监会关于印发《项目融资业务指引》的通知（银监发〔2009〕71号），相关要求和规定如下：

1. 项目融资特征

（1）贷款用途通常是用于建造一个或一组大型生产装置、基础设施、房地产项目或其他项目，包括对在建或已建项目的再融资；

（2）借款人通常是为建设、经营该项目或为该项目融资而专门组建的企事业法人，包括主要从事项目建设、经营或融资的既有企事业法人；

（3）还款资金来源主要依赖该项目产生的销售收入、补贴收入或其他收入，一般不具备其他还款来源。

2. 专业意见

贷款人可以根据需要，委托或者要求借款人委托具备相关资质的独立中介机构为项目提供法律、税务、保险、技术、环保和监理等方面的专业意见或服务。

3. 充分识别风险

应当充分识别和评估融资项目中存在的建设期风险和经营期风险，包括政策风险、筹资风险、完工风险、产品市场风险、超支风险、原材料风险、营运风险、汇率风险、环保风险和其他相关风险。

4. 偿债能力分析

贷款人从事项目融资业务，应当以偿债能力分析为核心，重点从项目技术可行性、财务可行性和还款来源可靠性等方面评估项目风险，充分考虑政策变化、市场波动等不确定因素对项目的影响，审慎预测项目的未来收益和现金流。

贷款人应当按照国家关于固定资产投资项目资本金制度的有关规定，综合考虑项目风险水平和自身风险承受能力等因素，合理确定贷款金额。

5. 贷款方案

贷款人应当根据项目预测现金流和投资回收期等因素，合理确定贷款期限和还款计划。根据风险收益匹配原则，综合考虑项目风险、风险缓释措施等因素，合理确定贷款利率。贷款人可以根据项目融资在不同阶段的风险特征和水平，采用不同的贷款利率。

6. 风险缓释与增信

贷款人应当要求将符合抵质押条件的项目资产和/或项目预期收益等权利为贷款设定担保，并可以根据需要，将项目发起人持有的项目公司股权为贷款设定质押担保。贷款人应当要求成为项目所投保商业保险的第一顺位保险金请求权人，或采取其他措施有效控制保险赔款权益。

贷款人应当以要求借款人或者通过借款人要求项目相关方签订总承包合同、投保商业保险、建立完工保证金、提供完工担保和履约保函等方式，最大限度降低建设期风险。

贷款人可以以要求借款人签订长期供销合同、使用金融衍生工具或者发起人提供资金缺口担保等方式，有效分散经营期风险。

贷款人可以通过为项目提供财务顾问服务，为项目设计综合金融服务方案，组合运用各种融资工具，拓宽项目资金来源渠道，有效分散风险。

贷款人应当按照《固定资产贷款管理暂行办法》关于贷款发放与支付的有关规定，对贷款资金的支付实施管理和控制，必要时可以与借款人在借款合同中约定专门的贷款发放账户。

采用贷款人受托支付方式的，贷款人在必要时可以要求借款人、独立中介机构和承包商等共同检查设备建造或者工程建设进度，并根据出具的、符合合同约定条件的共同签证单，进行贷款支付。

（三）贷款担保的分类

项目融资具有不同于一般固定资产投资项目的风险特征，如贷款偿还主要依赖项目未来的现金流或项目自身资产价值；通常融资比例较高、金额较大、期限较长、成本较高和参与者较多，从而风险较大，往往需要多家银行业金融机构参与，并通过复杂的融资和担保结构以分散和降低风险等。这些风险特征使得项目融资不同于一般的固定资产贷款，需要采取一些有针对性的措施对其风险加以控制和防范。

贷款担保可分为人的担保和财产担保两种。人的担保主要指由作为第三人的自然人或法人向银行提供的，许诺借款人按期偿还贷款的保证。如果债务人未按期还款，担保人将承担还款的责任。财产担保又分为不动产、动产和权利财产（例如股票、债券、保险单等）担保。这类担保主要是将债务人或第三人的特定财产抵押给银行。

担保的形式有多种，一笔贷款可以有几种担保，担保的具体形式主要有如下几种。

（1）抵押。抵押是指借款人或第三人在不转移财产占有权的情况下，将财产作为债权的担保，银行持有抵押财产的担保权益，当借款人不履行借款合同时，银行有权以该财产折价或者以拍卖、变卖该财产的价款优先受偿。

（2）质押。质押是指债权人与债务人或债务人提供的第三人以协商订立书面合同的方式，移转债务人或者债务人提供的第三人的动产或权利的占有，在债务人不履行债务时，债权人有权以该财产价款优先受偿。

（3）保证。保证是指保证人和债权人约定，当债务人不履行债务时，保证人按照约定履行债务或者承担责任的行为。

（4）留置。留置是指债权人按照合同约定占有债务人的动产，债务人不按照合同约定的期限履行债务的，债权人有权按照规定留置该财产，以该财产折价或者以拍卖、变卖该财产的价款优先受偿。

（5）定金。定金较少用于银行信贷业务中。

二、投资项目融资方案要点与评估

（一）企业信用分析的一般性框架要素

对企业信用分析的 5Cs 系统使用最为广泛。5Cs 系统指：

（1）品德（character），是对借款人声誉的衡量。主要指企业负责人的品德、经营管理水平、资金运用状况、经营稳健性以及偿还愿望等，信用记录对其品德的判断具有重要意义。

（2）资本（capital），是指借款人的财务杠杆状况及资本金情况。资本金是经济实力的重要标志，也是企业承担信用风险的最终资源。财务杠杆高就意味着资本金较少，债务负担和违约概率也较高。

（3）还款能力（Capacity）。主要从两方面进行分析：一方面是借款人未来现金流量的变动趋势及波动性；另一方面是借款人的管理水平，银行不仅要对借款人的公司治理机制、日常经营策略、管理的整合度和深度进行分析评价，还要对其各部门主要管理人员进行分析评价。

（4）抵押（Collateral）。借款人应提供一定的、合适的抵押品以减少或避免商业银行贷款损失，特别是在中长期贷款中，如果没有担保品作为抵押，商业银行通常不予放款。商业银行对抵押品的要求权级别越高，抵押品的市场价值越大，变现能力越强，则贷款的风险越低。

（5）经营环境（Condition）。主要包括商业周期所处阶段、借款人所在行业状况、利率水平等因素。商业周期是决定信用风险水平的重要因素，尤其是在周期敏感性的产业；借款人处于行业周期的不同阶段以及行业的竞争激烈程度，对借款人的偿债能力也具有重大影响；利率水平也是影响信用风险水平的重要环境因素。

（二）投资项目融资评审框架和要点

各类项目的融资评审主要考虑市场、偿债能力、财务评价、信用结构等七个方面。

1. 项目市场前景及建设必要性

（1）行业分析：项目所属行业当前整体状况分析，国内外情况对比，发展趋势预测，项目所生产产品的生命周期分析。

（2）产业政策：项目是否符合国家产业政策，项目建设和运营是否符合相关法律法规要求，是否经过必要的报批程序，是否符合国家总体布局和地区经济结构的需要。

（3）市场定位：产品定位及目标市场。

（4）目标市场历史表现和未来预测：包括"量"和"价"两方面，分析目标市场供需情况和销售价格变化情况，目标市场历史表现分析区间应对至少一个价格波动周期的"量"和"价"进行分年预测，之后可通过趋势判断估测。

（5）竞争力分析：同业对比产品替代性、销售渠道、产品成本等。

（6）市场份额判断和价格预测：审慎判断和预测客户的未来市场份额和产品售价。对周期性行业、增长性和衰退性行业，应充分考虑行业周期影响；对资源类项目，要在权威评估机构对其资源储量、可开采量等评估数据基础上进行判断预测。

2. 项目概况、合规性、技术可行性

（1）政策性风险：是否符合国家宏观经济政策、产业政策、区域发展政策等。

（2）行政许可或合规性：规划、用地、项目审核、环评等审批情况。

（3）技术风险：技术的先进性、稳定性、适用性和成熟度。

（4）生产建设条件：水、电、燃料、原材料供应等。资源条件能否满足项目需要，原辅材料、燃料供应是否有保障，是否经济合理；配套水、电、气、交通、运输条件能否满足项目需要；相关及配套项目是否同步建设。

3. 授信对象及项目股东

（1）信用状况：在评级机构、银行的信用等级与历史违约信息。

（2）法人治理结构：股权结构情况，公司章程、财务制度及决策能力等。

（3）关联方、关联交易：股东、子公司、实际控制人情况及关联交易等。

（4）重大事项：舆情、未决诉讼、资产重组、生产事故、违法违纪事件。

（5）财务：通过结构分析、趋势分析、指标对比和同业比较等方法对客户财务会计信息进行分析。客户财报需经银行认可的会计师事务所审计。

（6）其他。

借款人通常是为建设、经营该项目或为该项目融资而专门组建的企事业法人，包括主要从事该项目建设、经营或融资的既有企事业法人。对借款人及项目股东情况评估内容应包括：借款人是否具备主体资格；项目股东的经济实力、风险承受能力、整体经营情况及行业经验；项目与股东主营业务的相关性及协同效应；项目对项目股东的重要程度及股东支持项目的意愿和能力；项目经营主体在相关领域的经营管理能力。

4. 项目财务评估

项目财务评估包括项目投资估算与资金筹措评估、项目基础财务数据评估、项目的盈利能力和清偿能力评估以及不确定性评估四个方面。

（1）项目投资估算与资金筹措评估。项目投资（含建设投资和流动资金）估算是否合理，是否存在高估、低估和漏估问题；项目总投资及构成的合理性，项目资本金比例是否符合国家规定；各项投资来源的落实情况及项目资本金的到位情况等；如果资金来源包括多家银行贷款，是否采用银团贷款的方式。

（2）项目基础财务数据评估。基础数据的取值是否有理有据，所采用的财税制度是否符合国家现行规定。

（3）项目的盈利能力和清偿能力评估。采用规范的方法，计算反映项目盈利能力和还款能力的相关指标，分析项目的还款资金来源，了解项目的盈利能力和还款能力。

（4）不确定性评估。了解项目将面临的风险及抗风险的能力。

（5）相关财务测算。基本指标计算：计算项目成本费用、项目损益和现金流量分析、内部收益率、财务净现值、投资回收期和投资利润率等。敏感性分析：对项目投资、产品价格和付现成本等进行了单因素敏感性分析。盈亏平衡分析：包括项目内部收益率（FIRR）、财务净现值（FNPV）、投资回收期（Pt）、盈亏评审点（BEP）、投资利润率等测算分析。

5. 偿债能力评价

（1）还款来源：还款来源的可靠性和还款资金承诺文件及公司章程等，防止还款资金因外汇管制等情况出现支付约束等问题。

（2）偿债能力：计算项目偿债覆盖率，贷款期限和偿债覆盖率需合理匹配；对公司总体债务进行平衡分析，计算公司偿债覆盖率。以公司偿债覆盖率作为控制边界，按市场竞争程度、行业、客户信用等级、有无账户监管等因素进行控制。

6. 信用结构评与风险分担

（1）担保主体的担保能力：计算担保系数，测算担保主体的担保能力，并分析担保主体的履约意愿。

（2）抵、质押物的担保能力：计算抵、质押率，测算抵质押物的担保能力。核实抵质押物的权属合法性，并分析抵质押物的变现能力等。

（3）风险分担：项目是否投保必要的商业保险；项目风险是否在借款人、出资人、项目承包方、施工方等各参与方之间得到合理分配，完工担保是否落实；项目的政策风险、筹资风险、完工风险、产品市场风险、超支风险、原材料风险、营运风险、汇率风险、环保风险和其他相关风险是否得到有效控制等。

（4）风险缓释措施：分析风险缓释措施的有效性和可操作性，判断风险缓释能力。

7. 融资方案

贷款人应当按照国家关于固定资产投资项目资本金制度的有关规定，综合考虑项目风险水平和自身风险承受能力等因素，合理确定贷款条件、金额和发放程序；应当根据项目预测现金流和投资回收期等因素，合理确定贷款期限和还款计划；应当与借款人约定专门的项目收入账户，并要求所有项目收入进入约定账户，并按照事先约定的条件和方式对外支付。融资方案主要包括：综合判定包括贷款金额、期限、还款计划、项目收入账户等在内的融资方案安排是否合理可行。

三、PPP 融资的难点分析与应对

（一）PPP 融资难点

传统信贷、基金等融资方式期限都不长，与 PPP 项目数十年的投资周期存在一定的不匹配，这是PPP融资的一大难点。除了期限不匹配之外，PPP融资更大的难点是担保或增信问题。传统的公司融资要求抵押担保，第一还款来源是借款人的预期偿债能力，第二还款来源通过处置抵押物、质押物或者对担保人进行追索来保障债权。对于PPP项目而言，规划、技术、合规性等方面通常不存在问题，落地难的重要原因之一就是融资难，主要体现在难以实现无追索或有限追索的项目融资方式。银行还是倾向于传统的抵质押贷款，需要股东或第三方提供增信措施，以控制信贷风险。

尽管各方一直呼吁以项目公司收费权或特许经营权质押作为担保进行"有限追索"融资，但是，实践中出于风险考量，金融机构更多是采取传统担保贷款模式，甚至更愿意为融资平台贷款而非为PPP贷款。对于公益类的PPP项目，项目主要依靠政府付费，政府财力、诚信等将直接影响未来项目现金流、利润，社会资本、金融机构都很难有效把控项目的资金回流风险。对于经营类的PPP项目，由于市场不确定性因素较多，很多新建项目尚处于前期或建设期、没有运营和财务业绩，很难预测未来的收益或现金流，第一还款来源具有较大不确定性。此外，相当多PPP项目的市场前景存在不确定性，依赖于政府付费或补贴，在经济下行、地方财力普遍吃紧情况下，项目的资金回笼风险较大。

PPP的政策法规尚在完善过程中，财政预算尚需规范、硬化，市场不确定性较大，这些因素也导致了"叫好不叫座"和观望、犹豫现象。故而，很多PPP项目还款来源不可控因素较多，并且周期长，风险依然存在。尽管目前"资产荒"依然严重，但经济下行使得放心的资产、好项目越来越少。项目公司一般不具有授信能力，这些因素都导致金融机构心存疑虑，需要项目公司提供额外增信措施。

在实践中，很多社会资本作为股东又不太愿意提供担保等"强增信"措施，如担保、回购等。担保被视同为或有债务，作为上市公司或国有企业需要严格报批、进行信息披露，并且，很难实现"风险隔离"的有限责任之目的。出于承债能力有限、并表等原因，社会资本不愿为项目公司融资提供担保，担保则可能增加了自身的或有负债，终极风险则转移到股东本身。此外，就算社会资本作为股东愿意提供担保，也不一定满足金融机构要求、获得认可。很多项目无法提供有效、足值的担保物，导致融资难以落实、形成"半拉子"工程，或反过来政府承担了融资责任。

PPP项目的融资难的核心在于：还款来源的可靠性与偿债能力，即第一偿债来源是否稳定和明确、还款承诺方式的选择。还款来源是判断偿还可能性的最明显标志，偿债能力主要依赖于借款人的现金流量是否充足。PPP项目收费收益权为项目公司所有者或者社会资本因履行PPP项目合同获得收费权而产生的享有未来预期现金流的权利。一般情况下，借款人的还款来源不外乎现金流量、资产转换、资产销售、抵押物的清偿、重新筹资及担保人偿还等，由于这几种来源的稳定性和可变现性不同、成本费用不同，因此风险程度也就不同。通常，正常经营所获得的资金或经营性现金流量是偿还债务最有力保障和主要还款来源，第二还款来源及其他，如股东或第三方担保、抵质押等，则需确认保证人的保证主体资格和代偿能力，以及抵押、质押的合法性、充足性和可实现性。

项目融资的基础和保证是项目的经济强度，即拟建项目未来的现金流量和项目建成后所形成的资产的价值。虽然银监会发布了《项目融资业务指引》，但实践中，以项目未来收益和资产为担保的项目融资方式并不多见。金融机构不愿承担风险，创新动力不足。以商业信贷为主导的间接融资，利率过高、周期较短，难以适应大多数PPP项目收益低、周期长的特点。

随着新预算法实施、债务管理逐步规范，地方政府无法提供财政担保，并且，预算管理越来越严格。金融机构以往绑定地方政府、平台公司，要求地方财政出具承诺函、要求人大出具决议的放贷模式难以为继。当下PPP项目中优质的项目比较稀缺，多数项目存在一定的风险。要突破PPP项目的融资瓶颈，必须政府、金融机构、社会资本共同发力，立足于融资渠道、增信、模式及风险分担等多方面创新。

（二）增信方式及其创新

增信就是增进信用，起源于企业发行债券的金融活动。狭义增信是指债券的信用评级，广义是指一切能够为融资提供有利支持的各种手段和方式。广义增信的范围非常广泛，不仅包括担保，还包括诸如信用评级、人大及政府出具的相应决议、承诺函、安慰函、回购安排、可行性缺口补助、未来应收款账户质押、缴交保证金、购买保险、资金第三方托管等。传统的抵押、质押等担保方式属于"强增信"方式，通常要求担保人担保能力强或担保物足值且容易变现，"强增信"方式往往是金融机构比较青睐的。

如何尽可能少用项目发起人或母公司担保，实现无追索或有限追索的项目融资？目前，主要信用结构包括：（1）资产抵押：如土地使用权，项目建设形成的资产等抵押；（2）保证担保：如股东保证担保及独立第三方保证担保等；（3）股权质押：如借款人股东股权质押，上市公司股权质押等；（4）收费权质押：如收费权等。

这就需要政府提供相应的政策支持、金融机构进行创新、企业有效防控风险，通过三方合力尽可能实现项目融资。从主体看，可以在增信上创新和优化：

（1）政府承诺与支持。政府提供最低需求保障、承诺项目唯一性（不建类似竞争项目）、出具纳入财政预算的函等。

（2）基于项目本身信用。项目公司股权质押、项目形成的资产抵押、项目收益权质押、建立监管账户。

（3）风险转移及缓释。贷款人应当采取措施有效降低和分散融资项目在建设期和经营期的各类风险。贷款人应当以要求借款人或者通过借款人要求项目相关方签订总承包合同、投保商业保险、建立完工保证金、提供完工担保和履约保函等方式，最大限度地降低建设期风险。同时，可以以要求借款人签订长期供销合同、使用金融衍生工具或者发起人提供资金缺口担保等方式，有效分散经营期风险。

（4）基于股东方或第三方信用。股东或第三方提供担保、承诺回购项目（承接债权债务）、差额不足或流动性支持。进行内部增信，分为优先级、劣后级。股东就优先还款、贷款存续期间不撤资、不分红、不对外担保、不以公司的资产和权益向第三方提供抵、质押担保等事项作出承诺。在基础设施施工建设阶段，项目无现金流入时，可以考虑超额募集或由次级投资者补足资金的形式用于支付期间收益。

（5）政策性支持工具。以欧洲交通网络项目贷款担保工具为例。欧洲交通网络项目贷款担保工具（The Loan Guarantee Instrument for Trans－European Transport Network Projects，LGTT）是由欧洲委员会和欧洲投资银行各出资50%共同发起的又一支投资引导基金，主要投资于欧洲交通网计划内的大型交通基础设施项目。LGTT通过提供还款担保为项目增信，以吸引商业银行为PPP项目授信，准备运营期的备用贷款（stand－by facility，SBF）。当项目现金流不足以偿还优先贷款（senior loan）时，可启动备用贷款，备用贷款的偿还次序次于优先债务，并且每一期的偿还额度根据现金流调整（on a cash sweep basis）。LGTT为备用贷款到期日的还款提供担保，如果在到期日仍有未偿还的备用贷款，贷方可要求LGTT偿还剩余债务，同时LGTT成为项目的次级债债权人。此外，安徽省引入省级政策性担保机构创新履约担保模式，提升了社会资本方和银行参与PPP积极性。安徽省担保公司向贷款银行（收益人）出具PPP项目履约保函，即约定因政府方原因未及时支付购买服务费时，由其向受益人代偿。政府同意将政府付费纳入政府预算支出责任，本级人大同意纳入中期预算。安徽省担保为地方政府提供了履约担保以方便项目融资，同时，引入省财政负责代扣转移支付机制，缓释担保公司风险。对于偿债来源是PPP项目本身收益的融资，除了提供流动性支持、差额补偿等安排以外，地方政府可通过筹资成立政策性担保基金或PPP方面的政策性担保机构等方式，为PPP项目融资提供政策性担保，中长期还可引入债券保险等增信措施。必要时，上级财政直接从相关资金中代扣，并支付至项目公司或受益人。

目前，多数PPP项目需要提供项目以外的担保或增信措施才能完成融资。但是，随着预算体制改革、法治政府建设推进，PPP 项目的财政支出责任切实能纳入预算、支付将更有保证，这可能会弱化对担保的要求。同时，银行可能会加强对项目本身和社会资本运营能力的考察，项目融资的风险变得可以控制。

在创新增信方式的同时，应积极推进 PPP 的立法、政府信用、法治等方面建设，将有助于解决 PPP 融资难、风险大等问题。

(三) 加强 PPP 项目再融资、资本市场建设

项目公司长达 10~30 年运营期内，出于资产负债率、现金流、利润等角度考虑，还可以不断进行资本运作，进行再融资、资产证券化等。

目前，金融机构更多是项目分红、回购等方式退出，通过资产证券化、上市等渠道退出的不多。需要说明的是，目前政府回购较普遍，但这种方式存在"明股实债"、变相融资之嫌，政策风险较大。我国融资还是偏重于间接融资，PPP 项目的融资渠道还是主要依赖于银行贷款，需要创新融资方式，深化 PPP 的二级市场、发展 PPP 资本市场。

第三节 金融机构参与 PPP 方式与部分新型融资方式

一、金融机构参与 PPP 的方式与退出机制

(一) 金融机构参与 PPP 的方式

目前，很多商业银行尽管投资功能子公司尚未成立，但已通过关联公司，如建银国际、中银国际、工银国际等投行平台尝试开展"投贷联动"业务。PPP 市场可以鼓励信托、券商、银行、基金、保险等各类金融机构参与，除了提供资金，可以提供规划咨询、融资顾问、财务顾问等服务，提高 PPP 项目的运作效率。

金融机构深度参与 PPP 项目，将有助于金融创新、PPP 项目实质性推进。参与方式可分为以下几类：一是，作为资金提供方，为项目公司或社会资本提供融资，间接参与 PPP 项目。二是，作为社会资本直接参与 PPP 项目，金融机构可以联合具有基础设施建设、运营维护能力的社会资本，形成联合体与政府签订 PPP 合作协议，在协议约定的范围内参与项目的融资。三是，银行通过投行资金

和配套发放贷款等方式来满足项目的融资需求,以"股权+债权"的模式对企业进行投资,形成股权投资和银行信贷之间的联动融资模式。投贷联动可以降低银行大规模贷款带来的风险,投行资金的参与也为银行更好参与 PPP 项目运作提供了良好的契机。

银行成立或通过基金参与 PPP 项目已成新的主流,融资方式可以采取项目贷款、信托贷款、明股实债、有限合伙基金、项目收益债和资产证券化等多种形式。作为 PPP 项目最重要的资金提供方,银行可通过直接信贷支持、投贷联动、对接资管计划、PPP 基金等多种方式为项目提供资金支持。同时,银行参与 PPP 的方式可从"资金融通方"向"资产管理方"转变。

此外,在 PPP 的全生命周期各个阶段都可以进行金融运作。在实施中,英国 PPP/PFI 项目的投资者,按投资阶段分为主要投资者、次级投资者;按资金来源分为项目运营商,财务投资者和机构投资者。其中,项目运营商往往就是主要投资者,负责主导整个项目的建设和运营;财务投资者仅提供资金,其目的是求得最大回报;机构投资者往往是一些养老金和保险资金,构成了次级投资者,其参与 PFI/PF2 项目的目的是为获得长期稳定的固定回报。英国政府也鼓励长期的资金和股权投资者进入 PPP 项目。一旦项目建成并进入稳定运营阶段,主要风险已经过去,主要投资者就会将部分股权出售给一些机构投资者,养老金等机构投资者就可作为次级投资者参与 PPP 项目。

(二) 金融机构参与 PPP 的退出机制

金融机构参与 PPP 项目首先考虑的是退出机制安排。金融机构一般对 PPP 项目的建设、管理、运营等并不擅长,如项目一旦出现经营不善或管理纠纷,会直接影响收益的实现。故此,金融机构在向项目公司提供融资之前,会进行详尽的尽职调查,对项目的运营及未来现金流进行财务分析和测算。金融机构参与 PPP 项目的退出方式一般有以下几种:

1. 项目清算

项目清算退出是指资金投入到 PPP 项目公司后,在项目投资公司完成项目任务(或阶段性投资任务后)后,通过项目投资公司清算(或注册资本减少)的方式,返还金融机构应当获取的股权收益,实现投资的退出。

2. 股权回购/转让

股权回购/转让退出是指资金投入到 PPP 项目公司后,在项目投资公司完成项目任务(或合同约定投资任务)后,由项目发起人或者政府授权的国有公司进行股权回购;或对外转让所持有的项目股权,通过溢价回购(转让)股权、获得合伙分红方式退出。

3. 资产证券化

资产证券化退出是指资金投入到 PPP 项目公司后,以基础资产所产生的现金流为偿付支持,对项目资产信用增级,然后发行资产支持证券,获得投资收益后并退出。

4. 资本市场上市

资本市场上市退出是指选择经营性基础设施和特色产业中的优良资产进行打包,并在资本市场上市,实现资产增值收益。

目前,金融机构更多是项目分红、回购等方式退出,通过资产证券化、上市等渠道退出的不多。需要说明的是,目前政府回购较普遍,但这种方式存在"明股实债"、变相融资之嫌,政策风险较大。通过资产证券化或上市退出也仍存在能否及时将资产变现、资产真实出售等问题。故此,PPP 的金融市场还需要进一步深化和创新。

二、PPP 相关的新型融资方式

(一) 几类融资方式

目前 PPP 项目的几类融资方式如下:

1. 项目收益债

项目收益债券/票据这一融资方式是我国近年来发展起来的融资方式。发起人设立专门的项目公司作为发行主体,负责项目投融资、建设和运营管理,其运营风险不会传递至项目发起人,继而实现与地方政府或企业的风险隔离。同时,地方政府不承担项目收益票据的直接偿还责任,也不为票据承担隐性担保。票据的融资规模、信用水平不依赖于地方政府财政收入与债务水平,且地方政府不直接介入相关项目的建设、运营与还款。

作为我国试点发行的第一支项目收益债券,"14 穗热电债"一推出就受到机构投资者的高度认可,也展示了其在 PPP 模式中广阔的发展前景。"14 穗热电债"规模 8 亿元,期限为 10 年,从第三年起分期还本。资金投向为广州市第四资源热力电厂垃圾焚烧发电项目,发行人是项目建设运营主体广州环投南沙环保能源有限公司。项目收入来源包括垃圾处理费收入、发电收入、金属回收收入和即征即退增值税等,通过专户专项归集。同时,发行人股东及实际控制人分别对债券本息提供差额补偿,确保债券的本息偿付,使得债项信用等级达到 AA。2014 年 11 月 17 日成功簿记建档,中标利率 6.38%,低于当时的五年期以上贷款基准利率的 6.55%。

项目收益债券是以项目公司为发行主体，侧重于使用者付费的经营性 PPP 项目。与一般企业债券最大的区别是，项目收益债券的信用支持主要来自于对项目本身未来稳定现金流的预期，而不取决于项目主体的资信水平。地方财政不再为其提供"隐性背书"，其要求收益率略高于同级别的企业债和城投债。

2. 资产证券化

资产证券化（Asset Backed–Securitization）是指将缺乏流动性的资产，转换为在金融市场上可以自由买卖的证券的行为。资产证券化代表了一种基于将信用风险转移（可能同时包含利率风险及汇率风险），由发起人转移至投资者的另类的、多样化的融资渠道。它以基础设施的未来收费所得产生的现金流为支持发行债券进行融资的模式，债券的还本付息来源于基础设施的未来收费所得产生的现金流。凡是有可预见的稳定的未来现金收入的基础设施，经过一定的结构重组都可以证券化。纯经营性和准经营性的基础设施项目适用于资产证券化的融资方式。所有的资产证券化基础资产，都要求具备合法性，没有列入负面清单；能够真实出售和转让，有效隔离破产风险。负面清单即不适宜采用资产证券化业务形式或者不符合资产证券化业务监管要求的基础资产。

从资产证券化产品的角度看：

（1）未来有稳定的现金流入且可以同其他资产所产生的现金流入相分离，能够形成基础资产的有效供给。基础设施提供的产品或服务属于满足社会基本需求的层次，需求弹性小，消费者对城市基础设施的消费次数是比较稳定的，消费价格受政府管制，也不会有较大的波动。所以，它在经营期间能够产生较为稳定的现金收入。

（2）未来现金流入可预测。基础设施项目运营期较长且遵循一定规律，历史记录完备，在未来产生的现金流入具有可预测性。

（3）规模较大。我国城市化进程的加速要求基础设施建设快速跟进，每年都有大规模的资金投向城市基础设施领域，基础设施的规模呈稳定上升趋势。将这些项目中的收费权进行资产证券化完全可以形成足够规模的、相似条件的资产池。

（4）资产质量高。城市基础设施缴费拖欠的比例低，是历史上违约率与损失率较低的资产。

PPP 项目不在资产证券化负面清单之列。中国证券投资基金业协会在 2014 年 12 月发布的《资产证券化业务基础资产负面清单指引》中明确提到："以地方政府为直接或间接债务人的基础资产。但地方政府按照事先公开的收益约定规则，在政府与社会资本合作模式（PPP）下应当支付或承担的财政补贴除外"。此外，为了规范 PPP 运作，PPP 项目开展资产证券化，原则上需为纳入财政部 PPP 示范项目名单、国家发展改革委 PPP 推介项目库或财政部公布的 PPP 项目库的项目。PPP 项目现金流可来源于有明确依据的政府付费、使用者付费、政府补贴等。其中涉及的政府支出或补贴应当纳入年度预算、中期财政规划。PPP 框架下的公共基础设施项目是可以运用资产证券化工具的。从严格的规范性角度来考虑，最好的 PPP 基础资产应是依附于已完成建设并进入运营期，且拥有稳定现金流的 PPP 项目的资产。

3. 产业投资基金

产业投资基金，是指一种对未上市企业进行股权投资和提供经营管理服务的利益共享、风险共担的集合投资制度。按照投资领域的不同，可以分为创业投资基金、企业重组投资基金、基础设施投资基金等类别。每一类型又可细分为多种基金，如基础设施投资基金按其具体行业又可分为：电力建设基金、通信建设基金、公路建设基金、民用航空事业建设基金等，各个基金严格按照各自的行业范围进行投资。

通过对引导基金投资模式的合理设计，可以使得 PPP 项目的现金流更符合养老金、保险资金、主权财富基金等机构投资者的投资需求，从而获得与 PPP 项目更匹配的稳定、长期、低成本的资金。

4. 基础设施信托

基础设施信托是委托人将自己合法拥有的财产委托给信托公司，由信托公司以自己的名义按委托人的意愿或按双方的约定，为了受益人的利益，进行基础设施建设和经营方面的投资。由于基础设施涉及范围较广，因此基础设施信托的内容也较多，比较重要和常见的有基础设施建设抵押贷款信托、基础设施项目建设担保贷款信托、融资租赁、基础设施受益权信托等。信托投资公司开展基础设施信托的主要目标或方向应该是那些项目建成后具有较高或稳定的现金流的基础设施项目，如港口、码头、轨道交通、收费路桥、城市供热、供水、供气等项目。

5. 融资租赁

融资租赁主要可以采用直接融资租赁、设备融资租赁和售后回租三种方式。租赁公司与 SPV 公司签订租赁物转让协议和售后回租融资租赁协议，SPV 公司将其名下公共设施的固定资产作为租赁物转让给租赁公司，将获取的资金作为资本金，并通过支付租金继续享有对该部分公共设施资产的占有和收费权。

融资租赁的主要优势在于：一是盘活公共设施存量资产，拓宽融资渠道，进一步优化资本结构，降低资金成本，提高资本运作能力；二是资金使用灵活，还款安排多样，可以在租赁合同中约定多样化的租金支付方式；三是 SPV 公司可使用加速记提的折旧费支付租金，属于税前支付，可以得到税收优惠，从而降低融资成本。

6. 永续债

永续债是中期票据项下的无固定到期日的含权债券产品。其核心特点一是无固定期限，二是含投资人回购权、发行人赎回权或其他含权条款，可根据约定条件进行赎回，产品灵活性强。永续债的主要优势在于：永续债采取开放式的产品结构，具体条款的设计充分市场化，由发行人与主承销商灵活制定。永续债在满足一定要求时，可在会计核算中计入发行人权益，改善社会资本方资产负债结构和财务指标。永续债持有方无表决权，不影响社会资本的控制权。

（二）部分融资工具的应用对比分析

目前市场上金融工具，大多存在期限短，需要社会资本或其他方以差额补足等方式提供增信等，无法完成资产的真实出售，实现风险隔离和债务出表。相比较而言，银行贷款依然是主体，并且，现阶段从期限匹配、融资成本等等而言均具有更强的吸引力。故此，新型融资模式依然面临进一步的创新压力。部分PPP的新型融资工具的适用范围、收益、风险情况见表7-2。

表7-2 部分PPP项目融资工具

融资工具	适用范围	收益率	风险分析
一般企业债（准项目债）	消费者付费的经营性项目，政府付费的公益项目（政府承担项目费用）	国外准项目债收益率与国债利率持平，国内准项目债收益率高于同期国债收益率低于同级别企业债收益率	因政府单方面违约（包括停止支付运营担保、违反唯一性项目协定、限制收费价格调整或者由政府做出反方向调整）造成的违约风险，私营部门经营不善（包括项目成本增加）造成的违约风险，地方财政风险（包括财政收入下降、财政收支金流期限不匹配等），私营部门财务管理风险（可能因项目垫资导致的现金流问题），私营部门资信评级风险，宏观、产业政策和经济周期风险
资产证券化	消费者付费的经营性项目，政府付费的公益项目（政府承担项目费用）	国内外一般都高于同期国债收益率，接近同级别企业债	项目经营风险（BOT、公私合营SPV的后期运营），由于债券收益取决于未来现金流，因此经营风险是最主要的风险点，财政风险（BT、BOT回购模式），由于这一模式是由政府付费，所以财政风险是最主要的风险点；项目发起人财务风险（可能因项目垫资导致的现金流问题）；私营部门资信评级风险；宏观、产业政策和经济周期风险
项目收益债券/票据（类比美国市政收益债）	消费者付费的经营性项目	次贷危机后，美国市政收入债收益率税前低于、税后高于同级别企业债，更高于国债	发行主体成立时间短、运营不够成熟，尤其体现在项目的建设阶段和运营阶段，项目经营风险，由于债券收益取决于未来现金流，因此经营风险是最主要的风险点；私营部门资信评级风险；地方财政政策、财政状况及信用风险；宏观、产业政策和经济周期风险

续表

融资工具	适用范围	收益率	风险分析
基础设施信托	消费者付费的经营性项目，政府付费的公益项目（政府承担项目费用）	我国基础设施信托收益率明显高于十年期国债收益率，是目前多种产品中收益率最高的	融资人经营管理、财务结构风险，信托融资对于发行人的要求相对较低，在净资产、偿债能力等方面没有设置严格的标准，信托公司自身也缺乏相关的项目管理能力，也就导致违约风险增加；期限错配风险，基础设施项目建设周期相对较长，而现有基建类信托产品存续期以2~5年为主，容易出现流动性风险；地方财政风险（信托产品虽然也有政府背书，但信用担保能力有差异），宏观、产业政策和经济周期风险，由于我国当前对信托业务尚无规范化的管理文件，因此面临的政策风险相对较高

来源：招商证券。

三、PPP 资产证券化专题研究

（一）PPP 资产证券化的意义和政策

PPP 项目资产证券化有利于拓宽融资渠道、降低融资成本、增强资产流动性、丰富社会资本退出方式。2016 年 12 月 21 日，国家发展改革委、中国证监会联合发布《关于推进传统基础设施领域政府和社会资本合作（PPP）项目资产证券化相关工作的通知》（以下称"通知"），正式启动了 PPP 项目资产证券化的进程。重点推动符合下列条件的 PPP 项目在上海证券交易所、深圳证券交易所开展资产证券化融资：一是项目已严格履行审批、核准、备案手续和实施方案审查审批程序，并签订规范有效的 PPP 项目合同，政府、社会资本及项目各参与方合作顺畅；二是项目工程建设质量符合相关标准，能持续安全稳定运营，项目履约能力较强；三是项目已建成并正常运营 2 年以上，已建立合理的投资回报机制，并已产生持续、稳定的现金流；四是原始权益人信用稳健，内部控制制度健全，具有持续经营能力，最近三年未发生重大违约或虚假信息披露，无不良信用记录。基础资产有稳定的、可预测的现金流，是实现资产证券化的前提和条件。此规定对基础资产设定了较高的"门槛"，意味着风险降低。

（二）PPP项目资产证券化操作

从社会各界的反应来看，PPP证券化已经成为跨年期间资本市场的热点。"中信建投－网新建投庆春路隧道PPP项目资产支持专项计划"、"华夏幸福固安工业园区新型城镇化PPP项目供热收费收益权资产支持专项计划"、"中信证券－首创股份污水处理PPP项目收费收益权支持专项计划"等三支资产证券化产品在上交所顺利上市挂牌，标志着PPP项目与资本市场顺利对接。当前PPP资产证券化主要以未来的收益权（供暖费、污水处理费、过桥费）等用资产证券化的方式进行融资。其中，首个园区ABS——华夏幸福固安工业园区PPP资产支持专项计划要素如下：

华夏幸福固安PPP资产支持专项计划的交易结构见图7－2。

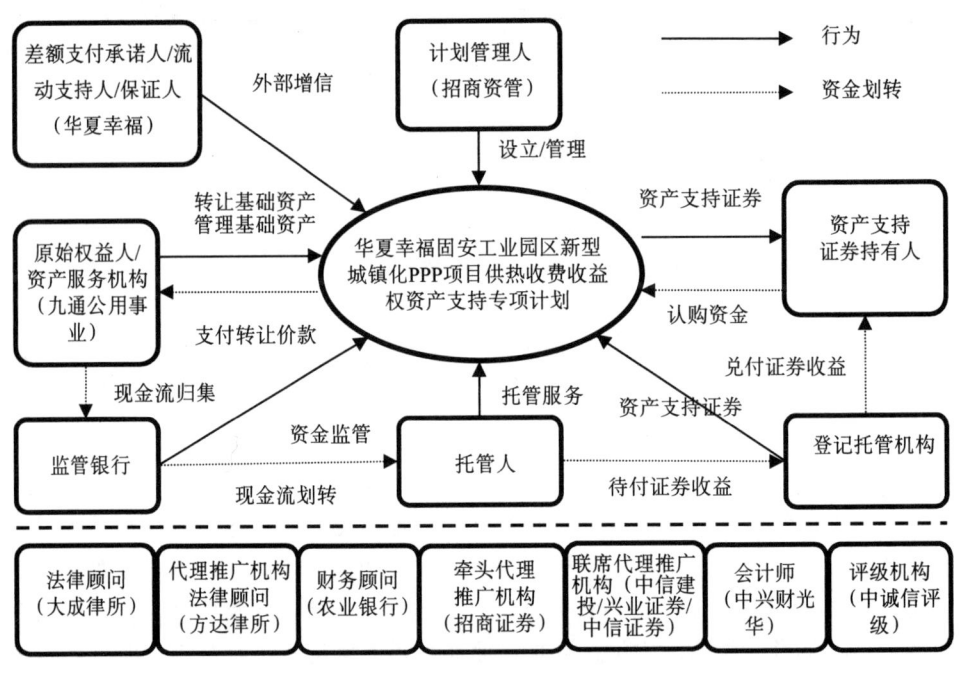

图7－2 华夏幸福固安PPP资产支持专项计划交易结构

（1）发行人为华夏幸福基业下属全资子公司固安九通基业公用事业有限公司，拟发行规模7.06亿元。其中，优先级资产支持证券募集规模为6.7亿元，分为1年至6年期6档，均获中诚信证券评估有限公司（以下简称"中诚信证评"）给予的AAA评级；次级资产支持证券规模0.36亿元，期限为6年，由九通基业投资有限公司（华夏幸福全资子公司、原始权益人固安九通基业公用事业有限公司控股股东）全额认购。专项计划优先级4～6档在存续期内第三年末设置利率调整、购回和售回机制，即第三年末原始权益人有权选择购回全部优先级资产支持证券，且投资者有权将其持有的优先级资产支持证券全部或部分售回给原始权益人。预期年收益在 3.9% 至 5.2% 之间。

（2）认购人通过与计划管理人签订《认购协议》，将认购资金以专项资产管理方式委托计划管理人管理，计划管理人设立并管理专项支持计划，代表专项计划以募集资金向原始权益人购买基础资产。投资者取得资产支持证券，成为资产支持证券持有人。原始权益人取得购买价款，将基础资产转让至专项计划。

（3）计划管理人代表专项计划根据《资产购买协议》购买并受让基础资产，并根据协议约定支付基础资产的购买价款；原始权益人同意按照协议约定的条款和条件向买方出售并转让基础资产。

（4）专项计划存续期内，资产服务机构定期归集并转付基础资产产生现金流，专项计划每年向资产支持证券持有人进行分配。

（5）计划管理人根据相关文件的约定，向托管人发出分配指令，托管人根据分配指令将相应资金划拨至登记托管机构的指定账户，用于支付资产支持证券本金和预期收益。

项目增信方式如下：

（1）内部结构化分层。华夏幸福固安 PPP 资产支持专项计划安排了优先/次级的证券分层。优先级资产支持证券规模占比为 95%，次级资产支持证券规模占比为 5%。优先偿付优先级资产支持证券预期收益后，再偿付优先级资产支持证券本金；之后剩余资产归次级资产支持证券所有人所有。

（2）华夏幸福为优先级资产支持证券提供差额支付承诺。华夏幸福作为差额支付承诺人，将依照《差额补足承诺函》而向专项计划支付差额补足款项。

（3）华夏幸福为原始权益人购回及投资者售回提供保证担保。华夏幸福作为保证人，保证将按照《保证合同》的条款与条件，对原始权益人在购回优先级资产支持证券或在优先级资产支持证券持有人售回优先级资产支持证券时所需支付的购回或售回款项提供连带责任担保。

（4）华夏幸福为原始权益人提供流动性支持。计划管理人将与三浦威特、九通公用事业、华夏幸福签署《运营支持协议》，由华夏幸福为九通公用事业的运营提供流动性支持。

（5）现金流超额覆盖。正常情况下，华夏幸福固安 PPP 资产支持专项计划中每年监管账户中现金流入对优先级资产支持证券本息覆盖倍数均可保持 1.1 倍以上，能够对优先级资产支持证券本息的偿付提供一定的信用支持。

这是目前国内首批获准发行的三单 PPP 项目资产支持专项计划中募集资金规模最大的一单，也是国家发改委和中国证监会首批推荐项目中唯一园区 PPP 项目的资产证券化产品。

目前，PPP项目资产证券化的基础资产主要包括收益权资产、债权资产和股权资产等类型，其中收益权资产是最主要的基础资产类型。从我国推广运用PPP模式的实践情况来看，以收益权为基础开展PPP项目资产证券化也相对成熟。

（三）PPP项目资产证券化面临的问题与建议

PPP项目的特性使其与一般类型基础资产的证券化存在明显差异，需要从PPP特性出发，设计合理规范的产品。尤其是，在基础资产转让、收费权/收益权质押、期限匹配、增信等方面，存在的问题与建议如下：

1. 基础资产转让的限制

首先，PPP项目具有明显的公共产品属性，合同中通常会对项目经营权或预期收益的转让做出一定的限制，即未经政府方同意，项目公司在项目合作期限内不得将本项目经营权出租或以任何形式转让、承包给第三人。这就意味着，PPP项目证券化中基础资产的转让必须获得政府方的同意。其次，基础资产与经营权密切相关，但收益权紧密依赖于经营权。以使用者付费的PPP项目为例，大多数收费权都要求主体具备特殊的资质，即有政府的特许经营权，但该特许经营权本身不允许转让，无法办理变更和过户，如高速公路收费权项目。此时，只能以收益权作为基础资产，将其转移至资产证券化特殊目的载体，而不能转移经营权。如果仅以收益权作为基础资产出售给SPV开展资产证券化业务，经营权仍然属于PPP项目公司，这类似于一般所有权未转让而收益权转让的资产证券化项目，也会产生收益权项目中的真实出售及破产隔离的问题。对于此类项目，只能以收费权所产生的收益权作为基础资产，具体操作中需要将收费权质押给专项计划，以确保基础资产由专项计划实际控制，从而保障现金流的回收。

2. 收费权/收益权的质押

PPP项目证券化中在将项目收费权/收益权质押给专项计划之前，要征得政府方的同意。此外，还应注意PPP项目收费权/收益权已存在质押的问题。实践中，多数PPP项目在获取融资时已将收费权/收益权质押给金融机构，这有悖于资产证券化中"相关基础资产以及产生该基础资产的相关资产不应附带权利限制"的要求。

因此，实际操作中应注意妥善处理原有抵押质押的解除问题，如在产品发行前以过桥资金归还原借款并解除质押、在产品发行后用募集资金归还借款并解除质押、与债权人协商解除质押或担保置换、利用信托资金解除前期担保等。

3. 项目提前终止

合同执行过程中，可能导致项目提前终止，其事由通常包括政府方违约事件、项目公司违约事件、政府方选择终止以及不可抗力事件。PPP项目终止后的回购补偿范围会因终止事由的不同而有所差异，具体补偿金额由项目各方进行合理的评估。

对提前终止可能带来的产品兑付风险，要关注以下几点：一是针对收益权类项目，由于基础资产能否持续产生现金流与项目公司的运营密切相关，需要做好补救措施，包括根据提前终止条款的具体设置来进行产品要素设计、第三方回购、第三方接任、产品发行前向投资者进行充分的风险揭示与说明等。二是针对违约事件和提前终止情形，需要关注项目合同中有关政府回购的相关条款，包括政府方的回购是选择性权利还是强制性义务、回购补偿的范围与计算方法、回购补偿的金额能否覆盖项目兑付兑息的现金流、回购补偿是一次性支付还是分期支付等。三是若PPP项目合同中的回购补偿采取分期付款方式，需要考虑分期付款的时间安排与产品兑付时间是否相匹配、投资者是否同意这种安排、产品发行前是否已进行充分的风险揭示与说明等。四是在发生项目公司违约事件且项目公司无法在约定期限内补救的情形时，融资方是否拥有介入权。

4. 期限不相匹配

资产证券化产品的存续期限一般在5年以内，很少有超过7年的资产证券化产品。因此，单个资产证券化产品期限难以覆盖单个PPP项目的全生命周期。如果在以PPP项目收益权为基础资产开展的资产证券化产品期满后，再开展另外的资产证券化，不仅程序繁琐，也会增加融资成本。

计划管理人需要在证券化产品的结构设计上采取更为灵活的策略，如设计成多期产品相叠加的模式，或循环购买方式，在每期产品到期后实行开放回售机制，由投资人自行选择是否回售相关产品，从而拉长融资期限。

计划管理人应根据PPP项目特点并结合投资者需求，设计能够覆盖PPP项目全生命周期的资产证券化产品。同时，建议相关部门能出台相关配套措施与支持性政策，鼓励保险资金、社保基金、养老金、企业年金、住房公积金等中长期投资者参与PPP项目证券化产品投资，破解PPP资产证券化的销售困局，推动PPP资产证券化业务的顺利开展。

5. 增信措施

在一般类型基础资产的资产证券化业务中，可以采用原始权益人差额支付、赎回机制、储备账户、外部担保、流动性支持贷款、备用信用证等多种信用增级方式。相比之下，PPP项目资产证券化项目则存在内部信用增级主体缺失的问题。对于政府方和社会资本方而言，囿于法律规定或降低资产负债率的限制，都不愿或不能提供信用增级，进而会影响到PPP项目资产证券化产品的评级。

因此，在PPP项目资产证券化业务中，可以参照美国收益债券模式重新搭建产品评级体系，并探索引入市场化增信机制。此外，未来PPP项目开展中，相关主体也应未雨绸缪，提升基础资产本身的信用评级，为以后开展资产证券化做好准备。

6. 完善相关配套措施

针对经营权转让、财政补贴转让以及资产证券化交易中的 SPV、真实出售、破产隔离等各个环节的相关问题加以明确。对 PPP 资产证券化产品进行的尽职调查，应把着重点放在基础资产上，包括财务报表、权利确认文件、交易结构等。对于收益权类资产，定价时会关注运营方实力、现金流稳定性、现金流历史记录、抵质押情况、行业前景、地区经济发展情况等；对于债权类资产，定价时会关注债务人的信用资质、分散性、历史违约率、早偿率、账龄及剩余期限等。完善二级市场的交易机制，提高 PPP 项目资产证券化产品的流动性，搭建投资主体多元化的市场退出机制。如推出针对 PPP 项目资产证券化产品的标准券质押式回购交易机制，扩展 PPP 项目资产证券化产品的交易平台，如进入以金融机构为投资者主体的银行间债券市场等。还可以考虑允许公募发行、做大市场规模、做长期限。

综上，证券化技术是将流动性较低的资产，转换为流动性较高的资产，但无法改变 PPP 项目的基础资产质量。如果基础资产本身有瑕疵，还进行证券化，只会起包装作用将瑕疵隐藏起来，变成"击鼓传花"的游戏，向资本市场转嫁风险，形成泡沫。如果过度注重短期报表改善，忽略企业转型，不重视资产证券化业务对企业绩效的长期作用，而仅仅追求近期业绩，将导致经营风险上升。

7. 以渐进、稳妥方式，不断扩围、分类推动 PPP 资产证券化

PPP 资产证券化可以在现有基础上进一步试点、深化。尤其是，鼓励建设期 PPP 项目资产证券化、政府付费型 PPP 项目资产证券化。此外，应鼓励各类相关利益相关者利用基础资产的项目收益权、股权和合同债权等开展资产证券化。当前应扩围、分类推进 PPP 项目资产证券化，相关要素见表 7-3：

表 7-3　　　　　扩围、分类推进 PPP 项目资产证券化

序号	发起人（原始权益人）	项目阶段	基础资产	限制性约定
1	项目公司	建设期	PPP 合同约定的未来收益权	不得将风险、成本转嫁给政府
		运营期	收益权、合同债权	
2	项目公司股东	建成进入运营期（如运营期满 2 年）	能够带来现金流的股权	股权转让、质押等权利遵循合同限制性，具有运营能力的股东、控股股东退出比例应有一定比例限制（如 50%）
3	项目公司其他相关主体（债权人、承包商）	运营期	合同债权、收益权	无

但是，PPP项目资产证券化具有特殊性。尤其需要注意的是，资产证券化不得影响公共服务供给的持续性和稳定性，不得弱化项目运营责任、不得变相"退出"。故而，应逐步扩围、渐进式推进，优先推进处于市场发育程度高、政府财力相对较好、项目运作规范的项目。

客观上讲，优质PPP项目融资工具较多，开展资产证券化的动力不足，而质量一般的PPP项目开展资产证券化的难度很大。PPP交易和发行机制尚不完善，综合成本通常不具有明显优势，其发行成本高于地方债利率，也通常高于公募债券，甚至有一些项目高于银行贷款基准利率。鼓励PPP项目资产证券化可以有效盘活存量资产、提高资产流动性、优化资本结构。但是，PPP资产证券化应遵循市场化规则，尊重PPP项目合同的约定，不得将发行成本、风险转嫁给政府和其他方。

第四节 PPP金融市场发展的挑战、趋势与建议

一、PPP金融市场存在的挑战

我国PPP市场已成为全球最大的PPP市场，随着项目大规模落地实施，PPP项目的融资及金融创新也日趋紧迫。截至2016年12月底，项目储备已经超过13万亿元，未来几年有望上升到20万亿元以上，已签约落地超过2万亿元。PPP项目对金融需求巨大，不仅需要开展一级市场融资，同时，还需要将沉淀的资产盘活进行再融资、证券化。一般而言，基础设施和公共服务项目现金流稳健，一直是投资者的重要资产配置方向之一。此外，我国PPP项目的基础资产不属于资产证券化的负面清单范围。尽管PPP市场巨大，但我国PPP的融资、债券发行、资产证券化等业务并没有随着PPP的规模扩大出现相应的创新、大幅扩张。

我国PPP项目普遍性存在融资难、资产流动性差、金融结构化程度低等问题。PPP项目的融资与一般商业企业融资、资产证券化等业务不同。PPP模式在我国并不是一个新生事物，但2014年以来大力推进的PPP模式是体制机制与微观操作的双升级。作为公共服务供给的新机制，这一轮PPP模式更加强调社会资本负责项目的全生命周期的运营、合理的风险分担、按绩效获酬，旨在公共服务的提质增效。在PPP模式下，金融创新面临一些障碍和难点：

第一，项目产权、资产流通与处置等方面存在一定障碍。在基础资产转让、收费权/收益权质押、期限匹配、增信等方面，以及资产真实出售等方面存在一

定法规障碍、相关方制约。PPP项目主要面向社会公众提供公共服务，资产主要表现为基础设施或公共服务设施，资产具有区域垄断性、专用性等特点。此外，项目土地所有权属于政府，土地使用权多以划拨形式提供给项目公司使用。从物权法角度，社会资本的资产所有权完整性存在瑕疵。从广泛意义上讲，PPP项目资产性质属于公法上的公物，存在自由的流通、转让、处置等障碍，流转受制于当地政府、社会公众等多个利益主体意见。在实际操作中，地方政府往往在合作协议中对投资人的股权变更、提前退出进行限制，例如设定"需经政府同意"等条款。

第二，融资创新与产权流转可能会影响PPP项目公共服务质量与可持续性。当下，我国PPP总体上处在规范期，各类时间拉长版BT、类BT、明股实债等包装的"伪PPP"项目很多。社会资本出于当期业绩压力或担心未来长期性兑付风险，普遍性追求"短平快"。目前，社会资本以工程类企业为主，普遍缺乏有运营、服务能力的社会资本或运营商。多数社会资本看重的是建设期工程利润，希望回收期越短越好，没有长期运营维护意愿；运营商往往缺乏投融资能力，并且投资决策非常谨慎，担心未来市场、政策的多变性，投资意愿不强。"无恒产者，无恒心"，如果社会资本轻易通过金融工具快速回收或完全退出，按绩效付费机制落空，可能导致公共服务质量下降、缺乏可持续性。分不同类型项目来看，对于公益性项目，如果社会资本快速回收或提前退出，则会导致项目建设质量隐患无法在后期得到控制；对于经营性项目，如果社会资本退出，后续没有强力的经营团队和丰富的行业经验，则可能导致投资回收难以实现。故此，PPP融资与金融安排不当，会影响公共服务绩效和社会公众利益，将风险转嫁给金融机构或政府，无法实现PPP初衷。

第三，PPP项目普遍存在周期长、风险大、收益低特征，对金融创新形成了制约。通常，容易获得资本市场青睐的资产应满足现金流独立、持续、稳定、可预测。但我国PPP项目模式众多、区域差异大，PPP类资产非标化程度高，面临信息不对称问题，难以对交易行为做出灵活安排。在长达10年以上合作期内，金融机构普遍面临项目的长期利率波动、期限错配、还款来源不可控等风险。无论产业基金、信托还是传统信贷，与PPP动辄数十年的投资周期都存在一定的不匹配。金融机构最担忧的是外部风险，尤其是难以有效防范市场风险、社会资本运营能力与信用风险、政府信用与支付能力风险等。这些因素在某种程度上降低了项目的吸引力，制约了其流动性、证券化率。

第四，PPP金融的大力发展在增加流动性、激发市场活力的同时，也会进一步放大原先的系统性风险。PPP项目具有公共性，项目公司不同于一般性商业公司，项目付费机制也存在差异性、特殊性，故而，PPP项目资产证券化等金融创新受到较大制约。尤其是，目前相当一部分PPP项目存在规范性差、运营能力缺失、效益偏低等问题，可能对金融市场缺乏吸引力，或带来较大风险。大力推进PPP金融创新具有重大意义，但如果无法有效解决项目运营及公共服务持续性问题，一味强调融资支持、资本运作、放松管制将进一步放大金融市场风险、PPP项目运作风险。

毫无疑问，当前应该大力、规范发展PPP金融市场，有效权衡PPP项目效率与金融效率。资产只有在流动、交易的过程中才能实现资源优化配置、效率提升。政府推广PPP的目的是获取公共服务而非实物资产，所有权的权能分离是必然的，PPP项目衍生的产权的权利是平等的。通常政府拥有特许权、定价权与监管权，社会资本拥有运营权、收费权，运营期满政府拥有项目完整所有权。当前，应保障公共服务可持续基础上，提高项目可融资性、提高资产的流动性、畅通退出机制，进一步优化资源配置。

二、展望与建议

我国PPP项目多样性强、区域差异大，同时，项目合作周期长、收益率相对较低、风险相对较大，故应积极稳妥、务实创新地推进PPP金融市场发展。PPP并非简单的国有资产的私有化或服务外包，PPP金融市场需要审慎防范风险，始终将运营能力、公共服务质量放在重要位置，金融发展不得影响公共安全及公共服务持续稳定。相关建议如下：

1. 强化政府的契约精神、硬化PPP项目预算管理，为PPP项目的融资、金融创新奠定牢固的基础

加快推进PPP立法，严格执行预算法，尽快出台PPP项目相关财政管理、国有资产管理办法等。PPP项目应严格按规范程序实施，现金流可来源于有明确依据的政府付费、使用者付费、政府补贴等，其中涉及的政府支出或补贴应当纳入年度预算、中期财政规划。同时，丰富PPP争议的救济途径，提高争议解决的便捷性与公正性，提供有利于督促政府诚信履约的选项，如履约担保、违约金设置、上级财政扣款支付等。细化PPP项目预算管理和支出执行政策，强化各级政府支付义务的执行责任。

2. 完善法律制度，为资产证券化业务的有序规范发展提供良好的法律环境

明确资产证券化过程中相关的会计、税务、登记、托管、审批、交易等一系列基础法律问题，降低资产证券化的交易成本，加大二级市场流动性，提高市场积极性。在基本法律障碍排除后，监管机构对证券化业务及参与主体的监管行为将对市场产生正面或负面的激励。资本计量方法、是否出表、信息披露程度、基础资产种类、投资者范围等具体监管政策的调整都将对参与主体的监管套利行为、融资成本、交易成本、业务范围等产生影响。

3. 鼓励社会资本产融结合，大力培育扶持运营商，为 PPP 的金融创新提供坚实的支撑

项目全生命周期的运营及维护是 PPP 项目最大的价值所在、风险管控所在，运营商在未来 PPP 推进、金融市场中将起到更为重要的作用。应当鼓励金融机构与运营商等组建联合体方式投入 PPP 项目，降低运营商资金压力、激励其发挥优势，通过多种资金渠道和工具组合，进行多轮融资、有序配补。如金融机构与运营商联手参与 PPP，可以设定优先和劣后级别，设置相应股权、债权交易和退出的前置条件或限制条件，并严格执行相应信息披露，接受监管。

此外，产融结合将是社会资本发展的一个重要趋势，也是 PPP 金融市场深化的促进方式。澳大利亚麦格理（Macquarie）是参与 PPP 的标杆性企业，它是一家提供银行、金融、顾问、投资和基金管理服务的全球性金融集团，值得借鉴。截至 2016 年 3 月 31 日，麦格理基础设施与不动产 Macquarie Infrastructure and Real Assets（MIRA）管理了约 50 项基金、1050 亿美元的资产。其中，道路和轨道资产占 19%，机场 5%，其他交通设施 6%，能源 6%，废物 2%，新能源 2%，其他公用事业 47%。麦格理注重长期持有资产，对资产进行技术、财务等方面改造提升，从而为基金投资者带来增值回报；为了满足投资者对基金流动性的需求，将基础设施基金上市。

4. 选择部分区域、行业的 PPP 项目进行金融创新试点，增强市场的交易活跃性，为 PPP 金融市场发展破冰、构建系统性框架

考虑当前 PPP 项目的市场接受度和吸引力，可以先从两类风险相对较低的项目入手开展试点。第一类是市场化程度相对较高、需求长期稳定的"使用者付费"项目，如发达地区的城市公用事业、流量较大的高速公路等项目；第二类是项目所在的地方政府负债率较低、综合财力较强、诚信度较高的"政府付费"项目，如发达城市的环境治理、市政设施等。

对于归属项目公司的资产及权益的所有权和收益权，经行业主管部门和财政部门同意，可以依法设置抵押、质押等担保权益，或进行结构化融资。

5. 加大政策性贷款支持 PPP 力度，建立 PPP 支持基金、担保基金，扶持、补充 PPP 金融市场

为了进一步降低金融机构、社会资本融资风险，中央层面可以考虑建立基础设施或公共服务银行，或利用现有的政策性银行体系，专门拿出一大块政策性资金在成本、期限、增信上适当放宽，弥补市场短板或市场失灵领域。

在政策性保障下，引导养老金、保险资金、主权财富基金等机构投资者进入长周期重大基础设施、国计民生领域，如城市地铁、管廊、教育等领域。

政府可设立政策性担保基金、财政支出责任风险基金、债券保险等方式，提供一定的融资或增信措施。给予 PPP 项目财税优惠、金融机构一定风险补偿。

6. 加强全过程、各个阶段金融机构的介入，整合多种融资渠道和创新金融工具，鼓励多方式、立体化运作

PPP项目全生命周期的不同阶段的现金流的特点和风险收益有所不同，需要匹配不同性质的资本。PPP融资以银行为核心，吸引证券、信托、基金等机构投资者参与项目，鼓励采取项目融资方式，或发行企业债券、项目收益债券、公司债券等。同时，推动银行体系的"投贷联动"，开展资金池业务。资产形成后，加强再融资或者证券化力度，尤其是应重点吸引各类长期、低成本资金，如养老金、保险资金、主权财富基金等机构投资者。

未来很多社会资本都倾向于实现出表、无追索权的项目融资。从特定的角度看，资产证券化和PPP都属于表外工具，PPP是财政的表外工具，而资产证券化是社会资本的表外融资工具。PPP项目存在巨大的资金缺口，金融机构却遭遇资产荒。PPP项目随着法治完善、预算规范，无追索的融资模式会逐步扩大，项目融资难将会得到极大缓解，对民间资本也会有正向"挤入"。

可以试点建立PPP交易平台，先期对社会资本适当限制，侧重在部分领域、金融资产的交易，而后逐步开展。成熟的二级市场可以通过市场化手段为PPP项目在不同时期通过增资、股权转让等方式引入更为适合的社会资本方，进行风险和权责的再次分配，充分发挥市场资源配置的作用，促进PPP事业的健康发展。

PPP金融发展过程中，应加大PPP项目直接融资比重，可以在交易所发行债券、资产证券化、挂牌上市等。待PPP交易平台有效运转起来、交易比较活跃后，再逐步扩展到其他PPP项目上，创新金融工具进行全过程、多方式介入与运作。

7. 借力地方债券市场逐步完善的契机，形成良性互动、互促发展、规范高效的发展格局

地方债券市场与PPP金融市场是紧密关联的，地方债券市场的完善也有助于PPP金融市场的良性、稳定发展。目前，制度安排上依然需要进一步改革政府会计制度，试编权责发生制政府财务报表，建立地方政府信用评级体系，树立以信息披露为核心的投资者保护机制。此外，PPP金融市场要建立统一的金融监管框架，实现各市场的互联互通，避免"监管套利"、道德风险。最后，要打破政府兜底预期，让债务重组和破产成为"可置信的威胁"，形成有效定价与市场自我修复能力。在确保公共服务正常进行情况下，建立对于债权人相对公正的破产和重组程序、有序接管制度。随着法治健全、预算规范、金融发展，PPP项目融资难将会得到极大缓解，对民间资本也会有正向"挤入"效应，也将对PPP健康、可持续性发展有巨大推进作用。

值得关注的是，在鼓励金融创新同时，要以保障公共服务质量的持续性为基础，可以结合项目特性要求项目公司股东——中选社会资本（非金融机构）在融资、运营等特定方面承担必要的担保（增信）、连带法律责任。实际运作过程中，一些项目运作必须依托于社会资本（项目公司股东，非金融机构）的资源和能力，而非项目公司本身。目前，企业加杠杆运作较为普遍，企业和金融机构以联合体形式进入项目合作，或项目后期引入金融机构，以基金、信托、资管计划等方式代为对项目公司进行股权投资。即使是社会资本（非金融机构）参股、出表，政府也可要求社会资本（非金融机构）对其他方股权投资承担连带保证责任，并承诺全面履行 PPP 合同约定的所有义务与责任。如果未按 PPP 合同约定履行约定的其他义务，政府方仍可直接向社会资本主张权利和追索。此外，还可以约定社会资本通过资产证券化等方式进行再融资、资本运作时，只能转让一定比例（如 50%），或者必须承担运营责任。

综上，在 PPP 项目全生命周期的不同阶段，现金流的特点和风险收益有所不同，需要匹配不同性质的资本、创新相应的金融工具。PPP 金融市场需要审慎防范风险，始终将运营能力放在重要位置，杜绝风险"击鼓传花"，积极稳妥、务实创新地推进 PPP 项目的金融市场发展。当前，应逐步构建 PPP 项目的多层次的资金供给市场，畅通 PPP 项目退出机制与渠道，优化资源配置方式、缓释风险、提升效率。

第八章

PPP 项目的产权、会计、税收与财政管理

目前，PPP 项目的产权、会计核算、税收等方面存在法规政策不清晰、具体操作各异、自由裁量不一等问题，这将对后续 PPP 论证、项目实施留下很多争议或隐患。同时，PPP 项目合同项下的政府付费或补贴列入预算的规范性、严肃性也有欠缺，也需要进一步加强项目财政管控，增强社会资本信心、保障国有资产不流失。本章从 PPP 项目的产权、会计、税收、财政（政府会计）等角度进行了分析，并提出了相应建议。

第一节 PPP 项目的产权

一、产权的演变与逻辑

（一）产权与所有权

产权无论是在经济学界还是法学界，都没有统一的定义。产权不同于所有权、但与所有权紧密相关，产权比所有权内涵深、外延大。所有权是指所有人依法对自己财产所享有的占有、使用、收益和处分的权利，在大陆法系国家的财产法用语中极为重要。产权是一种通过社会强制而实现的对某种经济物品的多种用途进行选择的权利，是一组或一束权利。大陆法系下的所有权是主体对客体的绝对控制权、最终支配权，但在英美法系"所有权"仅是一种抽象的存在，没有任何特别意义。从英美法系看，所有权一词纯粹是作为占有的对应词，其意义并不比产权包括更多的含义，甚至可以不提到所有权而讨论财产权的法律问题。

进入现代社会后，财产权体系从静态的"定纷止争"的功用转向动态的"物尽其用"。现代社会的所有权都是相对的，所有权的绝对性受到了立法限制。现代社会"有财产就有义务"，为防止所有人滥用，所有权都是相对的、受到制约的。相比之下，所有权的出发点是物的归属，而产权的出发点是物的利用。市场交易的实质并非是物与物的交换，而是附着在物上的一组权利与另一组权利的交换。所有权侧重于对财产归属的静态确认和实体占有，以所有权为基础的交换行为将大大制约市场分工的扩大。对收益的追逐促进了所有权的不断裂变、重组与衍生，这进一步促进了市场分工的扩大，反过来又加速了产权结构多元化的进程。随着经济金融化程度加深，产权本身的可分解性、交易性又导致其不断裂变、重组、衍生，例如信托权、结构化金融产品等，也客观上推进了产权结构化发展。

（二）PPP项目产权与所有权

PPP不再依靠传统的政府"借债"融资，而是以未来收益或财政支出责任为基础进行融资，管理方式、产权问题与以往产生了较大区别。在PPP实践过程中，PPP模式随之而来的产权各种问题会浮现。例如，政府是否入股、是否同股同权？社会资本投资、项目所有权归属哪一方？社会资本是否可以不受限制的转让产权？等等。我国作为大陆法系国家，非常关注所有权，故而，这些问题政府、社会资本都非常关注，直接涉及社会资本的投资意愿、权益保障等核心问题。

事实上，PPP并非国有资产的私有化或剥离，并非职能或服务的简单外包。所有权、使用权、运营权、收费权是几种不同的权利，可以由不同的主体来行使，也是平等的权利。而当前普遍将这些权利混为一谈、过度强调所有权。资产只有在流动、交易的过程中才能实现资源优化配置、效率提升，但是PPP项目一直存在所有权绝对化与僵化、资产流动性差、结构化程度低等问题，导致竞争不充分、活力不足、效率偏低。从长期来看，PPP类似一种特殊形式的融资租赁，"风险－收益"的博弈才是各方关心所在。如果从绝对所有权视角去看，PPP项目的责权利安排就会混乱、出现纠纷的无解问题。

从政府、社会资本角度看，所有权并不是最终目的，但各方均偏好自身拥有所有权，原因在于所有权的绝对化，并以所有权作为风险控制（控制相对方）的"抓手"。政府目的是获取公共服务而非实物资产，所有权持有并不必然需要，所有权的权能分离及其权利制约也是必要的、可行的。

PPP项目产权的保护要制约公权、立足于权利的平等，"风险－收益"的均衡安排是其核心所在，应更多从"权利"视角出发，而非绝对所有权角度设定产权归属。尽管 PPP 具有公共性、特殊性，但在一定前提条件下，仍应积极发展 PPP 金融市场，促进产权的流动、金融化，完善退出管道、提高参与 PPP 的积极性与效率。机制设计应保持一定的灵活性，但是，前提是要确保项目的运营和服务不会受到影响，公共利益不因此受到损害。

二、PPP 项目产权的思路与安排

（一）跳出所有权"争夺"窠臼

应该看到 PPP 合同具有不完全性、公私对立依然存在，资产所有权更多是社会资本与政府博弈的"载体"。对政府、社会资本而言，产权最终都落脚点在"风险-收益"权衡、博弈上。

政府提供的是公共服务，保障的是公共利益，没有商业化目标，故此，政府应树立两个方面的产权思路。其一，在 PPP 项目的国有资产、国有资源配置或补贴上，要跳出"国有资产保值增值"的狭隘视角。为了保障项目财务可行性、吸引社会资本，政府可能需要让渡国有资产的使用权或运营权、收费权，表面看似乎构成国有资产流失。但实际上，只要进行合理评估、通过竞争性程序配置，不存在国有资产流失，反而可能"增值"。譬如，很多国有资源在政府手中闲置、浪费，但在社会资本手中，通过技术、经营等要素注入、商业模式改造，创造了更多的利润或增值业务，实际上降低了政府提供公共服务的财政资金压力。故此，PPP 项目的国有资产、资源配置及补贴，应纳入政府资产负债总体框架，注重激活、盘活政府资产、资源，以"提升公共服务质量与效率，降低政府财政支出压力"为目的。其二，树立产权平等思路，所有权不能凌驾于其他用益物权及社会资本的权利之上，更多地通过有效的监管和激励机制保障公共利益。即便是在 BOO（建设-拥有-运营）这一类完全私有化的 PPP 模式下，公共部门放弃所有权，但通常保留如定价、监督以及特殊情况下接管、介入等权利。使用者付费的 PPP 模式下，在特许经营期结束后，政府收回项目的所有权；政府付费的 PPP 模式下，政府对公共项目拥有实质上的所有权。就算政府拥有所有权，也是受限的，应该保障社会资本的合法权益、合理利益。

社会资本对所有权的主张主要来自于自身利益保护，但是，只要解决了社会资本的顾虑、融资机构的担忧，在合作期间所有权在谁手中并不重要。基础设施、公共服务产品很难在市场中变现、流转，实际上，就算社会资本拥有项目所有权，这个所有权也是"残缺"的，不可简单套用"谁投资、谁拥有"思维。但是，如果所在地政府具有契约、信用精神，一般而言，社会资本对公共品所有权也不会过度主张。

化解所有权"争夺"问题的核心,就是要确保各方切实重诺履约,而不是从法律政策上如何固化、强化各方权力。PPP项目更应从产权角度出发进行制度设计,关注各种权利平等性,核心依然是风险、收益的安排。

(二) PPP项目的产权安排

PPP项目产权的核心依然是风险、收益的安排,制约公权的同时应保护公共利益不受损,此外,应注重控制权、产权结构化安排。PPP项目公司更多控制的是"用益物权",与一般固定资产购建不同。为降低社会资本风险、提高其积极性,同时保障政府、社会公众权益,产权安排建议如下:

其一,控制权与会计核算方面。社会资本或项目公司承担相关的风险和报酬,在法律上可以拥有所有权(当然也可约定所有权一直归政府所有)。但是,即便社会资本或项目公司拥有所有权,依然是受限的权利,政府通常拥有一定的控制权、剩余权益。在会计上对基础设施的资产的确认是基于控制这一基本原则,而非"所有权风险和报酬"的考量。从会计角度看,PPP项目资产只能确认为一方的资产,即作为政府或社会资本方的账面资产。政府一般具有一定的控制权、多数项目(BOO等除外)最终产权属于政府,故一般情况下作为政府固定资产等。对社会资本或项目公司而言,与PPP项目资产直接相连的是体现为合作经营权这一项无形资产或与政府承诺相关的金融资产或混合资产。

其二,弱化"所有权"或归属,政府拥有定价权与监管权,社会资本拥有运营维护权、收费权,运营期满政府拥有项目完整所有权。合作期间,谁拥有资产的所有权不应是争论的焦点,原则上都可以协商确定资产所有权归属。无论哪一方获得资产所有权,但核心是将各方责权利规范化、明晰化,社会资本重点关注政府支付能力及信用、市场风险。

其三,政府可以自行决定是否入股,但政府通常参股、不参与实质性管理,与社会资本可以"不同股同权",政府也可以低价或无偿将资产租赁给社会资本使用。政府入股主要是起到获得知情权、信息对称、增信等作用,可以不参与分红,其收益可做劣后、让社会资本优先分红。统筹考虑社会资本的风险、收益水平以及政府支出责任,通过竞争性采购方式综合设定的收益安排,不存在国有资产流失问题。

其四,项目用地方式多样化,保障项目公司融资、运营过程中的产权权益。可按划拨方式供地,经依法批准可以抵押,实现抵押权后改变项目性质应该以有偿方式取得土地使用权;不符合划拨用地目录的项目,以租赁方式、作价出资或者入股方式进入项目公司。显然,土地所有权属于国家或集体,使用权可以落在任何一方，但用途受到管制。

其五，有条件限制社会资本退出，促进社会资本的资本流动性、PPP 市场繁荣。应大力鼓励产融资本结合，只要能保持公共服务的持续性和稳定性，经协商或批准，可以让社会资本采取资本运作、资产证券化等方式进行融资、退出等。依托各类产权、股权交易市场，为社会资本提供多元化、规范化、市场化的退出渠道。

其六，遇不可抗力或损害重大公共利益情况，政府要及时接管、介入，但应适当保障社会资本权益，保障项目设施持续运行、保证公共利益不受侵害。

其七，政府应强化权责发生制的资产负债管理，并将财政支出责任纳入财政中期规划，进行 PPP 项目"全生命周期"的预算管理。

此外，PPP 项目所有权的权能分离、重构、流转为 PPP 的融资、证券化等提供了基础，也提升了资源聚集与配置效率。故此，应从法律、会计、金融等制度安排上为 PPP 项目产权的保护、流转、使用提供支撑。

第二节 PPP 项目的会计核算

所有围绕 PPP 项目全部投资发生的交易和事项，以及所形成的资产、负债、权益、收入、支出、利润等都应当纳入 PPP 项目会计主体范围，是 PPP 项目会计核算的主要内容。PPP 项目强调的是全生命周期公共服务供给，与一般固定资产购建相比具有特殊性，形成的基础设施作为一种特殊类型的政府资产，其会计确认、计量的难度更大。

一、国内外 PPP 项目的会计核算

（一）国外 PPP 项目会计核算

PPP 项目形成的基础设施作为一种特殊类型的政府资产，其确认、计量有别于一般企业资产购建。2006 年 11 月 30 日，国际财务报告解释委员会（IFRIC）发布了《国际财务报告解释公告第 12 号——服务特许权协议》（IFRIC 12），该公告于 2008 年 1 月 1 日生效。该公告阐述了提供公共部门基础设施资产与服务的营运商（operator）所采用的会计处理方法，其资产确认的主要是无形资产、金融资产，相关类型和判断标准见表 8-1。

表 8-1　　　　　　　　　　IFRIC 12 的资产确认类型

资产性质分类	判断标准
金融资产	营运商拥有无条件从授权人处或在授权人的指示下获得现金或其他金融资产的权利
无形资产	营运商有权根据服务的使用情况收费，收取的金额视公众使用服务的程度而定
金融资产及无形资产	营运商的回报部分源自金融资产、部分源自无形资产

英国对 PPP 项目的会计处理的发展可以大致分为两个阶段，第一阶段：遵从英国一般公认会计原则（UK GAAP）（2009 年 10 月之前），第二阶段：遵从国际财务报告准则（IFRS）（2009 年 10 月至今）。

1. 在英国公认会计原则（UK GAAP）下 PPP 项目运营者的会计核算（Operator Accounting）

在 20 世纪 90 年代，PPP 项目公司对项目资产会计处理的典型做法是，将 PPP 项目资产作为有形资产核算，在资产负债表内列示。这种做法导致的结果是：在特许经营期的前一些年份，PPP 项目公司在不断累积亏损的同时有大量锁闭的现金（locked-in cash）沉淀在账面上。例如，一个有 60 年经济寿命的 PPP 项目，在 30 年的特许期内采用直线法计提折旧，并且/或设备使用率逐渐升高。在固定资产核算方法下，PPP 项目公司直到在特许期的后三分之一期间到来之前都不会有盈利（Austin, 2009），PPP 项目公司盈利的时间安排被后置，虽然在特许经营期内股东们本来应该通过为 PPP 项目公司提供资源或服务获得利润，但后者由于累积亏损而无力分红。PPP 项目公司的会计处理在 2002 年、2003 年左右发生了变化。合同应收款会计替代了固定资产会计（Austin, 2009），在这一会计核算方法下，PPP 项目公司将 PPP 项目资产确认为一项合同应收款借方项目，而不是固定资产，这种新的做法使项目公司达到较好的盈利能力，使 PPP 项目公司在整个 30 年特许期内都是有盈利的。

2. 在国际财务报告准则（IFRS）下 PPP 项目运营者的会计核算（Operator Accounting）

在英国采用 IFRS 之前，运营者在 UK GAAP 下对它们在 PPP 合同中的收益做合同应收账款的会计处理。采用 IFRS 之后，按照 IFRIC 12 进行会计处理。英国采用 IFRS 的公告没有直接影响 PPP 项目公司的会计处理，但是欧盟上市公司从 2005 年 1 月 1 日以后的会计期间转变成遵循 IFRS，直接影响了 PPP 项目公司的会计处理。

IFRIC 12 对 PPP 项目处理的操作方法为：如果满足两个条件：（1）授权者控制或者管理经营者用基础设施必须提供的服务，必须为谁提供服务，和以怎样的价格提供；（2）在特许权安排终止时，授权者能够通过所有权、收益权，或者其他方面对基础设施的残值进行控制，即经营者有权利代表委托人以提供服务为目的使用基础设施，但是并没有对基础设施的控制权。则 PPP 项目公司不将 PPP 项目作为不动产，而是根据不同的情况，确认为无形资产、金融资产或混合资产。相比 UK GAAP，这会导致 PPP 项目公司的盈利状况对会计选择表现敏感。

由于 PPP 项目合同及财务安排的复杂性，以及资产确认类型较多，很多 PPP 项目公司的会计核算并没有按照 IFRIC 12 进行，众多 PPP 项目公司仍然采用单一资产确认的模式，即合同应收款模式，而在此之前，PPP 项目公司将 PPP 项目资产确认为单一的固定资产。IFRIC 12 在英国的应用并没有得到推广，仅在少量需要为上市母公司提供合并报表依据的 PPP 项目公司内，使用 IFRIC 12 进行暂时的非公开会计处理。

（二）我国关于 BOT 的会计准则解释

2008 年 8 月 7 日，财政部发布的《企业会计准则解释第 2 号》也与西方国家类似。该准则规定，企业采用建设经营移交方式（BOT）参与公共基础设施建设业务，应当按照以下规定进行处理：

1. 涉及的 BOT 业务应当同时满足以下条件

合同授予方为政府及其有关部门或政府授权进行招标的企业。合同投资方为按照有关程序取得该特许经营权合同的企业（以下简称合同投资方）。合同投资方按照规定设立项目公司（以下简称项目公司）进行项目建设和运营。项目公司除取得建造有关基础设施的权利以外，在基础设施建造完成以后的一定期间内负责提供后续经营服务。

特许经营权合同中对所建造基础设施的质量标准、工期、开始经营后提供服务的对象、收费标准及后续调整作出约定，同时在合同期满，合同投资方负有将有关基础设施移交给合同授予方的义务，并对基础设施在移交时的性能、状态等作出明确规定。

2. 与 BOT 业务相关收入的确认

建造期间，项目公司对于所提供的建造服务应当按照《企业会计准则第 15 号——建造合同》确认相关的收入和费用。基础设施建成后，项目公司应当按照《企业会计准则第 14 号——收入》确认与后续经营服务相关的收入。

（1）建造合同收入应当按照收取或应收对价的公允价值计量，并分别按照以下情况在确认收入的同时，确认金融资产或无形资产：

合同规定基础设施建成后的一定期间内，项目公司可以无条件地自合同授予方收取确定金额的货币资金或其他金融资产的；或在项目公司提供经营服务的收费低于某一限定金额的情况下，合同授予方按照合同规定负责将有关差价补偿给项目公司的，应当在确认收入的同时确认金融资产，并按照《企业会计准则第 22 号——金融工具确认和计量》的规定处理。

合同规定项目公司在有关基础设施建成后，从事经营的一定期间内有权利向获取服务的对象收取费用，但收费金额不确定的，该权利不构成一项无条件收取现金的权利，项目公司应当在确认收入的同时确认无形资产。

建造过程如发生借款利息，应当按照《企业会计准则第 17 号——借款费用》的规定处理。

（2）项目公司未提供实际建造服务，将基础设施建造发包给其他方的，不应确认建造服务收入，应当按照建造过程中支付的工程价款等考虑合同规定，分别确认为金融资产或无形资产。

（3）按照合同规定，企业为使有关基础设施保持一定的服务能力或在移交给合同授予方之前保持一定的使用状态，预计将发生的支出，应当按照《企业会计准则第 13 号——或有事项》的规定处理。

（4）按照特许经营权合同规定，项目公司应提供不止一项服务（如既提供基础设施建造服务又提供建成后经营服务）的，各项服务能够单独区分时，其收取或应收的对价应当按照各项服务的相对公允价值比例分配给所提供的各项服务。

（5）BOT 业务所建造基础设施不应作为项目公司的固定资产。

（6）在 BOT 业务中，授予方可能向项目公司提供除基础设施以外其他的资产，如果该资产构成授予方应付合同价款的一部分，不应作为政府补助处理。项目公司自授予方取得资产时，应以其公允价值确认，未提供与获取该资产相关的服务前应确认为一项负债。

规定发布前，企业已经进行的 BOT 项目，应当进行追溯调整；进行追溯调整不切实可行的，应以与 BOT 业务相关的资产、负债在所列报最早期间期初的账面价值为基础重新分类，作为无形资产或是金融资产，同时进行减值测试；在列报的最早期间期初进行减值测试不切实可行的，应在当期期初进行减值测试。

二、PPP 项目公司的会计处理

（一）资产确认的基本思路

1. 资产确认类型尽可能简化以提高可操作性

从会计确认角度看，PPP 项目资产只能确认为一方的资产，即作为政府或社会资本方的账面资产。由于多数 PPP 项目最终产权属于政府，故通常只能作为政府资产存在，即在政府账面以资产的本来形式体现，如具体为固定资产、公共基础设施等。对社会资本方而言，在 PPP 项目资产形成和运营过程中，社会资本方虽然是经营主体，但其经营应当在合同界定的提供公共服务的框架内进行，社会资本方获得的是项目的经营权。因此，与 PPP 项目资产直接相连的是体现为合作经营权这一项无形资产或与政府承诺相关的金融资产。

PPP 项目公司资产的会计确认一般为三种类型，即金融资产、无形资产、混合资产。在金融资产模式和无形资产模式下，会带来 PPP 项目公司盈利状况的很大差异，此项差异可能会导致财务信息被操纵。在无形资产模式下存在的盈利后置，盈利的"等待时间"过长的缺点，可以参照英国所使用的"单位产量法"摊销无形资产的做法，选择适当的摊销方法或对摊销方法加以创新得到解决。

2. 以"控制"标准界定 PPP 项目范围

与一般固定资产购建不同，对于 PPP 项目公司而言，更侧重于使用者、收益权，项目的终极所有权还是会回归政府。从"风险与收益"到"控制"，均对其所规范的 PPP 项目类型做出了实质性的描述。但由于"风险与收益"标准在实际操作时，因考虑"风险"的类型不同，使判断过程带有较大主观性，导致判断结果出现差异甚至完全相反。

根据国际会计准则 IFRIC 12 约定，需要满足：其一，政府控制或监管社会经营方利用基础设施必须提供的服务类型、提供服务的对象和服务的价格；其二，在合作期满，政府通过所有权、收益权或其他形式控制所有基础设施的重大剩余权益。其中，剩余权益最直接的方式就是政府从始至终拥有基础设施所有权，此外，合作期满，合作方将基础设施无偿或有偿移交给政府或其指定第三方。另外，还可以通过持有购入选择权的方式实施控制。

3. 联合考虑政府与 PPP 项目公司的资产确认

对于一个 PPP 项目来说，既要在政府主体，也要在 PPP 项目公司主体确认其对于项目的权利和义务。我国在核算 PPP 项目时，应当联合考虑政府一方与 PPP 项目公司一方的资产确认类型，通常前者主要确认为固定资产，后者确认为无形资产或金融资产。

（二）PPP 项目公司的会计处理主要建议

结合 PPP 项目的运作方式、回报机制等确定，不同资产模式下的会计核算，两者在各个时期的会计核算比较见表 8-2。

表8-2　　　　　　　　不同资产模式下的会计核算比较

		金融资产（取得获得可确定金额的货币资金或其他金融资产的合同权利）	无形资产（取得对未来运营服务的收费权）
	各阶段收入来源		
建设期	确认建设或改造服务收入	以建造收入的公允价值作为金融资产的初始确认时的金融。对于外包建设项目，国内准则不允许经营方确认建造收入，支付的工程价款作为金融资产的构成部分	以建造收入的公允价值作为无形资产的初始成本。对于外包建设项目，国内准则不允许经营方确认建造收入，支付的工程价款作为无形资产的初始成本
	借款费用	费用化	资本化
运营期	运营服务收入	不承担需求风险，运营服务收入为固定或可确定金额。现金流入需要区分收回建造成本、运营服务部分	承担需求风险，全部现金流入作为运营收入
	利息收入	对于长期应收账款按实际利率确认利息收入	无
	无形资产摊销	无	需要摊销

对PPP项目公司整体进行核算之后，按照各核算单元进行资产、负债、所有者权益、收入、费用、利润六大要素的分配与归集。

1. 资产项目的确定

通常，围绕PPP项目形成的资产主要包括三大类：一是核心资产，即项目形成的公共基础设施资产（或固定资产），在PPP项目会计核算中并不确认为公共基础设施资产（或固定资产），而是依据与其相关的PPP项目经营权确认为无形资产或金融资产。二是与项目相关的土地使用权，与企业会计的做法一致，确认为无形资产。三是与政府可行性缺口补助相关的收入，在会计处理上确认为金融资产，或应收款。

对于特许经营权或PPP核心资产，比如项目公司购置一台设备，如果该设备属于特许经营权协议中约定的PPP项目资产的组成部分，则要归为特许经营权资产核算。如果不属于该类，则归为项目公司的拥有完整产权的资产，按照准则定义，确认为各类资产。对于PPP项目公共服务提供之外的资产（如对价资源、资产等），则视同项目公司的拥有完整产权的资产，根据资产类型确认为各类资产。

2. 负债项目的确定

与资产的确认不同，PPP项目的负债界定、确认方面和企业会计的差异不大。对于这些与企业债务性质类似的负债，会计处理基本可以遵循企业会计的一般做法。但在债务形成过程中，政府方面潜在的担保、增信会对融资渠道、融资成本产生积极的影响，有助于 PPP 项目拓宽融资渠道，降低融资成本。

3. PPP 项目公司收入类型的确定

项目公司运营 PPP 项目所取得的收入，应当计入营业收入，不能计入投资收益。当 PPP 项目资产不区分情况地确认为单一的无形资产时，则不存在收入类型的选择问题。

4. 资产的摊销

将 PPP 项目资产不区分情况地确认为无形资产，则不会面临确认为不同资产类型时摊销方法不同造成的盈利状况的差异。无形资产模式下，资产摊销的年限应当经营期为限，并且不考虑其作为固定资产的残值，以特许经营权的全部入账价值进行摊销。

5. PPP 项目公司后续支出的处理

为了保证设施正常使用发生的日常维护支出，直接记入当期损益；合同中规定的移交前法定更新改造义务，在支出时增加项目资产价值。可考虑将定期检测和重大维护等产生的大修理类支出计入项目资产价值。

三、政府对 PPP 项目资产的会计处理

受多方面因素影响，目前大部分行政事业单位负责管理维护的公共基础设施并没有纳入单位会计核算，政府投资形成的巨额公共基础设施在政府会计主体资产负债表中未得到全面反映。对于 PPP 项目而言，基本由社会资本投资建设，政府对于基础设施的会计核算及入账问题就更为复杂。

党的十八届三中全会将建立权责发生制的政府综合财务报告制度作为深化财税体制改革的重要举措，新修订的《中华人民共和国预算法》要求各级政府财政部门应当按年度编制以权责发生制为基础的政府综合财务报告。

在国际公共部门会计准则中，基础设施属于固定资产的一个类别。依据固定资产准则进行核算，但近期国际公共部门会计准则理事会认识到公共基础设施在会计核算，特别是计量上的难度和特殊性，单独启动了公共基础设施的准则项目。

PPP 项目涉及存量、改扩建、新建几种类型，固定资产的确认、计量应有所差别。公共基础设施由多个政府会计主体共同管理的，应当由对该资产维护管理负有主要责任的政府会计主体（通常是行业主管部门或 PPP 项目实施机构）进行确认。基础设施分多个组成部分由不同政府会计主体分别管理的，应当由各个政府会计主体分别对其负有直接维护管理责任的公共基础设施的相应部分进行确认。通常，政府会计主体应当在该项基础设施验收合格并交付使用时确认，或者

取得该项基础设施维护管理权限时确认。政府会计主体采用 PPP 模式形成的公共基础设施，其入账成本计量应根据 PPP 项目类型、移交时的状况等综合评估，差别化计量。

第三节　PPP 项目的税收

一、PPP 项目税收复杂，对项目影响较大

（一）"营改增"对 PPP 项目税收影响大

对 PPP 项目的税收影响最大的是增值税。我国流转税制自 1994 年税务改革以来，其显著特征之一是增值税与营业税并行。增值税属于生产型增值税，即只有货物销售、加工和修理修配以及进口货物需要缴纳增值税。而邮电通信、交通运输、租赁、保险金融等很多部门未被纳入增值税的征管体系而需要缴纳营业税。两个流转税税种的平行存在，导致适用两个不同税种的上下游企业之间无法实现增值税的抵扣，即产生重复征税。

自 2016 年 5 月 1 日起，在全国范围内全面推开"营改增"试点，建筑业、房地产业、金融业、生活服务业等营业税纳税人，全部纳入试点范围，由缴纳营业税改为缴纳增值税。其中：提供交通运输、邮政、基础电信、建筑、不动产租赁服务，销售不动产，转让土地使用权，税率为 11%；提供有形动产租赁服务，税率为 17%；境内单位和个人发生的跨境应税行为，税率为零（具体范围由财政部和国家税务总局另行规定）；除此之外，税率为 6%。增值税征收率为 3%，财政部和国家税务总局另有规定的除外。

以前 BOT 等项目多按 3% 或 5% 缴纳营业税，非常容易测算，但是，"营改增"之后存在很多税收不确定因素。在"营改增"之后按什么行业（建筑业、服务业还是其他）征收增值税？税率是 11%，还是 6% 或其他？"营改增"后，进项抵扣也难以预测。36 号文规定"适用一般计税方法的试点纳税人，2016 年 5 月 1 日后取得并在会计制度上按固定资产核算的不动产或者 2016 年 5 月 1 日后取得的不动产在建工程，其进项税额应自取得之日起分 2 年从销项税额中抵扣，第一年抵扣比例为 60%，第二年抵扣比例为 40%。"但是，PPP 项目在会计核算上是作为无形资产或金融资产核算，由此所带来的问题是，PPP 项目获得的不动产进项税抵扣是否需要遵守这一抵扣比例的规定等等。

这些操作中的难点或不清晰之处就涉及重复征税、税负加重等问题。综上，"营改增"后，PPP项目涉及多个行业，多种付费形式，PPP项目税收在落实过程中存在的税负不合理问题，将加深PPP税收的冲突性和复杂性。

（二）某些特定行业税收政策变动问题

基础设施、公用事业领域经营期部分税收优惠政策也常发生变化，见表8-3。

表8-3　　　　部分公共领域项目经营期部分税收优惠政策

税种	项目	税收优惠政策	政策法规
增值税	再生水	即征即退50%	财税〔2015〕78号
	垃圾处理、污泥处理处置、污水处理、工业废气处理	即征即退70%	财税〔2015〕78号
	以垃圾以及利用垃圾发酵产生的沼气为燃料生产电力或热力	即征即退100%	财税〔2015〕78号
	以煤矸石、煤泥、石煤、油母页岩为燃料生产电力或热力	即征即退50%	财税〔2015〕78号
	销售自产的电力或热力	即征即退100%	财税〔2015〕78号
企业所得税	从事《公共基础设施项目企业所得税优惠目录》规定的港口码头、机场、铁路、公路、城市公共交通、电力、水利等项目。从事公共污水处理、公共垃圾处理、沼气综合开发利用、节能减排技术改造、海水淡化等符合条件的环境保护、节能节水项目的所得；新办国家重点扶持的公共基础设施项目和从事符合条件的环境保护、节能节水项目	自项目取得第一笔生产经营收入所属纳税年度起，三免三减半	财税〔2008〕46号、国税发〔2009〕80号、财税〔2014〕55号
	企业购置用于环境保护、节能节水、安全生产等专业设备，投资额的10%可以从当年应纳税额中抵免，当年不足抵免的，可以在以后5个纳税年度内结转抵免	税额抵免	财税〔2008〕48号、国税函〔2010〕256号

税收优惠的变动也导致某些行业收益率发生较大变化。这个问题的焦点集中在《资源综合利用产品和劳务增值税优惠目录》（财税〔2015〕78号）上，按照78号文，污水、垃圾处理项目的增值税优惠由免税变为即征即退70%。污水垃圾处理是影响国计民生的公益项目，污水垃圾处理行业大部分属于特许经营，企业一般通过银行贷款投资建设，运营前期负债运营，后几年才能赢利，且属保本微利。增值税优惠政策的变动使PPP模式运行的污水垃圾处理项目风险加大，

回报率降低，降低了民营资本的投资意愿，增加了地方政府 PPP 项目的成本。

由于"营改增"后，PPP 项目的税收政策尚未明晰，目前 PPP 税收优惠政策涉及的行业较窄、优惠期限较短。在与政府的合作过程中，由于税收是社会资本不能控制的变量。适用的税率、进项税抵扣可得性及大小等等因素都直接影响项目回报水平，该风险涉及多个主体、多个因素，如与方案测算发生重大变更，需要再行协商。

（三）税负难预测，自由裁量的标准不一

PPP 项目在做财务测算、定价时，适用的税种、税率不太清晰，且税负与社会资本的产业链、税收筹划等相关，难以准确界定和预测。比如存在如下问题：

（1）如项目公司取得的固定资产由于会计上核算为金融资产或无形资产，有可能存在一种税负上升情形——其取得的建筑安装费的巨额进项税不允许从销项税中抵扣，存在重复征税或税负增幅过大。

（2）参与 PPP 项目的建筑企业，面临 11% 的增值税，部分成本支出难以取得进项抵扣，还可能遇到一些 PPP 项目所特有的税务挑战。例如，PPP 项目公司自行立项建设、运营基础设施，如果项目公司取得的收入所对应的销项税额较低，则可能无法完全抵扣建设施工环节的进项税。

（3）运营期，公益性 PPP 项目中政府付费（政府采购服务费）到底如何定性。对项目公司而言，是定性为服务业收费（项目视为公共服务）还是无形资产（或视为金融资产，金融资产属于广义的无形资产）还是分期销售不动产（项目形式是不动产），各个地方的理解不一样、操作不相同，这是税法上并未明确的事项。

（4）政府付费、可行性缺口补助应如何定性，是否应纳税、应缴纳哪一种税收（增值税、所得税、其他）、税率适用多少。根据《财政部、国家税务总局关于专项用途财政性资金企业所得税处理问题的通知》的规定，企业从县级以上各级人民政府财政部门及其他部门取得的应计入收入总额的财政性资金，凡同时符合以下条件的，可以作为不征税收入，在计算应纳税所得额时从收入总额中减除：企业能够提供规定资金专项用途的资金拨付文件；财政部门或其他拨付资金的政府部门对该资金有专门的资金管理办法或具体管理要求；企业对该资金以及以该资金发生的支出单独进行核算。对于这种补助，如何进行税务处理，目前并无明确规定。

（5）社会资本的资金大部分来源于信贷资金，PPP 项目的收益经常以资金成本、利息收入等形式体现，按营改增政策规定，利息支出对应的进项税不能抵扣，可能加重社会资本或财政负担。

（6）项目公司层面取得以贴息、财政返还、土地开发收益补贴等形式给予的财政补贴，税法并未明确定性，也可能适用不同的增值税税率和征收率。

（7）资产转让、移交等流转过程中可能存在流转税的重复征收。尤其是存量资产的 PPP 项目，例如 TOT 模式运营的项目，存量资产进入到运营公司名下可能涉及缴纳增值税（货物、房、地等资产的转让），项目期满移交时资产再次转让，需要缴纳增值税。不过，这一重复征税问题实践中可以通过股权转让的方式进行规避。

（8）随着 PPP 融资或金融市场所需，通过信托、基金等架构设计的方案，应如何定性，适用税率是多少等等。

综上，我国税收立法不精细，造成执法时自由裁量的标准不一，这其中既有政策理解上的差异，也有税法不明确的原因。尤其是，"营改增"可能并不会减轻因引入 PPP 模式而额外增加的税收负担，反而可能进一步加重社会资本的税收负担。故此，PPP 项目税收难以相对准确预测，很有可能出现后期收益与当初的预期发生颠覆性变化，容易留下隐患。

二、PPP 项目税收政策建议

目前，我国还没有制定专门的法规政策来解决 PPP 的涉税问题，为了鼓励社会资本参与 PPP 项目，只能比照适用某些既有的税收法规及政策措施。

1. 明确税收优惠主体和税种

PPP 项目公司设立涉及的交易环节多，有些社会资本希望在所有环节都能够享受到税收优惠，这是非常庞大、复杂的工程。还是要回到 PPP 项目本身，将税收优惠政策直接给具体行业，例如，市政基础设施，可以单独给指定行业的 PPP 项目出政策。可以考虑采用"正面清单"的方式，在现有基础上给出优惠行业目录。

从税种看，现行企业所得税优惠政策已很清晰，一定程度上也减轻了税源上的重复征税。关键是让社会资本方自由选择税收身份和待遇。现阶段 PPP 税收优惠考虑的主要税种是增值税、企业所得税、土地增值税。

2. 明确税收适用税种、税率与优惠

（1）焦点是厘清项目投资过程中的流转税，尤其是营改增后的政策执行。从优惠力度看，并不应该一味做大刀阔斧的"减法"。要结合各环节增值税（简易征收按 3%/按 6% 的税率征收/按 11% 的税率征收等），测算具体的税负状况，再设计优惠政策。基于税收公平、税收中性原则从经济实质出发对 PPP 模式进行定性，可考虑相对较低或合理的税率（如 6%）、适当调整纳税基数。对于特定行业，可以选择适用 3% 的简易增值税税率。此外，还可以考虑允许金融资产、无形资产等资产的增值税进项税可以用以销项税的抵扣，以降低社会资本、地方政府负担。

（2）对于PPP项目主要是两个环节免税，一是免除PPP项目在项目公司成立阶段发生的有关资产转移所涉及的税收，二是免除PPP项目执行到期后发生的有关资产转移所涉及的税收。在PPP项目公司成立阶段，免除政府方和社会资本合作方按照PPP项目合同约定向PPP项目公司转让有关资产设计的交易环节税收，避免因采取PPP模式而增加PPP项目的税收负担。

（3）进一步梳理、明确各个PPP领域的税收优惠政策。对公共基础设施和环境保护、节能节水等项目所得给予"三免三减半"企业所得税优惠政策；对环境保护、节能节水、安全生产等专用设备给予投资抵免企业所得税优惠；对垃圾处理、污水处理等资源综合利用企业给予增值税即征即退优惠政策等。适当延长PPP项目公司所得税减免优惠期，还需要对双重征税、资产权属界定等问题，从法规的角度予以明确和解决。

（4）对于项目公司取得的政府付费或补贴资金，可以给予税收优惠。这些补助或支持包括但不限于投资补助、贷款贴息、价格补贴，以及无偿划拨土地、让渡项目公司中政府股东全部或部分分红权等。对于社会资本获得的政府补助应分类进行税务处理，如投资补助可认定为不征税收入，价格补贴按免税收入处理等。可根据收入特性不视其为项目公司发生了增值税应税行为而取得的收入，不对取得的政府补助征收增值税。项目公司从政府方取得的专项用途财政性资金，符合政策规定的可以作为不征税收入，在计算缴纳所得税额时从收入总额中减除。

（5）混合型投资的税务处理取决于对该项投资的债权或股权属性的认定。一般而言，公司发行债权型工具的总体税负要低于权益型金融工具，使得公司往往更倾向于选择债权型融资。投资者与被投资者，在交易前应该通过协商，通过合同条款的拟定以及会计处理，确定交易的性质，从而争取适用较为有利的税收政策。

（6）国家规定的基础设施和公共事业领域中的PPP项目，在耕地占用税、土地使用税、契税等方面也享有优惠政策。

此外，用税收减免、税收返还、投资抵扣、加速折旧等政策工具，推动我国PPP的健康发展。

3. 已落地PPP项目的税收再调整与分担

对于现阶段不明确的税收（尤其是增值税、所得税）问题，一方面要结合新的政策法规逐步明晰，另一方面要在合同约定上采取灵活的再谈判、再分担机制，如采取税收暂估、政府承担等方式，保护各方合理权益，此外，项目公司有义务进行合规性的税收筹划。如执行过程中税收发生变化，应结合新的政策、当时采购时的收益率水平、PPP 合作协议或合同约定，进行调整或再谈判、再分担，应做适当调整。同时，进行必要的政府支出责任、预算安排调整。

4. 税收征管

营改增后，PPP 项目中的大头税是增值税，不再由地方税务机关管辖。建议统一征管制度，减少自由裁量权。

PPP 的模式很多、环节众多，还可能涉及资本运作，涉税复杂，需要事先做好筹划工作，避免重复征税、税负过大。各方应在合规情况下，事先做好税收筹划，如选择股权方式受让资产或退出等方式，以规避或降低税负。

第四节　PPP 项目的政府预算与财政管理

政府应统筹安排公共资金、资产和资源，平衡好公众负担和社会资本回报诉求，构建 PPP 项目合理回报机制。当前，应进一步规范地方政府的 PPP 项目财政管理行为，一方面提高财政资金使用效率，防止公共资产和资源流失的同时，另一方面切实强化并规范财政预算，保障 PPP 项目合同政府履约能力以及社会资本的权益。

一、PPP 项目财政收支预算管理

PPP 项目应在全生命周期内进行动态管理，在项目不同阶段形成清晰、可视的操作程序；操作流程规范、管理标准化动态化。严格履行项目识别、物有所值评价、财政承受能力论证、政府采购、预算收支管理、绩效评价、资产负债管理、信息披露、监督检查等职责。相关框架见图 8-1。

PPP 所需财政资金应当结合中长期财政规划统筹考虑，纳入同级政府部门预算管理，确保支出透明、规范、有效、可控。相关建议如下：

1. 将 PPP 项目涉及的财政资金收支纳入预算管理

行业主管部门、财政部门应当根据预算管理要求，将 PPP 项目合同中约定的政府跨年度财政支出责任纳入中期财政规划。

行业主管部门（PPP 项目实施机构）应当按照部门预算编制程序和要求，将合同中符合预算管理要求的下一年度财政资金收支纳入预算管理。报请财政部门审核后纳入本部门预算草案，经本级政府同意后报人民代表大会审批。新签约的 PPP 项目涉及当年财政资金收支的，按照预算调整有关规定执行。

2. 行业主管部门编报 PPP 项目收支预算

行业主管部门要按照部门预算编制要求，编报 PPP 项目收支预算。每年 7 月

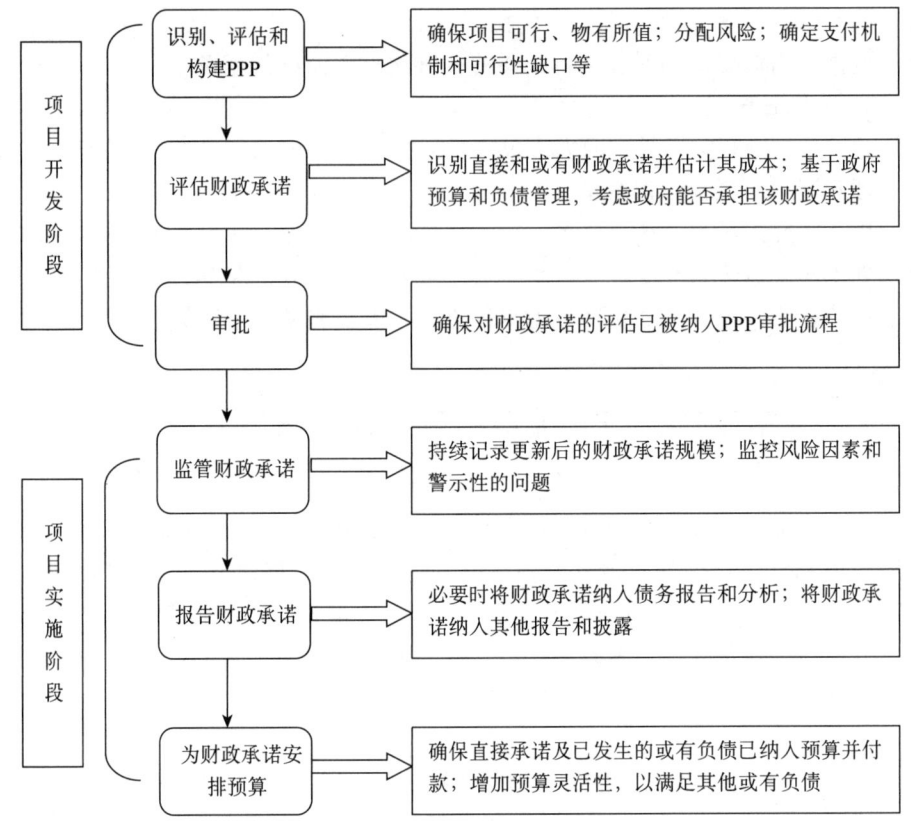

图 8-1　PPP 财政承诺管理框架概览

资料来源：世界银行集团：《PPP 财政承诺管理》，中国商务出版社 2014 年版。

底之前，行业主管部门应按照当年 PPP 项目合同约定，结合本年度预算执行情况、支出绩效评价结果等，测算下一年度应纳入预算的 PPP 项目收支数额。

（1）支出编制。行业主管部门应将需要先从预算中安排的 PPP 项目支出责任，按照相关政府收支分类科目、预算支出标准和要求，以及绩效目标管理等预算编制规定，纳入本部门、本单位预算草案。PPP 项目中的政府支出，包括政府在 PPP 项目全生命周期过程中依据法律和合同约定需要从财政资金中安排的股权投资、运营补贴、配套投入、风险承担，以及上级财政对下级财政安排的 PPP 专项奖补资金支出。

①股权投资支出，是指政府与社会资本共同组建项目公司，政府承担的股权投资支出，依据合同约定的项目资金要求以及项目公司股权结构确定。政府未在项目公司出资占股的，不核算此类支出。

②运营补贴支出，是指项目运营期间，政府承担的直接付费，包括政府付费和可行性缺口补助两种模式，具体依据项目建设成本、运营成本以及利润水平、

绩效评价结果、财政中长期承受能力等因素确定。

③配套投入支出，是指依据合同约定，政府需要从预算中安排的用于项目配套工程等其他投入支出，包括投资补助、贷款贴息等。

④风险承担支出，是指在项目实施过程中按照法律规定或者合同约定，因法律安排、政策风险、最低需求风险以及其他原因导致项目合同终止等情况，政府应承担相应责任的财政或有支出。

⑤PPP项目奖补支出，是指上级财政对符合条件的转型为PPP模式的存量政府债务项目和采取PPP模式的新建项目，安排的专项转移支付，主要用于社会资本采购中止时的沉没费用、循环使用的交易咨询等前期费用支出。

⑥PPP项目其他支出，反映政府对PPP项目的其他支出。

做好项目全生命周期成本监测工作。每一季度前，项目公司应向财政部门和行业主管部门报送上一年度经第三方审计的项目运营成本详细资料。

（2）收入编制。行业主管部门应将包括所有PPP项目全部收入列入本部门、本单位预算草案。PPP项目中的政府收入，包括政府在PPP项目全生命周期过程中依据法律和合同约定取得的资产权益转让、特许经营权转让、股息、超额收益分成、社会资本违约赔偿和保险索赔等收入，以及上级财政拨付的PPP专项奖补资金收入等。

①实施特许经营的PPP项目，受让主体应当按照特许经营许可权评估价值，向同级政府缴纳特许经营权使用费，纳入PPP项目财政预算管理。

②权益转让收入。是指政府转让存量资产所有权或经营权形成的权益转让收入，以及政府与社会资本共同组建项目公司，政府转让项目公司股权形成的股权转让收入等。

③股息收入，是指政府持有项目公司股权所获得的分红收益，按照项目产生的收益以及合同约定的股权结构确定。

④超额收益收入，是指当PPP项目收入超过合同约定的最高收益率时，政府依照合同约定的超额收益分成比例所取得的收入。

⑤社会资本违约赔偿收入，是指政府因社会资本和项目公司未按照合同约定完成融资、建设、运营维护、已交维修等事项，以合同约定获得的履约保证金等赔偿性收入。

⑥PPP项目奖补资金收入，是指下级财政收到的，上级财政对符合条件的转型为PPP模式的存量政府债务项目和采取PPP项目模式的新建项目，给予的专项转移支付。

3. 财政部门编制PPP项目财政收支预算

财政部门应对行业主管部门报送的PPP项目财政收支预算申请进行认真审核，充分考虑绩效评价、价格调整等因素，合理确定预算金额。

安排 PPP 项目财政支出预算，应统筹充分考虑保障保工资、保运转、保民生等刚性支出，以及债务还本付息、存量 PPP 项目等履约支出。

4. 绩效评价与付费

财政部门应会同行业主管部门在 PPP 项目全生命周期内，按照事先约定的产出评价标准，对项目产出、实际效果、成本收益、可持续性等方面进行绩效评价，可委托第三方专业机构提出评价意见。

绩效评价是预算审核的重要组成部分，财政部门要按照绩效评价结果合理安排财政预算资金。

（1）对于绩效评价达标的可行性缺口补助或政府付费项目，财政部门要严格按照合同约定，向项目公司或社会资本方支付费用或补贴。

（2）对于绩效评价不达标的 PPP 项目，财政部门要按照合同约定，扣减相应的费用或补贴。

（3）对于使用者付费项目，由于客观原因导致超额收益的，按照合同约定归政府享有的部分，财政部门要及时纳入国库。

二、项目资产负债管理

各级财政部门应会同相关部门加强 PPP 项目涉及的国有资产管理，督促项目实施机构建立 PPP 项目资产管理台账。政府在 PPP 项目中通过存量国有资产或股权作价入股、现金出资入股或直接投资等方式形成的资产，应作为国有资产在政府综合财务报告中进行反映和管理。

（1）政府以国有建设土地投入 PPP 项目时，一般应按照国有土地使用权出让，作为出资或入股等有偿使用方式参与 PPP 项目。国有建设用地使用权作价出资额应当依法进行评估，不得低于土地取得成本、土地前期开发成本和按规定收取的相关费用之和。特殊情况下，对于符合《划拨用地目录》的市政基础设施和公共服务项目用地，可以采取划拨方式提供，但用于项目相关配套开发用地除外。土地使用需经本级政府及上级国土管理部门审核同意，并经过公开采购程序，与选定的社会资本方进行合作。

（2）存量 PPP 项目中涉及存量国有资产、股权转让的，应由项目实施机构会同行业主管部门和财政部门按照国有资产管理相关办法，依法进行资产评估，防止国有资产流失。应遵循公开、公平、公正的原则依法进行资产评估，随同项目实施方案报请本级人民政府核准。

（3）PPP 项目中涉及特许经营权授予或转让的，应由项目实施机构根据特许经营权未来带来的收入状况，参照市场同类标准，通过竞争性程序确定特许经营权的价值，以合理价值折价入股、授予或转让。

（4）项目实施机构与社会资本方应当根据法律法规和 PPP 项目合同约定确定项目公司资产权属。对于归属项目公司的资产及权益的所有权和收益权，经行业主管部门和财政部门同意，可以依法设置抵押、质押等担保权益，或进行结构化融资，但应及时在财政部 PPP 综合信息平台上公示。项目建设完成进入稳定运营期后，社会资本方可以通过结构性融资实现部分或全部退出，但影响公共安全及公共服务持续稳定提供的除外。

（5）各级财政部门应当会同行业主管部门做好项目资产移交工作。项目合作期满移交的，政府和社会资本双方应按合同约定共同做好移交工作，确保移交过渡期内公共服务的持续稳定供给。项目合同期满前，项目实施机构或政府指定的其他机构应组建项目移交工作组，对移交资产进行性能测试、资产评估和登记入账，项目资产不符合合同约定移交标准的，社会资本应采取补救措施或赔偿损失。项目因故提前终止的，除履行上述移交工作外，如因政府原因或不可抗力原因导致提前终止的，应当依据合同约定给予社会资本相应补偿，并妥善处置项目公司存续债务，保障债权人合法权益；如因社会资本原因导致提前终止的，应当依据合同约定要求社会资本承担相应赔偿责任。

（6）各级财政部门应当会同行业主管部门加强对 PPP 项目债务的监控。PPP 项目执行过程中形成的负债，属于项目公司的债务，由项目公司独立承担偿付义务。项目期满移交时，项目公司的债务不得移交给政府。

三、监督管理

（一）防范变相融资

各级财政部门应加强监督，切实防范财政风险。

（1）社会资本全资或控股投资项目公司，要按照《公司法》等法律以及 PPP 项目合同规范运作。严禁通过固定回报承诺、回购安排、明股实债以及借助抽屉协议将项目运营返包政府等方式进行变相融资。

（2）政府因按照 PPP 项目合同约定，在取得公共服务的同时立即进行足额支付。严禁采取延期支付方式变异为购买融资服务，严禁通过政府购买服务方式进行变相融资，规避财政承受能力论证和物有所值评价。

（3）严禁地方政府融资平台公司通过建设 – 租赁 – 移交等运作方式，将原有融资平台建设项目包装成 PPP 项目，直接与政府签订 PPP 合同，规避政府债务管理规定。

（二）信息公开与监督管理

各级财政部门应依托 PPP 综合信息平台，建立 PPP 项目，对 PPP 项目全生命周期信息公开工作，保障公众知情权，接受社会监督。

财政部驻各地财政监察专员办事处应对 PPP 项目财政管理情况加强全程监督管理，重点关注 PPP 项目物有所值评价和财政承受能力论证、政府采购、预算管理、国有资产管理、债务管理、绩效评价等环节，切实防范财政风险。

对违反本办法规定实施 PPP 项目的，依据《预算法》、《政府采购法》及其《实施条例》、《财政违法行为处罚处分条例》等法律法规追究有关人员责任；涉嫌犯罪的，依法移交司法机关处理。

此外，为了强化预算管理，可以建立政府付费保障机制。其一，建立结算扣款机制。上级财政部门应当督促下级财政部门严格履行 PPP 合同。没有及时足额向社会资本支付政府付费或者提供补贴的，按照合同约定依法办理。由上级财政直接从相关资金中代扣，并支付至项目公司或社会资本。上级财政在代扣支付后，可以向下级财政核实，如项目公司存在虚假申报等情况，可以提取其履约保证金或扣除下一期的支付款项等诸多措施作为救济。其二，建立政府付费担保基金或各类省市层面的偿债基金。可以在省级政府或市级政府层面对整个辖区内 PPP 项目政府支付义务进行保证，只要项目公司提交能初步证明政府未履行支付义务的表面证据，则采取类似于银行保函的"见函即付"模式保障政府给付义务的"按时、足额"。保障基金应与各级政府 PPP 项目实施机构或财政部门签订协议，建立后追索模式，保障基金的后续追索权利。

第九章

PPP 项目监管、绩效评估与信息公开

PPP 项目监管、绩效评估与信息公开机制的构建，可有效解决市场失灵、普遍服务和绩效不符要求等问题，同时，这些机制也是保障公众、政府、社会资本三方的合理权益的重要制度安排。这些机制应对社会资本形成了约束，但是，政府本身也应注重依法履约、有效监管。本章主要就 PPP 项目的监管、绩效评估、信息披露进行了分析，并提出了相应建议。

第一节 PPP 监管目的与监管体系

一、监管的原理和目的

基于垄断理论，公用事业、基础设施项目存在一定程度的自然垄断性质，可能出现"市场失灵"现象，降低市场在资源配置中的效率。根据政府规制（regulation，与"监管"基本相同）理论，政府需要对市场失灵的领域进行规制。监管作为一种基本的制度安排，是从公共利益出发，对相关产业的结构及其绩效等主要方面的直接规定，如进入控制、价格决定、服务条件及质量决定，以及在合理条件下服务所有客户时应满足的规定，还有其他一些禁止性的法律限制等。

社会资本以追求自身经济利益最大化为主要目的，再加上 PPP 项目不同程度存在的自然垄断性和信息不对称问题，如没有强有力的政府监管机制和有效的社会监督机制，社会资本就可能会为了追逐利润而牺牲公共服务质量。

政府在 PPP 项目中扮演了双重角色，PPP 项目监管与传统的垄断规制有很多相通之处，但也存在差异。PPP 项目监管应是监与管的统一。监督是政府按照合同的约定对社会资本所提供公共产品的质量和服务的效率进行调控；而管理则是

代表公众的利益与社会资本博弈，最终使公众获得满意的公共产品和服务。PPP 项目监管是监管机构运用行政、法律、法规、经济等手段，发挥政府和公众等利益相关者的监管职责，对 PPP 项目的建设和运营进行监管，以保证公用事业和基础设施的顺利实施以及公共服务质量。

PPP 监管的目的在于解决市场失灵、普遍服务和绩效不符要求等重要问题，以保护公众利益，同时要保障社会资本方的合法权益。对于 PPP 项目，监管还能引导私营部门承担一部分社会责任。监管内容通常包括：价格监管、产品或服务质量监管、安全监管、普遍服务监管（普遍服务强调在公共事业领域）、退出监管（到期退出及提前退出）等。

二、监管体系改进建议

（一）国外监管体系

各国监管机构的主体是政府，在监管体系中有多种形式。以英国 PPP 监管为例，财政部负责所有 PFI（PPP）项目政策的制定；与此同时，国家审计署（National Audit Office）和公共事业管理委员会（Public Accounts Committee）负责对重要的 PFI 政策方面进行调查研究并提出意见，财政部下属合伙经营机关（Partnerships UK）为所有的公共管理部门提供 PFI 专业管理，尤其是招投标方面的知识，财政部下属公私合营机构合作署通过建议及指南对地方政府提供 PPP 项目支持，并帮助其制定标准化合同。几个国家的 PPP 监管体系见表 9-1。

表 9-1　　　　　　几个国家、地区 PPP 监管体系比较

国家/地区	澳大利亚	南非	英国
PPP 主管部门	国民基础设施部/地方财政部	国民财政部 PPP 小组/地方政府部门	财政部/国家审计署和公用事业管理委员会
组织类型	中央部门/地方部门	中央专项小组/地方	中央部门/下属机构
职能	发布政策和指导文件/发布地方管理办法和实施监管	发布政策、指导文件/政府实施监管	发布政策、指导文件，并实施监管
政策体系	中央政策、指导文件 + 地方特殊要求	指导文件	中央政策、指导文件
文件类型	技术文档、案例模型、FAQ	案例模型	技术文档、案例模型、Excel 模型

资料来源：王守清、刘婷："PPP 项目监管：国内外经验和政策建议"，《地方财政研究》，2014 年第 9 期。

以上国家或地区都有单一的中央部门负责 PPP 项目的政策制定和准入监管。此外，政府还聘请、授权或与第三方合作，并让公众、媒体以及放贷方等也参与监管，世行、亚开行等国际多边机构也会对其放贷或援助项目的招投标、财务状况和环境影响等进行监管。

（二）我国 PPP 监管体系存在的问题

我国 PPP 领域广，目前是多行业、多部门分散监管，最终导致行政监管效率不高。我国还没有统一的 PPP 监管机构，监管责任主要分布在各个部门。其中，发改部门负责投资和价格监管，建设部门负责施工监管，质量监督部门负责产品质量监管，工商行政管理部门负责市场监管，此外，还涉及审计部门、环保部门、监察部门等其他多个监管机构。由于 PPP 项目和传统政府投资项目在监管上是并行交叉的，PPP 项目监管分散在财政、发改、规划、国土、环保、住建、审计等多个行政部门。当对某一事项监管适用不同的监管依据时，就可能导致多头管理。PPP 项目的监管分散在多个不同部门，在实践中暴露出监管责任边界不清、监管职能方面交叉等现象。

目前，很多政府重视 PPP 的投资拉动、落地实施，重前期、轻后期，导致政府监管角色缺失。有些地方政府受长期以来形成的"重建设、轻运营"思路影响，忽视对项目运营的监管。有些地方对社会资本在 PPP 项目建设和运营过程中的监管不到位、甚至听之任之，这样就会导致产品质量下降、经营不善、服务效率降低甚至中断等问题的出现，损害公众的利益。

此外，我国社会监督体系不完善、流于形式。一方面由于公众对 PPP 项目的监督责任意识不足，参与性不够、专业性欠缺，很少或几乎没有提出建议；另一方面，地方政府缺少社会监督的落地机制，公众不能采取有效的方式对 PPP 项目出现的问题进行监督，无法快速将发现的问题及时报送到相关部门。

（三）我国 PPP 监管体系的建议

1. 加快 PPP 立法，统一政策、机构

加快 PPP 立法（PPP 条例）工作、完善 PPP 相关政策，明晰政府部门权责界面，避免政出多门。应明确各政府部门的审批权限、流程和管理程序等。

成立跨部门的国家级和地方 PPP 机构，统一负责政策指导、总体规划，对政府财政风险进行监管；构建 PPP 信息平台，促进市场的竞争，提高政府监管水平。

2. 建立行业规范和项目绩效体系，构建多层次监督管理体系

分行业建立 PPP 项目合同示范文本等，建立项目产出规范、绩效评价参考体系。行业主管部门应制定不同领域的行业技术标准、公共产品或服务技术规范，加强对公共服务质量和价格的监管。健全"事前设定绩效目标、事中进行绩效跟踪、事后进行绩效评价"的全生命周期绩效管理机制，确保实现公共利益最大化。

厘清政府部门的监管边界，明确监管范围，建立高效的 PPP 项目监管体系。各个部门应基于 PPP 项目合同、项目产出说明及绩效评价体系主动、审慎投入监管。可设立独立综合性的政府监管机构，如建立一个独立于行政部门的国家 PPP 项目监管机构，然后在该国家监管机构下设立各个领域的专业性、独立监管机构，如交通独立监管机构、电力独立监管机构、水务独立监管机构等。也可将行业主管部门作为专门协调监管机构，各部门在各自职权范围内发挥监管作用。同时，要防止一些公共服务明显存在监管过度和监管竞争等问题，切实解决"谁来监管监管者"，即应关注监管的整体可问责性。

形成建立政府、公众共同参与的综合性评价体系，积极发挥独立第三方咨询机构（包括会计事务所、律师事务所、银行等）的作用，完善政府的决策机制，保障社会公众的利益。

建立项目信息发布机制，以及公众参与决策和监督机制。促进公众作为项目利益相关者参与项目力度，建立 PPP 项目公众参与决策、投诉及建议的平台和渠道。依法充分披露项目实施相关信息，切实保障公众知情权，接受社会监督。

第二节　PPP 项目全生命周期监管与绩效评估

一、PPP 项目监管的阶段与内容

PPP 项目的监管应覆盖了项目全生命周期的各个环节，其过程大致可分为事前准入监管、事中执行监管和事后审核监管。

（一）准入监管

按照 PPP 项目形成特点和项目特性，需要考虑 PPP 模式的适用性、社会资本的准入门槛。主要包括对项目的立项监管和对社会资本采购的监管两个方面。其一，项目立项与 PPP 模式适用性监管。通常，首先应基于本地经济和社会发展规划、专项发展规划，开展可行性研究报告工作，考察项目技术、经济的可行性。在此基础上，对政府财政承受能力、项目物有所值进行论证分析，考察地方

财力可持续、各种投入模式优劣对比，最终确定项目是否采取 PPP 模式。其二，规范设置必要的社会投资人准入门槛，重点考察社会资本资金实力、运营能力。准入监管的目的在于剔除不能实现物有所值的 PPP 项目方案和社会资本。

（二）建设运营期监管

应通过基于项目产出标准和绩效考核要求，促使社会资本保障所提供的服务的质量与效率符合绩效约定。运营期监管的核心内容包括：产品/服务质量监管，价格监管与调节机制。政府应根据不同的制度环境、风险和监管目标，除了采取不同的定价方式，还要设立动态调节/调价机制，以保证政府和企业之间的长期动态公平、合法权益。

其中，公众监督主要体现在民主权利的行使上，也是监督体系的非常重要一环。主要体现在：其一，社会宣传。根据项目实施进度，组织开展形式多样的社会宣传，形成良好的社会互动氛围。其二，舆论监督。对诚信度高的企业，规范运作的企业通过新闻媒体、政府网站等予以表扬，对违法违规行为予以曝光。其三，公众参与。政府鼓励社会公众对工程建设和运营过程的违法违规行为进行举报，邀请社会公众参与维护绩效评估和服务费的定价等过程。

（三）建立严格的监管和绩效评价机制

政府对 PPP 项目运作、公共服务质量和资金使用效率等进行全过程监管和综合考核评价，认真把握和确定服务价格和项目收益指标，加强成本监审、考核评估、价格调整审核，可以考虑引入第三方进行社会评价。健全完善正常、规范的风险管控和退出机制，禁止政府为项目担保，防范项目风险转换为政府债务风险等。

建设运营期的监管，尤其是 PPP 项目产出及绩效监管至关重要。支付机制是绩效监管和绩效监测的"双保险"，支付机制必须与绩效考核指标紧密联系。

二、政府方监督和介入

由于 PPP 项目通常是涉及公共利益的特殊项目，从履行公共管理职能的角度出发，政府方有必要建立监督和介入机制，甚至在特定情形下，政府有可能临时接管项目。介入权（step-in rights）是指依照合同约定或者法律规定，在特定情形下，公共部门或者债权人有权在一定期间内控制项目公司。

（一）政府方的监督权

政府方的监督权必须在不影响项目正常实施的前提下行使，并且必须要有明确的限制，否则将会违背 PPP 项目的初衷，将本已交由项目公司承担的风险和管理角色又揽回到政府身上。不同项目、不同阶段下的政府监督权的内容均有可能不同，常见的政府方监督权包括：

1. 项目实施期间的知情权

在 PPP 项目合同中通常会规定项目公司有义务定期向政府提供有关项目实施的报告和信息，以便政府方及时了解项目的进展情况，具体包括：

建设期——审阅项目计划和进度报告。在项目正式开工以前（有时在合同签订前），项目公司有义务向政府提交项目计划书，对建设期间重要节点作出原则规定，以保障按照该工程进度在约定的时间内完成项目建设并开始运营。在建设期间，项目公司还有义务定期向政府提交项目进度报告，说明工程进度及项目计划的完成情况。

运营维护期——审阅运营维护手册和有关项目运营情况的报告。在开始运营之前，项目公司通常应编制项目运营维护手册，载明生产运营、日常维护以及设备检修的内容、程序和频率等，并在开始运营日之前报送政府备查。在运营维护期间，项目公司通常还应定期向政府报送有关运营情况的报告或其他相关资料，例如运营维护报告（说明设备和机器的现状以及日常检修、维护状况等）、严重事故报告等。此外，有时政府也会要求项目公司定期提交经审计的财务报告、使用者相关信息资料等。

2. 进场检查和测试

在 PPP 项目合同中，有时也会规定在特定情形和一定限制条件下，政府方有权进入项目现场进行检查和测试。政府方行使进场检查和测试权不得影响项目的正常实施，并且受制于一些特定的条件，例如：需要遵守一般的安全保卫规定，并且不得影响项目的正常建设和运营；履行双方约定的合理通知义务后才可入场；仅在检查建设进度、监督项目公司履约情况等特定目的下才有权进入场地；等等。

3. 对承包商和分包商选择的监控

有时政府方也希望在建设承包商或者运营维护分包商的选择上进行一定程度的把控。通常可能采取两种途径：

在合同中约定建设承包商或运营维护分包商的资质要求。保证本项目建设质量或者运营质量所必需的且合理的要求，不得不合理地限制项目公司自行选择承包商或分包商的权利。

事先知情权。要求项目公司在签订工程承包合同或运营维护合同前事先报告政府方，由政府方在规定的期限内确认该承包商或分包商是否符合上述合同约定的资质要求；如果在规定期限内，政府方没有予以正式答复，则视为同意项目公司所选择的承包商或分包商。

需要特别说明的是，在 PPP 项目中，原则上项目公司应当拥有选择承包商和分包商的充分控制权。政府方对于项目质量的控制一般并不依赖于对承包商及分包商选择的直接控制，而是通过付费机制和终止权利来间接把控项目的履约。例如，如果项目质量无法达到合同约定的标准，项目的付费就会被扣减，甚至在严重情形下，政府方可以终止项目。

4. 参股项目公司

为了更直接地了解项目的运作以及收益情况，政府也有可能通过直接参股项目公司的方式成为项目公司股东、甚至董事（即使政府所持有的股份可能并不多），以便更好地实现知情权。在这种情形下，原则上政府与其他股东相同，享有作为股东的基本权益，同时也需履行股东的相关义务，并承担项目风险，但是经股东协商一致，政府可以选择放弃部分权益或者可能被免除部分义务。

5. 把控基本建设程序的部分核心环节

如对涉及政府付费、财政补贴、重大公共安全等 PPP 项目，政府可以考察独自或联合项目公司以招标方式确定社会资本施工外的监理、设计、造价咨询机构等。政府对这些机构具有较大话语权，协助政府进行专业技术的监管、顾问。

由政府方负责委托设计、选择监理单位、造价咨询单位，政府方委托工程造价跟踪过程审计，完善工程管理。按照项目的全生命周期管理阶段进行监管，并要求社会资本方提供建设期、运营期、维护期保函。

6. 以股东身份间接行使监管

政府方通过直接参股 PPP 项目公司的方式成为项目公司股东，以便更好地实现知情权，重大事项设置"一票否决权"。此项表决权的实施范围应予一定的限制，保障项目公司的日常经营活动。

（二）政府方的介入权

除了上述的一般监督权，在一些 PPP 项目合同中，会赋予政府方在特定情形下（如紧急情况发生或者项目公司违约）直接介入项目实施的权利。但与融资方享有的介入权不同，政府方的介入权通常适用于发生短期严重的问题且该问题需要被快速解决、而政府方在解决该问题上更有优势和便利的情形，通常包括项目公司未违约情形下的介入和项目公司违约情形下的介入两类。

1. 项目公司未违约情形下的介入

为了保证项目公司履行合同不会受到不必要的干预，只有在特定的情形下，政府方才拥有介入的权利。常见的情形包括：

（1）存在危及人身健康或安全、财产安全或环境安全的风险；

（2）介入项目以解除或行使政府的法定责任；

（3）发生紧急情况，且政府合理认为该紧急情况将会导致人员伤亡、严重财产损失或造成环境污染，并且会影响项目的正常实施。

如果发生上述情形，政府方可以选择介入项目的实施，但政府方在介入项目之前必须按PPP项目合同中约定的通知程序提前通知项目公司，并且应当遵守合同中关于行使介入权的要求。

在项目公司未违约的情形下，发生了上述政府方可以介入的情形，政府方如果选择介入项目，需要按照合同约定提前通知项目公司其介入的计划以及介入的程度。该介入的法律后果一般如下：

（1）在政府方介入的范围内，如果项目公司的任何义务或工作无法履行，这些义务或工作将被豁免；

（2）在政府方介入的期间内，如果是采用政府付费机制的项目，政府仍应当按照合同的约定支付服务费或其他费用，不论项目公司是否提供有关的服务或是否正常运营；

（3）因政府方介入引发的所有额外费用均由政府承担。

2. 项目公司违约情形下的介入

如果政府方在行使监督权时发现项目公司违约，政府方认为有可能需要介入的，通常应在介入前按照PPP项目合同的约定书面通知项目公司并给予其一定期限自行补救；如果项目公司在约定的期限内仍无法补救，政府方才有权行使其介入权。政府方在项目公司违约情形下介入的法律后果一般如下：

（1）政府方或政府方指定第三人将代项目公司履行其违约所涉及的部分义务；

（2）在项目公司为上述代为履行事项提供必要协助的前提下，在政府方介入的期间内，如果是采用政府付费或可行性缺口补助机制的项目，政府方仍应当按照合同约定就不受违约影响部分的服务或产品支付费用或提供补助；

（3）任何因政府方介入产生的额外费用均由项目公司承担，该部分费用可从政府付费中扣减或者由项目公司另行支付；

（4）如果政府方的介入仍然无法补救项目公司的违约，政府方仍有权根据提前终止机制终止项目合同。

三、PPP 项目产出与绩效监测

(一) PPP 产出与绩效目标

PPP 的绩效监管主要由两项制度完成,即绩效监控和支付机制。作为对项目"物超所值"的闭环,绩效管理的原则、内容和方式要在采购阶段确立。其中,最重要的是确立产出标准,并建立绩效考核体系。Klijn et al. (2010) 指出,PPP 项目产出与绩效不仅包括结果类指标(outcome),如创新性、效率、成本、效益等,也包括过程类指标(process),如互动频率、冲突解决程度等。支付机制与绩效考核指标紧密联系,秉承"先服务,后支付"、"无服务,不付费"、"服务差、必扣款"的原则。

产出标准一般需要满足 SMART 原则,即明确(Specified,标准要明确)、可测量(Measurable,服务的成果可测量)、可获得(Achievable,企业能提供)、务实(Realistic,企业可以做到)、及时(Timely,政府可以定期及时检查)。绩效目标主要内容包括:

(1) 预期产出目标,包括提供公共产品或者公共服务的数量、质量、时效目标,以及达到预期产出所需要的成本和资源等。

(2) 预期效果目标,包括项目经济效益、社会效益、环境效益和可持续影响等。

(3) 衡量预期产出、预期效果和相关方满意程度方面的绩效评价指标等。

(4) 为实现项目绩效目标所需要的保障制度、措施和工作计划,以及项目管理内容和相应目标要求等。

(5) 其他。

(二) 绩效监测

绩效监测一般由政府或政府委托专业第三方实施。绩效监测(Performance Monitoring)依照产出标准而实施。绩效监测主要是围绕服务的可得性(Availability)进行的,包括但不仅限于合同、采购、安全性、质量、时间、成本、环境等多方面。双方在要约定绩效监测的制度,包括监测的主体、内容、方式、频率和费用等,并在合同中加以明确。

绩效监测的基本内容包括如下:

(1) 成本效益,是指项目投入和产出的对比关系,即能否以更低的成本或者更快的速度取得预计产出；

（2）项目产出，是指项目预期产出的完成程度，包括数量、质量和时效；

（3）项目效果，是指实际产生的效果和相关目标群体的获益程度；

（4）可持续性，是指项目实施完工后，其独立运行的能力和产生效益的持续性。

绩效评价方案内容通常包括项目的背景、评价目的、评价对象和范围、绩效评价指标体系、评价方法、各项指标数据的收集方法、评价人员分工、评价计划、管理控制等。评估机构需要按照相关性、重要性、可比性、系统性及经济性原则，就项目决策、项目管理、项目绩效（产出、效果）等方面全面设定指标体系。

评估机构在制定绩效评价方案时，需要有针对性地对项目所涉及的利益相关方开展各种形式的调查，调查方法包括案卷研究、数据填报、实地调研、座谈会以及问卷调查等。

绩效评价结果可作为科学安排预算、调整支出结构、完善财政政策、加强制度建设、实施绩效监督的重要依据，也可作为PPP项目移交阶段支付对价的重要支撑，可为PPP管理工作决策提供参考。

四、中期评估

项目中期评估需要重点分析项目运行状况和项目合同的合规性、适应性和合理性。内容包括项目基本情况、目标设定情况、项目组织实施情况、绩效目标完成以及偏差情况、存在问题以及纠偏情况等。评估的要点如下：

（1）项目运行状况。重点评估项目运行情况，在该阶段为完成绩效目标所需要的各种资源成本消耗情况、项目管理及其完成情况，以及项目预期产出、效果等目标的完成进度情况等。

（2）项目合同履约状况。重点评估项目合同签订的合规性、适应性、合理性，项目是否按照合同约定内容完成既定目标，包括产出以及效果等目标。

（3）项目物有所值状况。与政府提供公共产品或公共服务的传统模式相比，社会资本参与能有效降低项目全生命周期成本、提高公共产品或者公共服务质量效率，项目是否真正达到物有所值。

（4）项目运行偏差情况。评估项目是否按既定计划运行，在项目实施阶段中的偏差度和影响度。

（5）项目运行纠偏情况。重点评估项目运行纠偏措施的制定和整改落实情况。

从经济性、效率性、效益性等方面对项目进行总体评价。其中：项目的经济性分析主要反映项目成本（预算）控制情况、项目设计规模的合理性；项目的效率性分析主要反映项目实施（完成）的进度、质量等情况；项目的效益性分析主要反映项目资金使用效果的个性指标；项目的可持续性分析主要反映项目完成后，后续政策、资金、人员机构安排和管理措施等影响项目持续发展的因素。

第三节　PPP 项目的信息公开与披露机制

一、信息披露的意义和框架

PPP 项目涉及公共服务、公共利益，信息公开和及时披露意义重大，也是常见的重要监督机制。比如英国 2012 年颁布的《标准化 PF2 合同》中，就突出强调了公开透明原则。只要不涉及国家机密或商业秘密等一些按法律规定不能公开的信息之外，全部向公众公开，以接受公众、媒体和相关行业的监督。

（一）信息披露的意义

从世界银行 PPP 经验看，信息披露的意义（或价值）主要在于三个方面[①]：第一，PPP 项目一般都是长期项目，合同要件繁复，PPP 的复杂性使得项目相关方的沟通成本较高，信息披露可以有效降低各方信息不对称的程度；第二，PPP 项目运行过程中经常性面临重新谈判，对初始合同的变更也需要进行信息披露，这既是项目相关方对信息的要求，也是法律风险管理的要求；第三，PPP 项目的目的是提供公共产品、服务于公众，信息披露有助于提升公众参与度，并使公众成为有效监督 PPP 的一方，在运作效率、物有所值、防范腐败等方面发挥关键作用。

实施 PPP 信息披露，是法治社会对提升政府透明度的要求，是提升政府信用评价水平的重要手段，也是激发社会资本合作积极性的重要保障。从公民知情权角度看，法治社会依赖于相应的法律制度和程序来保证自身的合法性，公民的参与为法理型政府的统治合法性提供了坚实的基础，获得政府掌握的信息、参与进政府决策本身就是公民知情权的应有内容。从金融市场的角度看，公众对政府的信任就是对政府信用的评价，信用评价较高的政府能够获得更低成本、更大规模的市场化融资支持。

---

① Disclosure of Project and Contract Information in Public-Private Partnerships, P15-16, World Bank Group, 2013.

受到不同国家司法体系的影响，PPP 信息披露的驱动因素在各国表现有所不同，核心因素有四个：一是反腐败，二是增加私人部门的参与度，三是增强政府公信力，四是确保物有所值（VFM）。

（二）世界银行 PPP 信息披露框架建议

鉴于信息披露机制的建立较为复杂，世界银行在研究了多个已实践 PPP 信息披露的国家和地区后，总结了九个主要的方面，初步形成了 PPP 信息披露框架的建议[①]：

1. 立法或政策任务（Legislation and Policy Mandate）

PPP 信息披露的制度体系，按照不同的效力层级分为五层：第一层是立法或政策，也是制度体系中的最高层，指中央政府和地方政府的法律法规，如自由信息法案（FOI）、PPP 专门立法、公共财政预算（PFM）、透明预算法案等，内容应包括主动性信息披露的责任、PPP 相关的信息披露范围、保密信息的定义、信息披露的时间表和时限要求以及追溯应用等。此外，PPP 信息披露的其余四层包括：第二层——PPP 政策或 PPP 信息披露指引，第三层——保密信息的指引，第四层——包含具体内容的标准条款和相关参考信息等，第五层——简明扼要的标准模板。

作为最高等级的制度，立法和政策任务在信息披露方面的要求至少包括三点：一是信息披露应覆盖所有公共机构的一般合同，包括持续的绩效信息；二是赋权于公共主体，使其能通过公共（信息披露）平台主动发布信息；三是包含 PPP 相关不应披露的领域的说明（如商业敏感信息、交易机密、战略与公共利益等相关保密信息等等）。

2. 详细的业务指引（Detailed Guidance）

业务指引是仅次于政府法律法规的制度，是指政府内部用于支持立法条款或政策的详细结构流程说明。信息披露的业务指引内容，主要包括：揭示合同的合法性应用并解释项目信息、信息披露时点和详细内容、信息披露的地点、信息披露相关各方的职责、失败阈值设定、机制监测、失败的后果处置、内部和外部信息的有效性以及相关活动的检查单、业务模板等。

3. 采购前信息披露（Pre-Procurement Disclosure）

一般而言，从信息披露的角度看，PPP 项目可分为三个主要工作阶段：采购

[①] A Framework for Disclosure in Public-Private Partnerships: Technical Guidance for Systematic, Proactive Pre-and post-Procurement Disclosure of Information in Public-Private Partnership Programs, P4-7, World Bank Group, 2015.8. 注：九个方面的总结并不固定，在世界银行的不同文件中存在不同表述，不同的重点突出，本文引用之处的表述为"推荐信息披露概览（Snapshot of Recommended Disclosure）"。

前、采购后、评估期。公众对于采购前后的关注点和关注程度有所不同。对于采购前，信息披露的内容主要是项目工作日程、项目可行性分析报告、相关物有所值（VFM）可行性分析报告、风险报告等。

私人投资者对日程和采购流程非常关注，采购前信息披露应注意几点：一是注意私人投资者的关注点，公布的日程和流程应清晰透明，使公众了解国家关于项目进度的计划；二是财政政策的潜在影响力评估；三是无论是否有竞争性的流程，信息披露的目标应是更加降低PPP的成本。

4. 采购后信息披露（Post–Procurement Disclosure）

采购完成后，项目开始正式运作，公众的关注点也有所变化。采购后的信息披露主要内容包括：详细的项目基本信息、全面风险治理分析、选择PPP项目形式的数量和质量分析、政府支持信息（保证、补助、土地、权益、服务提供等）、融资信息（融资结构、估算、特定合同类型下的实际收入情况、预测和实际资产回报）、税务信息（税收模型、税务评估和监管）、绩效信息（实际目标绩效报告、相关合同条款下的损失报告、独立工程师或审计报告、用户反馈与调查报告等）、合同终止信息（终止条款与移交条款）、重新谈判或变更信息（变更的细节、对成本的影响、财政承诺与或有负债、风险分布、税金及其支付、服务内容和水平等）。

5. 保密信息（Confidential Information）

信息披露机制中，也包含对保密信息的界定。被界定在保密信息范围内的内容，可依法不进行信息披露。保密信息主要应包括三方面内容：一是依法和项目具体环境被认定为应保密的领域和要素，如案例融资模型、债务结构和定价方法等可能损害私人部门供给方竞争力的内容；二是审计的规范要求，强调信息公开范围限定在审计需要的范围内；三是保密信息的时间期限具体要求。

6. 标准合同条款（Standard Contract provisions）

信息披露应有规范的标准合同条款，主要涵盖三方面内容：一是信息的维护和提供方面，例如，信息披露的报告、文件及私人部门应向政府提供的信息清单，以及信息披露的网站站点信息、信息提交与正式披露的时限要求、不按信息披露要求提交的惩罚措施等。二是充分信息披露的推定，即应充分披露除保密信息以外的所有信息。三是保密条款，应充分表述机密信息的内容和要素组成、保密条款的格式，以及基于公共利益的信息披露条款。

7. 信息披露平台（Platform）

从技术角度看，PPP信息披露需要专门平台支持。基于准确性、安全性和效能的考虑，世界银行推荐应用单一的平台进行PPP信息披露，如果无法实现单一平台，应尽量争取平台间联网。

8. 时间表（Timelines）

信息披露应依据时间表进行持续披露才能确保信息对各方的有效性和可用

性、晚披露或不披露都会对PPP项目的信用甚至政府的公信力产生负面影响。时间表的安排，应至少包括五方面信息的披露时限：一是基本项目信息，应在采购前披露，准备好即可公布；二是采购前信息，应按照项目时间表严格执行，建议提前两三个工作日完成信息评估；三是重新谈判的信息，建议在执行重新谈判合同之前的45至60天对外披露；四是绩效信息，建议有关部门收到信息后的15至30天之内进行披露；五是其他相关信息，建议在签订相关合同的45~60天内进行信息披露。

9. 标准模板（Template）

标准模板确保了信息披露的统一规范和准确性，也为单一平台实现标准化信息披露提供了关键的制度支持和有效性保障。好的模板体系，应覆盖项目采购前至采购后的整个生命周期。标准模板的制订，与各国PPP项目信息披露能力直接相关，应根据PPP项目运作的经验和不同能力，制订适应各自发展水平和能力的模板。

二、信息公开和披露的建议

实施单位、社会资本或项目公司应当依法公开，并及时披露项目相关信息保障公众知情权，促进市场竞争、鼓励多方监督，对政府、社会资本均形成约束、监督机制。相关建议如下：

（一）完善PPP监管与治理，需界定清晰的信息披露范围和权责

通过法规要求实施单位、社会资本或项目公司应当依法公开披露项目相关信息保障公众知情权，接受社会监督。此外，提供信息公开的格式和清单，在示范项目中推广使用，然后再分行业、分阶段差异化推进。

（二）建立PPP全生命周期信息披露机制

在项目落地前，实施机构应当将项目的前期资料（如可研报告）、实施方案、基础信息和项目采购信息等核心内容框架要向社会公开，让社会公众充分知情、并参与到沟通与决策之中。在项目采购和实施阶段，实施机构应当公开不涉及国家秘密、商业秘密的项目实施方案、项目合同条款、绩效监测报告、中期评估报告和项目重大变更或终止情况等。此外，要求将其中与实施方案不符的部分内容予以公开和解释说明。

项目运营阶段信息公开内容包括PPP项目的成本监测和绩效评价结果等。社

会资本或项目公司应当披露合作项目产出的数量和质量、经营状况等信息。应当公开有关会计数据、财务核算和其他有关财务指标，并依法接受年度财务审计。要求所有社会资本提供实际的和预计的股权回报信息，并在统一网站上发布，对项目进展状态要进行持续更新；出版大众容易获取并理解的以往PPP项目信息等。此外，财政部门信息公开内容包括本级PPP项目目录、本级人大批准的政府对PPP项目的财政预算、执行及决算情况等。

各级财政部门应依托PPP综合信息平台，对PPP项目全生命周期信息公开工作。政府有关部门、项目实施机构、社会资本或PPP项目公司等PPP项目信息提供方应当对其所提供信息的真实性、完整性、准确性、及时性负责。一经发现所提供信息不真实、不完整、不准确、不及时的，PPP项目信息提供方应主动及时予以修正、补充或采取其他有效补救措施。如经财政部门或利益相关方提供相关材料证实PPP项目信息提供方未按照规定提供信息或存在其他不当情形的，财政部门可以责令其限期改正；无正当理由拒不改正的，财政部门可将该项目从项目库中清退。

依据2017年财政部《政府和社会资本合作（PPP）综合信息平台信息公开管理暂行办法》文件，在各个阶段相关信息公开要求见表9-2。

表9-2　　　　　　　　PPP项目信息公开要求

项目所处阶段	公开内容	公开方式	公开的时点	信息提供方
项目识别	项目概况、项目合作范围、合作期限、项目运作方式、采购社会资本方式的选择	即时公开	实施方案编制完成之日起10个工作日内	项目发起方
	交易结构（含投融资结构、回报机制、相关配套安排）、项目产出说明和绩效标准、风险分配框架、合同体系、监管体系	适时公开	进入项目执行阶段后6个月内	项目发起方
	物有所值定性评价指标及权重、评分标准、评分结果	即时公开	报告定稿之日起10个工作日内	
	物有所值评价通过与否的评价结论（含财政部门会同行业部门对报告的审核意见）	即时公开	实施方案批复文件下发后10个工作日内	
	审核通过的物有所值评价报告（含财政部门对报告的批复文件）	适时公开	进入项目执行阶段后6个月内	
	本项目以及年度全部已实施和拟实施的PPP项目财政支出责任数额及年度预算安排情况，以及每一年度全部PPP项目从预算中安排的支出责任占一般公共预算支出比例情况	即时公开	实施方案批复文件下发后10个工作日内	

续表

项目所处阶段	公开内容	公开方式	公开的时点	信息提供方
项目识别	财政承受能力论证的测算依据、主要因素和指标	即时公开	报告定稿之日起10个工作日内	
	通过财政承受能力论证与否的结论	即时公开	实施方案批复文件下发后10个工作日内	
	审核通过的财政承受能力论证报告（含财政部门对报告的批复文件）	适时公开	进入项目执行阶段后6个月内	
	新建或改扩建项目建议书及批复文件	适时公开	进入项目执行阶段后6个月内	实施机构
	可行性研究报告（含全套支撑性文件）及批复文件，设计文件及批复文件（如适用）	适时公开	进入项目执行阶段后6个月内	实施机构
	存量公共资产或权益的资产评估报告，以及存量资产或权益转让时所可能涉及的各类方案等（如适用）	适时公开	进入项目执行阶段后6个月内	实施机构
项目准备	政府方授权文件，包括对实施机构、PPP项目合同的政府方签约主体、政府方出资代表（如适用）等的授权	即时公开	授权后10个工作日内	项目所在地本级政府
	项目概况、项目合作范围、合作期限、项目运作方式、采购社会资本方式的选择	即时公开	进入采购程序后10个工作日内	实施机构
	交易结构（含投融资结构、回报机制、相关配套安排）、项目产出说明和绩效标准、风险分配框架、核心边界条件、合同体系、监管体系	适时公开	进入项目执行阶段后6个月内	实施机构
	政府对实施方案的审核批复文件	即时公开	批复文件下发后10个工作日内	实施机构
	审核通过的项目实施方案及修正案	适时公开	进入项目执行阶段后6个月内	实施机构
项目采购	项目资格预审公告（含资格预审申请文件）	即时公开	资格预审公告发布后10个工作日内	实施机构
	项目采购文件、补遗文件（如有）	适时公开	进入项目执行阶段后6个月内	实施机构

续表

项目所处阶段	公开内容	公开方式	公开的时点	信息提供方
项目采购	资格预审评审报告及响应文件评审报告中专家组评审结论性意见,附资格预审专家和评审专家名单	适时公开	进入项目执行阶段后6个月内	采购监管机构
	确认谈判工作组成员名单	适时公开	进入项目执行阶段后6个月内	实施机构
	预中标及成交结果公告;中标、成交结果公告及中标通知书;	即时公开	依法律规定及采购文件约定	实施机构、采购监管机构
	已签署的PPP项目合同	适时公开	进入项目执行阶段后6个月内	实施机构
	PPP项目合同核心条款,应包括主要产出说明、绩效指标回报机制、调价机制	即时公开	项目合同经人民政府审核通过后10个工作日内	实施机构、项目公司
	本项目政府支出责任确认文件或更新调整文件(如适用),以及同级人大(或人大常委会)将本项目财政支出责任纳入跨年度预算的批复文件(如适用)	适时公开	进入项目执行阶段后6个月内	实施机构
	项目采购阶段调整、更新的政府方授权文件(如有)	即时公开	项目合同经人民政府审核通过后10个工作日内的附件依据相关法律规定公开	实施机构
项目执行	项目公司设立登记、股东认缴及实缴资本金情况、增减资(如适用)	即时公开	设立时及资本金到位后10个工作日内	项目公司
	融资额度、融资主要条件及融资交割情况	适时公开	对应事项确定或完成后次年的4月30日前	项目公司
	项目施工许可证、建设进度、质量及造价等与PPP项目合同的符合性审查情况	即时公开	依据PPP项目合同约定;如PPP项目合同未约定时,则在对应活动结束后次年的4月30日前予以公开	实施机构、项目公司
	社会资本或项目公司的年度运营情况及运营绩效达标情况	即时公开	依据PPP项目合同约定;如PPP项目合同未约定时,则在对应活动结束后次年的4月30日前予以公开	项目公司

续表

项目所处阶段	公开内容	公开方式	公开的时点	信息提供方
项目执行	项目公司绩效监测报告、中期评估报告、项目重大变更或终止情况、项目定价及历次调价情况	即时公开	依据 PPP 项目合同约定；如 PPP 项目合同未约定时，则在对应活动结束后次年的 4 月 30 日前予以公开	实施机构
	项目公司成本监审、所有的 PPP 合同修订协议或补充协议	适时公开	对应活动结束后次年的 4 月 30 日前	实施机构、项目公司
	项目公司财务报告相关内容，包括项目收费情况，项目获得的政府补贴情况，项目公司资产负债情况等	适时公开	对应活动结束后次年的 4 月 30 日前	项目公司
	重大违约及履约担保的提取情况，对公众投诉的处理情况等	即时公开	发生之日起 10 个工作日内	实施机构
	本级政府或其职能部门作出的对项目可能产生重大影响的规定、决定等	即时公开	规定及决定下发后 10 个工作日	实施机构
	项目或项目直接相关方重大纠纷、涉诉或涉仲情况	即时公开	除本办法另有规定外，发生后 10 个工作日内	项目公司
	本级 PPP 项目目录、本级 PPP 项目示范试点库及项目变化情况、本级人大批准的政府对 PPP 项目的财政预算、执行及决算情况等	即时公开	依法律规定（如有）公开或每季度公开	
项目移交	移交工作组的组成、移交程序、移交标准等移交方案	即时公开	移交方案确定后 10 个工作日内	实施机构
	移交资产或设施或权益清单、移交资产或权益评估报告（如适用）、性能测试方案	即时公开	清单或报告定稿或测试完成后 10 个工作日内	实施机构
	移交项目资产或设施上各类担保或权益限制的解除情况（如适用）	即时公开	对应解除完成后 10 个工作日内	实施机构、项目公司
	项目设施移交标准达标检测结果	即时公开	达标检测结果出具 10 个工作日内	实施机构
	项目后评价报告，以及项目后续运作方式	即时公开	后评估报告定稿或项目后续运作方式确定后 10 个工作日内	实施机构

（三）确立一套良好的、具有中立性质的第三方审计、监督体系

确保监管依法透明公开，构建舆论监督、民众查阅、第三方监管与人大弹劾的相互制衡机制，形成一套完整有效的监管体系。搭建有效的监督平台，以及与之配套的工作机制，包括信息对称、举证责任倒置（降低监督成本）、整改过程与结果公示等。通过信息公开及监督机制的落实，让项目的可行性论证过程更加透明科学，让交易的全过程实现阳光化运作，让项目实施过程更加诚信、共赢。

总体而言，信息越充分、竞争越激烈、监管越有效，各方提高效率或质量的内在动力就越强。这就有助于PPP项目各参与方诚实守信、严格履约，保障公众知情权，推动PPP市场公平竞争、规范发展，也更好促进PPP行业的健康、持续发展。

第十章

当前地方政府投融资（含 PPP）的规范运作与风险防范

尽管 PPP 超越了融资工具这一功能，但毋庸讳言的是，PPP 依然是地方政府开展投融资几种可选手段之一。随着近年来经济下行、财政收支矛盾加剧，地方政府借助融资平台、财政预算进行了各种融资方式的创新，如政府购买服务、政府投资基金等。现实过程中，PPP 与其他融资方式往往具有关联关系，各类融资方式的潜在风险不容小视，进一步加强监管势在必行。本章主要就地方政府几类投融资方式进行了分析，并研究了各类新型融资方式、PPP 项目潜在的财政风险，提出了相应的风险防范建议。

第一节 近年来地方政府投融资（含 PPP）运作及其风险

一、引言

2014 年以来，随着国发〔2014〕43 号文、新预算法的实施，原来无序的地方政府举债纳入正轨和预算管理，债务治理成效逐步显现。2015 年末地方政府债务率约为 89.2%，低于国际通行警戒线，风险总体可控。虽然近年来地方政府债务管理比较严格、规范，但并不意味着财政风险得到全面、有效的控制。

尤其值得注意的是，随着近年来经济下行、财政收支矛盾加剧，很多地方政府进行了各种有益的探索和融资方式的创新，如 PPP、政府购买服务、政府投资基金等。这些融资创新中相当一部分操作是利用融资平台规避债务监管、利用未来财政支出责任来撬动政府融资。尤其是融资平台公司在具体实践上"非公亦非私"，定位不清晰，仍异化为地方政府变相举债的重要渠道。这些融资方式中有相当一部分仍然存在变相举债之嫌，并且游离在债务、甚至财政监管范围外。融资平台"替"政府融资举债职能复归、地方政府债务的隐匿化需要高度关注。实际上，这一类融资方式形成的中长期支出事项具有复杂性、隐蔽性和传染性等特点，需要积极防范和应对。

二、应严格甄别地方政府违规融资行为

近年来，政府债务融资受到严格限制，在经济增长路径依赖和借新还旧约束下，PPP模式、政府购买服务、政府投资基金等则受到地方政府青睐。从理论上讲，这些融资方式多是公共服务供给机制的重大创新，可以优化政府和市场的资源配置，平滑财政支出压力或发挥财政资金的杠杆作用。但是，当前很多资金投向是公共项目，大多为非经营性项目，还款来源高度依赖地方政府项目投资拨款或补贴支出。在地方财力普遍偏弱的情况下，亟需各类金融机构、社会资本来投入，但形成的债务也不属于严格意义上的"政府债务"。由此，地方政府及其融资平台的融资行为可能出现走偏、异化行为，其中，相当一部分涉及变相融资、违规举债，存在规避政府债务监管、表外融资之嫌。

以假PPP、不规范PPP方式搞变相融资的行为还时有发生。PPP模式强调全生命周期管理、物有所值、风险共担、激励相容理念，但是，一些地方思维仍然停留在融资建设上，其中政府承诺回购、名（明）股实债、固定回报、财政兜底等问题突出。尤其是一些偏公益性的项目，很多演变为垫资施工项目、时间拉长版BT。不规范PPP项目会产生一定的挤出效应，同时，也增加了政府债务风险隐患。

滥用"政府购买服务"，如采购各类大型工程项目等违规现象较为突出。虽然国家大力鼓励PPP模式，但PPP程序相对复杂、落地难、显性成本较高，并且受到财政可承受力红线的制约，即全部PPP项目支出责任占一般公共预算支出比例不应超过10%。很多地方政府则绕开PPP，将工程建设为主的项目包装成政府购买服务，分期支付给承接主体（多为融资平台）服务费（主要是工程款等），非常简便、快捷地通过承接主体完成项目融资、建设。在实施过程中，可以规避PPP程序，金融机构在融资过程中通常只需要政府出具相关纳入预算的文件及人大决议即可。承接主体的贷款、后期的政府付费均不列入政府债务系统，也没有受到PPP财政承受能力约束。滥用政府购买服务、变相融资规模急剧扩张，且不透明，造成的潜在风险或支出压力巨大。

部分政府或其融资平台通过基金、资管、融资租赁等业务，借助财政预算来放大杠杆，存在变相举债之嫌。地方政府通过专项建设基金、产业基金、资管计划等金融工具，多重方式加杠杆，以股权投资等方式规避债务管理约束。很多基

金、资管计划等方式的杠杆比例在 1:4，有些可以到 1:9。除了专项建设基金（中央财政贴息后为 1.2% 的利率）和政策性资金外，多数都是银行通道功能，融资成本高于地方债利率及银行贷款利率。实际上，很多基金的非政府出资方名义上是股权投资，通常要求纳入预算，或政府（融资平台）回购股权，或承担实质兜底责任。这些业务操作不透明，未来的还款来源主要来自于财政资金，实则通过财政预算这一幌子实现变相举债，最后风险依然集中在政府身上。

近年来，不规范的融资方式的规模不断攀升，并且，隐蔽性强、周期长、隐患大。这些变相融资行为异化为规避监管程序、增加政府的隐性负债或支出责任的工具，需要严格甄别和厘清。

三、高度关注各类中长期支出责任风险

在实际操作过程中，很多地方政府通过专项建设基金、政府购买服务、投资基金等方式变相举债，纳入财政预算只是形式化，通过企业化（融资平台、社会资本）融资形成"表外融资"。融资平台"替"政府融资举债职能萎缩了一段时间后，又逐渐恢复。各类企业主体（融资平台、社会资本）替代传统政府直接举债建设，导致财政支出不透明、债务隐匿风险大。

PPP、政府购买服务和政府投资基金等融资方式形成的不是直接的政府债务，但财政未来支出责任并没有消失，反而可能导致风险隐匿。由承接主体或社会资本代替政府承担投融资责任，可使政府债务得以"出表"，平滑财政支出压力，但并没有消除财政负担。与政府直接举债不同的是，这些融资方式形成的是支出责任，通常与市场、绩效紧密挂钩，并非是固定回报、无风险回报。在实际操作过程中，很多融资依然是围绕政府付费或财政兜底展开，纳入财政预算只是形式，并没有进行严密的论证、合规的程序。由此，造成财政支出责任游离在债务监管体系外，产生风险隐匿、不透明。

这些无序、违规融资将纵容地方政府和金融机构加杠杆行为，导致道德风险蔓延、财政金融风险扩大。在"中央给地方兜底，政府给平台兜底"的预期下，市场更多从政府整体信用考虑，甚至主动进入"自我空转"和"借新还旧"的状态。在刚性兑付预期下，投资人缺乏风险定价和买者自负的意识，失去了寻求有效信息披露和监督政府举债的动机。与此同时，也会诱发地方政府短期化、财政机会主义行为，不断扩大表外融资或变相举债规模，并延后、拉长还款期限和责任。这些金融工具滥用将导致金融资源错配、预算约束难以硬化、财政风险难以有效控制。

滥用融资工具、不规范运作，必然诱发机会主义，加重政府中长期财政负担，加剧未来的财政金融风险。通过伪 PPP 或政府违规购买工程服务等变相举

债,虽然能规避一些监管,解决一地、一时之需,但极其容易造成风险隐匿、失控。同时,对规范的PPP、政府产业基金等产生了负面冲击,不利于财政体制、国家治理的改革深化。

第二节 PPP项目的问题根源分析与潜在财政风险

一、PPP项目推进过程中的问题根源分析

PPP项目推进存在的难点及问题主要源自于项目层面、主要参与主体"自利行为",这就导致PPP出现偏差,主要分析如下:

1. 体制机制有待完善

正如前述,缺乏系统和深入的体制机制安排,缺乏制度顶层设计和法治环境。目前,PPP相关的政策法律体系有缺失、有冲突,标准体系尚未建立,市场主体培育尚需过程等。

2. 很多项目偏公益性,盈利模式难

很多PPP项目可经营性系数较低、财务效益较差。部分经营性项目往往由于市场需求不足或难以预测、缺乏规模效益。通常为增强项目吸引力,仍需要大量财政补贴进行"兜底"。此外,地方政府能拿得出的且愿意拿出来的好项目不多,资源配置、对价的配套措施受到法规制约;并且,由于资源价值变现等因素,导致对社会资本的吸引力也不强。多数PPP项目依赖财政补贴,但基层县市的财力普遍较弱,导致"地方政府热、社会资本冷",形成项目吸引力不足。

此外,发改委的专项建设基金(利率为1.2%)、政府购买服务贷款、产业基金等宽松金融政策对PPP模式产生一定冲击。这一类资金依然围绕融资平台、依靠政府信用,融资成本低、程序简单快捷,导致许多地方政府还是青睐于传统政府投资、投融资平台融资建设模式。

3. PPP是一项系统复杂的工程,风险较大,对各方能力要求较高

一般认为,PPP投资大、期限长、风险大、收益低,这也导致很多私人资本观望或不敢进入。事实也不尽然,主要原因有以下几方面:

一是公、私利益目标难以有效协调,再加上PPP项目契约存在不完全性,PPP对各方都是一个大的挑战。通常,PPP项目所处多为公共产品领域,这些行业有一定自然垄断性。同时,由于当事人的有限理性,无法事前预测、约定在未来各种情形下的责权利,导致容易呈现资产专用性强、信息不对称等特征。合作的长期性及经济、政治环境的不确定性,风险动态变化,必然导致合同存在不完

全性。如市场风险较大情况下，投资意愿必然与政府提供的"兜底"保证相关，政府通常需要在使用量上（如车流量、用户数、污水量等）提供最低需求保证或其他保障措施。在PPP整个运作过程中，私人部门以盈利为目的，与政府公益性目标可能冲突，双方博弈在所难免。PPP的不完全契约特性在发展中国家或转轨经济体中尤为突出，政府往往陷入"两难"困境，社会资本也非常谨慎。Guasch（2004）分析了拉丁美洲地区1980~2000年近1000份PPP合同发现，30%的合同重新谈判，并且更有利于私人投资方，造成财政软约束。

二是目前普遍存在项目吸引力不足、社会资本担忧的主要风险尚难消除。对地方政府而言，资金需求最大、投入难度最大的是使用者付费不足以覆盖投入成本及收益、无项目收益的准经营性和公益性项目。承担哪些风险、补贴多少、有没有支付能力则成为基层政府头疼的问题，这些也是社会资本投资决策的关键因素。社会资本通常最担心政府信用风险（尤其是换届风险、财政支付能力等）、法律法规、项目收益等风险。目前，民营企业参与程度非常有限，普遍市场信心不足，尤其担心未来长达10~30年的合作期限内的政府换届、项目唯一性、市场需求变化、政府支付能力等诸多不可控因素。

三是对交易结构设计、定价、运营、监管提出了更高要求。不可能希望一个长期亏损的企业会提供优质的公共服务，但任何暴利都会导致公众利益的损失。目前，相当大比例的社会资本是国有施工企业或城投企业，擅长的是投资、工程设计建设，并不一定具备较高的运营能力。财政支付或补贴则要以运营绩效评价结果为依据。大量产品或服务的质量、绩效不易量化，造成监管难，私人部门很容易通过降低费用等手段来取得更高的利润。这也必然会产生动态支付或补贴机制，使得谈判和博弈将成为项目实施过程中的常态化。

PPP本身是一项复杂的系统工程，需要在全生命周期形成良好的伙伴关系，对地方政府的治理能力要求较高。大量PPP项目发生各种问题，一方面是政府将PPP异化为工具、社会资本普遍担心各种风险尚未很好的解决；另一方面是项目本身难度大、各方专业能力有欠缺。

4. 基层政府财力薄弱，观念不到位、能力和经验有缺乏

区域发展不平衡，地方对PPP的态度差异较大。发达区域获得的金融资源较多、融资平台也很强，对PPP不是很积极，拿出的PPP项目都不是特别优质的。欠发达地区则出现分化，有的地方干脆认为PPP做不起来、也不积极推，还是希望等上级资金、等拨款；有的地方特别积极推PPP，但又觉得力不从心。受制于财力，很多地方政府开展PPP缺乏基础。尤其是很多欠发达区域的基层政府推出的大多数PPP项目都是偏公益性的，对社会资本吸引力不足。同时，很多地方也不愿意将好的项目拿出来做PPP，更愿意交给融资平台，既可以"养人"，又可以将其利润作为"预算外资金"支配。

目前，PPP推进很大程度上取决于主要领导因素，但主要领导和执行方的意识转变、能力提升还需要一个过程。经济下行压力大、社会资本投资决策更为谨慎，反过来，PPP项目前期程序复杂，要想快速落地往往存在很大难度。不少地方刚接触PPP不久，认识上不到位、机构配备力量弱、经验又缺乏，导致要么不积极，要么当"甩手掌柜"、扔给咨询公司。有一部分政府领导缺乏深入认识，怕担责或过于主观，导致推动效率低、出现反复、不作为和慢作为等。

部分基层主要领导认知不到位、决策效率不高、推动不力，执行者普遍存在畏难情绪。与此同时，政府部门间权责不清、协调不畅，尤其是财政、发改、行业主管部门间协作不畅，导致财政部门压力很大、推进乏力。普遍性存在前期工作投入不足、工作深度不够，方案设计不科学、论证不充分。同时，政府缺乏PPP招商、谈判经验，政策、法律风险防范意识也有缺失。

很多地方将PPP异化为融资工具，不顾风险的短期化现象严重。目前，经济下行压力、收支缺口引发了地方政府强烈的投资需求，PPP项目的尽快落地成了"稳增长"、降债务的重要抓手。在严禁BT模式（建设-移交，政府回购）、剥离政府融资平台的政府举债功能的政策约束下，很多地方通过金融、合约设计等手段进行"保底承诺、回购安排、明股实债"，以PPP之名行BT之实。出于债务考虑，地方政府热衷于将传统的BT项目包装成为PPP项目，进而将"政府债务"变成跨年度的"支出责任"，基本不影响债务、还能拉动投资。此举目的在于表面上更好地符合当前政策、加快项目落地，更好获得金融机构融资。一些地方政府认为，不管真PPP还是假PPP，不管风险大小，旨在尽快落地开工，将PPP异化为手段、工具。在机会主义盛行下，就会出现只顾当前解决问题、不顾后期实施的各种乱象。很多基层政府将PPP简单等同于新的融资渠道或工具，在这种思维和现实需求下，PPP的不规范、变异也就随之产生。此外，不少地方政府更倾向于国企这类社会资本，除了资金实力因素外，很多地方以政治逻辑在做经济决策，就算项目失败也是"肉也是烂在锅里"，不会担多大责任。

除了上述因素，各类政府购买服务也对PPP产生了冲击。政府购买服务的内涵与外延均比PPP更为宽泛。PPP前期工作要求多、流程过长，还受财政承受能力论证限制要求等，落地慢、约束多。政府购买服务的流程规定相对简单，针对短期内难以按PPP模式实施的基建项目，不少地方出现了以"政府购买服务"之名、行垫资施工及变相融资之实以规避PPP监管要求的现象。

总体看，政府依然存在重投入、轻产出，重建设、轻运营，重准入、轻监管的问题，部分地区重复建设、公共设施使用效率不高等现象时有发生，影响了公共服务的供给效率和实际效果。

5. 社会资本有顾虑，追求短平快、低风险

目前，国内PPP市场存在国有企业热、民营资本冷的现象，对民营企业有一定"挤出"效应。民企"不敢进"与"进不去"的局面并存,同时,即便一部分民企参与PPP,但企业数量、投资规模占比依然较小。现金流较好的经营性项目少、获得难,其他项目未来收益具有很大不确定性,或担心政府违约。PPP项目投资大、周期长,有一定的风险和不确定性,民营企业心存疑虑。加上一些PPP投资领域未完全向民营企业开放,融资难、融资贵问题难以解决,令民营企业心有余而力不足。

社会资本最担心经济下行压力下,如此长期限的合同中无法把控地方政府财政支付能力、诚信等风险。在长达10年以上合作期内,社会资本必然面临的政府换届风险,以及合作过程中有些政府官员的不作为、乱作为等问题。此外,资产流动性差,投入后难以退出或变现,社会资本担心被"套牢"。社会资本更青睐稀少的经营性项目,更迫切希望在经济较为发达的区域做PPP项目,但这些项目竞争非常激烈,民企未必能拿到手,缺乏地方资源的企业未必能获得项目。

故而,很多社会资本"挑肥弃瘦",希望采取各种"变通"措施规避风险。当前,参与PPP项目的社会资本,多为施工企业,参与PPP的目的是通过投资人身份锁定工程项目,赚取施工利润。这些社会资本更关注当前工程利润,大多是追求"短、平、快",导致很多项目异化为"垫资施工"、BT导向的伪PPP。"长期投资"异化为"短期投资",社会资本容易实现"无风险套利",通过施工利润、数年的运营期收费即可实现回收。稳赚不赔必然缺乏运营管理、提升公共服务质量的积极性和动力。

6. 金融机构还是传统的担保导向融资,项目融资实现难

目前,很多项目落不了地或后期实施出问题,很大程度上与融资难有关。无论是银行还是基金等非银行金融机构,大多还是传统信贷导向,周期短、成本高,通常要股东或第三方提供担保或增信措施。尽管各方一直呼吁以项目公司收费权或特许经营权质押作为担保方式进行"有限追索"融资,但金融机构出于风险防范角度,依然要求股东或其他方提供担保这一类"强增信"方式。商业银行近年来银行不良贷款余额飙升、不良贷款率激增,导致其在信贷投放过程中更为谨慎。很多PPP项目的还款来源的不可控因素较多,风险依然存在。故而,金融机构通常要求担保人担保能力强或担保物足值且容易变现。这些因素都导致金融机构心存疑虑,需要项目公司提供额外增信措施。

同时,相当一部分商业银行认为PPP项目的融资风险巨大,意愿不强。这些银行认为,PPP项目周期长、收益低,存在长期利率变动风险、期限错配风险,同时,政府信用、项目运营等都存在难以控制的风险。出于业绩考核压力、控制风险角度,在"刚性兑付"预期下,很多商业银行热衷于投融资平台的企业债、公司债及非标金融产品等。这在实际上,导致了投融资平台功能复归,挤压了PPP融资的市场。

很多融资机构出于政治、经济方面考虑，更希望将资金借给国有企业、政府，而不愿意借给民营企业，尤其是项目公司。融资造成了PPP领域国有企业对民营企业的"挤出效应"。在实际融资过程中，容易出现"绑架"政府，过度依赖政府，要求地方政府纳入预算或其融资平台提供担保等。融资的风险责任主要在社会资本、融资平台、财政预算安排中分配或转移。

7. 咨询公司层面经验不足、服务不到位，市场混乱

很多咨询公司多为工程咨询等方面转型公司，PPP项目经验有欠缺；实力强的咨询公司，价格非常高，且本地服务响应不及时。本地化团队不得力、服务质量持续性与稳定性差是普遍问题。随着PPP的逐步深入，咨询市场价格战、圈地运动也导致咨询质量不高。

总体上，各地咨询团队缺乏财务、法律等方面实战型专家，以文本（方案）为导向，缺乏科学合理的方案、模式设计，缺乏代表政府与社会资本沟通、谈判的经验。PPP前期咨询工作"本本主义"严重，套模板、简单复制，实施方案等做的眼花缭乱、故弄玄虚。

此外，咨询公司普遍存在的商业性、短期性行为，前期调研、论证不充分，方案针对性不强、风险防范意识淡化，导致政府存在政策法律风险，或让渡过多利益、承担过多财政补贴责任，或缺乏有效的风险管控的"抓手"。

综上，PPP背后的乱象和问题折射出行政体制、财政体制、市场化改革等一系列问题。出现如此多的乱象和问题背后，绝不是哪一方的责任。在市场经济中，每个理性经济人都会有自利的一面，其个人行为会按自利的规则行为行动。同时，地方政府也存在"利己"行为。从纵向利益分配主体的角度，地方政府是多级利益复合的主体：一方面，地方政府代理中央政府，提供区域公共产品；另一方面，地方政府代理地区非政府主体，寻求地区的经济发展；再次，地方政府是独立经济利益主体，官员倾向于最大化自身利益。

单纯将风险转嫁、搞投资拉动是短视的、不可持续的，只会加大交易成本，进一步放大风险。当信息不对称、风险蔓延严重时，政府是不应该有任何私利的，其职责的重点是掌舵，而不是划桨，是规制者、合作者。政府有责任有义务主动调整适应、积极推进各项改革。同时，也只有政府有资源、有能力合理调整风险的分布、降低系统风险。

二、PPP模式潜在的财政风险

（一）财政幻觉与道德风险

传统政府采购或公共投资项目，主要是通过银行、信托、回购（BT）、垫资施工、延期付款等方式运作，容易造成预算软约束、道德风险、地方财政风险累积过大等问题。PPP 模式有助于缓解当期支出压力，改善财政预算行为，但 PPP 模式使用不当、过滥，也可能与降低债务、提高效率的初衷相悖。

PPP 模式平滑财政支出压力的同时，可能会隐匿风险，诱发债务风险或危机。多数情况下，政府的各种非理性担保、不合理补贴或补偿等游离于资产负债表外，未纳入财政预算和负债管理，中长期将背上沉重的财政负担。更有甚者，许多国家或地方政府有意利用 PPP 突破财政约束，将债务移出资产负债表。印度尼西亚、马来西亚、泰国等国家由于 PPP 产生了大量的政府或有负债，加剧了 1997 年亚洲金融风暴（Aliona，2008）。2011 年葡萄牙政府发生的财政危机的重要诱因就是 PPP 滥用以及负债管理不当。

亚行指出，不少实践经验表明，质量不高的 PPP 项目会增加政府财政负担：一是政府部门过度承担项目风险，如签订固定收益率合同、接受不恰当的无条件支付或者为项目提供担保。二是在公共服务的使用费不足 PPP 合同规定的水平的情况下，政府部门被要求弥补收入缺口。三是因不能有效识别和分配财政风险导致政府责任不清晰。四是项目的信息披露不充分，导致政府与运营方的信息不对称。五是未安排项目的长期预算。六是将政府的财政责任转移到预算外。七是财政风险监管不到位。八是受 PPP 项目前期费用较低影响，政府可能过度投资。

政府由于存在筹资方式、公共收入获取形式、或有债务安排等方面差异，很容易导致"财政幻觉"现象。同时，由于政府预算会计不完备及政府"有意识"的金融性操作，进一步加剧了债务风险隐匿、低估、错配，反过来诱发或加剧经济风险。长此以往，不加规范和约束，必然大量透支未来，将会给后代人留下沉重的负担，造成代际不公平。财政风险也可能损害金融体系，将政府债务风险以金融化、货币化方式转嫁。

（二）PPP 的潜在财政风险较大

当前，不应过度夸大 PPP 地位和作用，PPP 模式仍是公共支出的重要补充而非替代。并不是所有的公共产品和服务适宜通过 PPP 模式提供，PPP 投资占公共投资的比例也不应过高（见表所示）。即使是在 PPP 推广较好的西方发达国家，PPP 投资额也通常不超过公共投资的 15%。在地方政府层面，一方面出于政绩、突破财政约束、发展地方经济等考虑，地方热衷于推动 PPP 项目的落地，甚至会产生包装后的伪 PPP 项目；另一方面由于存在中央政府财政兜底的预期，地方在做 PPP 相关的规划及预算安排时，会发生道德风险和逆向选择问题。这些财政机会主义行为都将引发 PPP 的财政风险。西方国家也非常注重 PPP 模式的适用性与风险。即便在英国，也有相当一部分批评认为，PPP 模式是"零首付长期贷款",会导致政府花费太高,私人谋取暴利。

其次,PPP项目投资回报相对公共主体融资成本而言较高,滥用PPP反而增加政府未来财政负担。我国目前大都需要给社会资本6%~8%左右的收益率(不同区域、项目、时期有差异),但目前贷款利率不超过5%、地方债的利率不超过3.5%。将大量BT类项目包装成为PPP,可实现"政府债务"变成跨年度"支出责任"这一跃,可将债务"出表"。在给社会资本的收益率较高基础上,如果项目的公共服务的质量和效率还没有大的提升的话,则这种项目不适合采取PPP模式。PPP拉长了政府义务期限,一定程度上解决期限错配问题,但未必降低未来的债务或支出责任。一旦后期大面积出现履约能力欠缺、监管不到位等问题,则会出现连锁性负反馈效应。故此,采用PPP的关键在于降低风险、提升质量及效率。

PPP不是"免费午餐",降低政府债务是相对的、有条件的。从表现看,PPP是社会资本主导的投资行为,产生的是企业债务。但提供公共服务是政府天然的义务,PPP本质是一种公共服务供给的新方式。PPP项目属于政府向社会资本采购公共服务的行为,必然涉及政府预算和资产管理行为,或支付财政资金,或以国有资产、资源作为对价(让渡收益权)。PPP模式使用不当、过滥,可能会隐匿风险,诱发债务风险或危机,反而与降低债务、提高效率的初衷相悖。

"政府债务"不等同于"政府性债务",前者主要是政府负有偿还责任的直接债务,后者涵盖前者外,还包括各类政府的隐性、或有债务。各类担保、救助等或有债务并不必然是政府债务,在一定条件下才会转化为政府债务。地方政府必须确保PPP被用于提高公共服务的效率与质量,而不应囿于降低政府债务或"债务出表",或异化为投资拉动、解决融资的工具。PPP模式下,政府遵循"让专业的人做专业的事"和"激励相容"原则,旨在公共服务供给提质增效。一般是由社会资本承担基础设施的设计、建设、运营、维护等大部分工作,政府负责定价和质量监管。PPP模式重在整合公私部门各自优势,将政府的政策目标、社会目标和私人部门的资金、技术、运营优势结合起来,以实现更低的成本提供更高质量的公共服务。

第三节 政府投融资(含PPP)的规范发展与风险防范

一、完善融资平台债务监管制度,加快推进转型步伐

建立融资平台公司数据库,实行名录制管理,对名录中的融资平台公司限期

分类转型。融资平台要切实做到"公私分明",剥离政府融资功能,采取市场化方式运作。应对只承担公益性项目融资任务的空壳类融资平台予以关闭;对承担公益性项目建设、运营任务的融资平台,剥离融资功能,进行市场化改造;对承担有稳定经营性收入的公益性项目融资任务并主要依靠自身收益偿还债务的融资平台,以及承担非公益性项目融资任务的融资平台,充实公司资本金,完善治理结构,实现市场化运作。融资平台公司参与公益性项目投资建设必须通过公开采购程序,以政府购买服务、PPP等方式,采用市场化程序进入。禁止地方财政在没有协议、没有预算的情况下,随意向平台公司拨付资金。此外,要通过引进民间投资等市场化途径,促进投资主体多元化,改善融资平台公司的股权结构。

建立跨部门的融资平台公司债务监管机制。财政部门牵头,协调发改、人行、银监、证监、保监等部门,出台融资平台公司债务、地方政府债务联合监管制度。融资平台可以退出平台名录,名录内融资平台公司的融资计划、投资项目、财务报表等应定期报同级财政和上级财政备案。地方政府应密切监控融资平台公司偿债能力,提前制定应急预案,避免引发区域性系统性风险。

二、规范运用新型融资方式,建立支出责任风险防范机制

严肃财经纪律,防范变相举债、违规融资。地方政府及其所属部门、公益性事业单位不得违法违规采取银行贷款、企业债券、中期票据、BT回购、垫资施工、延期付款、信托融资、融资租赁等方式举借政府债务;地方政府及其部门不得为其他单位或个人融资承诺承担偿债责任,或者通过企事业单位举借以财政资金偿还的债务;不得通过向债权人出具担保函、承诺函、安慰函或制发内部文件、通知、会议纪要,明确由政府及其部门承诺最低收益、兜底还款、将还款资金纳入财政预算安排等方式,为企业、单位融资提供担保承诺;不得以机关事业单位及社会团体的国有资产为其他单位或企业融资进行抵押或质押,不得以教育设施、医疗卫生设施和其他社会公益设施进行抵押融资,不得以政府债务对应的资产重复融资。已经发生违法违规举债担保行为的市县,要通过多渠道筹资偿债、变更偿债责任主体、撤销违法违规担保等合法合规方式及时进行整改。

规范、创新运用新型融资模式。要按政府职能转变要求,创新公共服务供给机制,规范、合理、有效地运用专项建设基金、PPP、政府投资基金等新型模式,坚持市场化运作,充分发挥财政资金的杠杆作用,严格划分财政支出边界,地方政府依法依规承担相应责任。

针对地方融资创新特点及中长期支出责任风险,在制度安排上应秉承阳光

化、规范化原则，鼓励创新的同时，要加强规范和监管，一方面要积极探索、创新财政支出的多元化扶持方式，提升财政支出的效率；另一方面要严肃财经纪律，防范财政风险与道德风险。各级政府应综合评估本级财政承受能力，杜绝以新型融资模式名义增加地方政府债务负担。在财力可控的范围内，将确需依法承担的财政支出责任编入中期财政规划，确保财政风险总体可控。

一是立足于公共服务的提质增效，疏堵结合、规范创新的推进政府中长期融资方式，建立风险分担和隔离机制。在资金投向上应有保有压，突出重点、压缩一般，将有限的资金主要解决经济社会发展的薄弱环节。其一，专项建设基金应当按照国家决策部署和市场化运作要求，支持"看得准、有回报、不新增过剩产能、不形成重复建设、不产生挤出效应"的重点领域项目，保持经济健康平稳增长。地方政府及其部门应当严格遵守法律法规规定，不得为专项建设基金项目提供本金回购、保底收益承诺等任何形式担保，有关金融机构也不得要求地方政府提供任何形式担保。其二，积极稳妥做好PPP项目统筹规划与论证，构建合理的风险分担、有效的激励相容机制。政府不得提供回购、保底收益等任何形式担保，严格绩效考核、挂钩支付对价。其三，清晰界定政府购买服务目录和范畴，所需资金应当在财政预算中统筹安排。严禁通过政府购买服务延期支付价款以及融资平台公司通过保底承诺等方式进行变相融资。尽可能防范"错买"行为，拟定禁止购买目录，如大型的工程建设项目，购买服务支出要严格论证、纳入财政预算管理。其四，政府出资的投资基金应遵从市场化原则，与社会资本平等合作，按"利益共享、风险共担"方式约定收益分配和亏损负担方式。为更好发挥政府引导作用，政府可适当让利，但不得承诺回购其他出资人的投资本金、承担其他出资人投资本金的损失，或者向其他出资人承诺最低收益等。简言之，政府不得违法为任何单位和个人的债务、损失等提供任何方式担保或承诺。

二是将PPP、政府购买服务、政府投资基金、资产管理计划等涉及的中长期财政支出责任统一纳入监管体系，与中期财政规划衔接，切实硬化预算约束。凡涉及财政资金补贴或付费的融资方式，应参照PPP程序完成项目财政承受能力论证。每一年度全部PPP、政府购买服务及其他支出责任需从预算中安排，可差别化设定支出上限（即支出在一般公共预算支出的比例）。目前孤立、静态设定PPP的10%的财政承受能力红线需优化，应进一步完善政府财务报告与中长期预算，将政府债务、中长期支出事项（PPP、政府购买服务、政府投资基金等）分类纳入预算与监管，加大信息公开力度、建立动态预警机制。将各类支出责任切实纳入财政预算，年度预算须在中长期财政预算框架下进行，实现"收入一个笼子、预算一个盘子、支出一个口子"。健全、规范政府采购流程，加强信息披露，相关流程见表10-1。

表 10 – 1　　　　　　　　项目主要流程及资料清单

序号	内容
1	编制各项目可行性研究报告
2	将各项目服务内容分类纳入政府采购目录
3	政府出具授权书授权采购人实施相关项目
4	完成各项目四项审批（可研、规划、环评、土地）
5	采购人向政府上报项目实施方案的请示
6	财政委托第三方完成财政承受能力论证报告
7	政府批复项目实施方案
8	采购人通过采购流程引入项目承接主体并完成公示（以非公开招标方式采购的，采购方式需事先经设区的市级以上人民政府财政部门批准）
9	采购人与承接主体签订政府购买服务合同并完成公告
10	采购人向财政申请将政府购买服务合同项下支付义务纳入财政预算
11	财政向同级人大申请将政府购买服务合同项下支付义务纳入财政预算
12	同级人大批复同意将政府购买服务合同项下支付义务纳入财政预算
13	项目承接主体向开发银行申请项目融资
14	银行完成项目授信报告并报送审议

资料来源：国家开发银行。

三是加强信息披露，建立责任追究机制、风险监测与应对机制。加快建立权责发生制的政府综合财务报告制度，加强地方政府债务、融资平台公司债务、中长期支出责任等信息公开力度，接受社会各个层面监督。加强对违法违规行为的通报及处罚力度，建立追究相关人员责任的长效机制。此外，要进一步建立财政风险监测、分析和预警机制，及时形成风险应对预案。如采取财政重整计划、上级救助等机制，通过增收、节支、资产处置等方式尽快恢复财政收支平衡状态，切实化解风险、增强社会资本信心。

三、PPP 项目的财政风险防范框架

如果目前已达到 13 万亿元的 PPP 项目出现重大财政风险，那将是非常严重的。从表现看，PPP 是企业投资行为，产生的是企业债务，但 PPP 不仅限于一种融资方式。PPP 项目属于政府向社会资本采购公共服务的行为，必然涉及政府支出义务，或以财政资金，或以国有资产、资源作为对价。其本质是一种公共服务供给的新方式，旨在公共服务的提质增效、社会公众的福利增进，这是政府义务，必然产生相应的支出责任、财政风险。PPP 形成的政府支出责任是非直接政

府债务,但衍生的政府债务风险依然存在。

首先,合理安排 PPP 项目财政管理职能分配。PPP 项目财政承诺(支出责任)是政府债务管理一部分,资产和负债最终是政府综合财务报告的一部分。故而,PPP 的财政管理是贯穿项目全生命周期的追踪管理,涉及流程众多、工作量大,其中的专业性要求也是不言而喻,因而,PPP 的财政管理必然是涉及多个部门的职责划分非常复杂的过程。但防范 PPP 财政风险必须要做到各部门权责明确、互相配合,实现对风险源的全面覆盖。职责分工见表 10-2。

表 10-2 PPP 财政管理工作的部门职责划分

部门/机构		职能划分	
		PPP 准备阶段	PPP 实施阶段
政府代表部门		• 识别采用 PPP 模式的项目 • 进行项目 PPP 可行性研究,制定实施方案 • 监督物有所值评估以及财政承受能力论证的落实 • 选择合格的社会资本 • 评估当地的财政实力 • 确定采购方式和规则、流程 • 代表政府与社会资本方进行谈判并确立合同	• 监督 PPP 项目的运营 • 申请政府支出承诺纳入预算 • 掌握并披露项目运营信息 • 为 PPP 项目提供行政审批等便利性 • 监督合同条款的履行
财政部门	预算部门	• 评估政府支出承诺 • 将评估后的支出承诺纳入预算 • 建立或有负债预算	• 执行预算 • 对或有负债进行动态监控
	债务管理部门	• 建立或有负债管理制度,以资产负债观念实现对负债的管理 • 加强对长期、短期、显性、隐性债务的管理 • 评估债务的合理性,提出反馈意见	• 监测直接支付尤其或有负债对财政风险的影响 • 对政府负债进行持续性管理,评估财政的可持续性 • 对或有负债进行情景分析和压力测试 • 披露政府负债情况,尤其对或有负债进行详细的附注说明
监管部门		• 有权搜集与 PPP 项目相关的信息并提供给预算、债务管理等部门 • 监督政府部门的履职情况 • 建立与 PPP 项目相适应的监管与信息披露体系	• 对项目尽职调查 • 监督各方职责履行 • 形成项目信息披露与分析报告

续表

部门/机构	职能划分	
	PPP 准备阶段	PPP 实施阶段
PPP 主导部门	• 对上述机构的请求、建议核实、批准或否决 • 主导 PPP 库（包括 PPP 项目库，PPP 相关的）的建立、维护	• 对 PPP 库进行动态调整，限定主体资格 • 对项目突出事件作出决断

来源：陈少强、朱晓龙：《PPP 财政风险研究》。

其次，要明确 PPP 项目支出责任的性质，进行债务分层分级管理。尽管 PPP 的投融资责任主要由社会资本或项目公司承担，形成的是企业债务，而非直接政府债务。但是，除了少量经营性项目，政府依然负有付费、补贴等支付义务。与政府直接举债有区别的是，PPP 项目的财政支出责任是按绩效为基础付费，并非固定回报或企业无风险回报，故 PPP 支出责任形成的是市场化、中长期债务，但本质上需要政府偿付、均属于政府债务一部分，债务管理上应进行分层分级管理。对于 PPP 项目支出责任，要建立风险识别、分类应对的财政支出责任风险框架（见表 10 - 3），尤其要注重或有负债问题。同时，要持续进行情景分析和压力测试，防范并积极应对财政风险。财政支出责任风险框架见表 10 - 3。

表 10 - 3　　　　　　　　PPP 财政支出责任风险框架

PPP 潜在的负债	支出责任风险	应对措施
直接负债（在任何条件下存在的债务）	直接支付承诺： • 政府付费 • 可行性缺口补助 • 政府配套工程投入	• 纳入年度预算和中期财政规划 • 纳入政府债务统计体系和政府综合财务报告 • 识别、评估并积极应对风险
或有负债（在特定事件发生情况下的债务）	政府承诺或合同类经济性担保： • 通货膨胀担保 • 汇率担保 • 收益、价格担保 • 最低需求（使用量）担保 • 信用担保	• 建立或有负债预算（进行情景分析和压力测试） • 纳入政府债务统计体系（风险） • 识别、评估并积极应对风险
	政府介入或救助	
	合同调整或重新谈判、提前中止等	
	不可抗力补偿或支出	

最后，推进 PPP 应消除社会资本疑虑、财政机会主义，强化治理机制、能力提升。现阶段为了更好实现物有所值，应强化社会资本负责全生命周期运营管理、进行合理的风险分担，基于绩效评价付费。其一，在政府财政信息公开基础上，差异化制定 PPP 项目财政支出上限比例。可以结合区域发展前景、公共服务需求、财政承受能力等弹性制定相应比例。其二，有保有压、积极稳妥做好 PPP 项目统筹规划，只有真正可以实现物有所值的项目才可以采用 PPP 模式。并不是所有基础设施、公共服务都适用 PPP 模式。毋庸置疑，PPP 不适用于商业化领域、私人品，应防止将政绩类工程、房地产等项目包装为 PPP。其三，深化前期工作，加强论证分析，构建合理的风险分担、有效的激励相容机制。严禁通过回购安排、明股实债、固定回报承诺以及借助抽屉协议将项目运营返包政府等方式进行变相融资。其四，加强合同管理、全生命周期风险管理，积极应对、高效处理风险。其五，建立起 PPP 项目的财政支出责任风险框架，纳入财政预算体系、分级债务管理体系。此外，要加强绩效评价、信息披露、监督检查等职责。

综上，政府应积极防范各类中长期支出事项（含 PPP）风险、进行规范化和阳光化融资，与此同时，要规范行政行为、预算硬约束、提升公共服务绩效。当然，风险分担机制也会倒逼社会资本审慎投资、强化运营、提升绩效。

第十一章

PPP 健康持续发展的体制机制构建与规范实施建议

中国作为快速跃升为全球最大的 PPP 市场的国家，仍然具有巨大的现实需求和发展空间，但同时，也面临着存量、增量两个维度的各种挑战和风险。PPP 带来的将是一场持续性、系统性、综合性的改革，这场攻坚战必须立足长远、改革创新，不断完善体制机制，最终将产生积极的、全面的、深远的意义。本章分析了 PPP 的市场前景及挑战，并提出了推进 PPP 持续健康发展的体制机制建议。

第一节 世界各国 PPP 成功经验回顾

全世界 PPP 模式运行比较规范的大都是发达国家，原因在于其市场经济成熟，政治承诺和法律环境稳定，项目库丰富、质量高，流程更透明等。美国 PPP 委员会对 PPP 态度审慎，认为 PPP 成功的七个关键是：公共部门的强力支持、规范透明的法律环境、专业的公共部门组织架构、详细的合同或商业计划、清晰界定的收入来源、利益相关者的支持、谨慎选择合作伙伴。

从国际经验看，PPP 相关成功要素如下：一是，完善的法律法规与制度安排，政治承诺和法律环境稳定。二是，成立专门的管理部门，并得到政府强有力支持。三是，项目选择适当且项目要求（规划、范围、产量、质量等）明确、高效。四是，风险分担公平，合同规范，追求全生命效率。五是，金融体系成熟，融资方便。很显然，这些方面涉及经济、社会、金融、法律等多个层面，还涉及微观操作层面。

对任何一个大规模推进 PPP 的国家而言，PPP 都将是一个巨大挑战。即便是推进 PPP 较为成熟的英国、澳大利亚等西方国家也依然面临着很多争议和压力。从国际经验看，政府在履行 PPP 职能时，普遍存在招标采购动力不足、部门间协调不够、专业技能缺失、交易成本过高、相关信息不全等机制性失效问题。对全球最大 PPP 市场——中国而言，PPP 项目规模大、发展快、模式多、不平衡，难以复制他国经验。中国的 PPP 发展背景和环境更复杂，面临的挑战更大。

PPP 在全世界并没有一个统一、权威定义，并不存在静态的最佳实践。但不可否认，PPP 的健康持续发展离不开牢固的政策基础、长期的政治承诺以及稳定、可预测的法律和监管框架。PPP 的成功运作依赖于本地环境和国家治理水平，没有规律可循，都是动态变化、因地制宜的。中国 PPP 发展一方面要借鉴他国经验，另外一方面要结合自身实际、走出一条改革创新之路。

第二节 我国 PPP 发展前景广阔、意义重大，但应审慎乐观

一、PPP 需求巨大、意义重大，但仍是公共支出的重要补充

（一）现实需求巨大，战略意义重大

目前，PPP 上升为国家战略，处于快速发展机遇期。随着预算法、地方债务管理、中期财政规划等政策的逐步落地，在财政收入增速放缓而支出刚性强的背景下，相当多省份、低层级政府的支出压力巨大，PPP 是公共服务供给和投资的重要抓手。首先，我国地方政府债务风险虽然总体可控，但不可忽视存在债务期限错配、存量过大等风险。其次，我国经济已进入新常态，从高速增长转为 6.5% 左右的中高速增长，财政部门及金融部门亦承受了较大压力。当前，财政收入增速下滑，呈现累退性特点，放缓至个位数增长率，巨大的货币供给存量导致货币政策已不能再走大规模刺激之路。再次，由于巨大的债务存量、区域发展差异、金融市场的约束，短期内很多省的地方债券规模很难大举扩张、难以完全替代原有的地方融资模式。故此，受制于上述因素及体制性原因，地方债短期难以大举扩张，PPP 上升为国家战略，发展的机遇巨大。

PPP 的现实需求巨大，前景广阔。对我国而言，在城镇化巨大资金需求的大背景下，财政支出不减、收入放缓，债务存量、增量问题依然存在的情况下，PPP 模式市场潜力巨大、大有可为。我国当前推进新型城镇化、应对人口老龄化将面临巨大的财政支出压力。我国未来十年新型城镇化预计带动 40 万亿~50 万亿元投资，养老金缺口及相应投资也面临数十亿元的缺口资金。但目前地方政府融资能力受限、财政风险累积较大。PPP 的发展前景广阔，具有现实需求，其广

泛应用将有助于缓解地方债务压力和解决部分资金需求。

PPP将成为一种常态化公共服务供给方式，对整个经济社会、体制机制，包括行政体制、财政体制、市场机制、依法治国等都将产生深远影响。PPP模式具有全生命周期管理、物有所值、收益共享、风险共担、激励相容等鲜明特征，不仅是简单的、技术层面的"方式更新"，更是政府职能转变和公共服务供给机制的重大机制变革，有助于提升国家现代化治理能力。

（二）PPP项目规模预计持续增长，将成为公共投入的重要支撑

预计未来几年PPP增速依然迅猛，可以简单做一下PPP规模预测分析。2015年全国一般公共预算支出175768亿元，比上年增长15.8%，地方财政用地方本级收入、中央税收返还和转移支付资金及动用结转结余资金等安排的支出150219亿元，增长16.3%。

考虑中央PPP项目非常少、省级PPP项目也相对不多，采用地方一般公共预算支出15万亿元作为PPP支出责任的计算基数，平均保持7%的增长率（谨慎估计）。如果PPP项目都分10年支付，每年支付额不超过公共财政预算的10%～15%（考虑未来公共预算支出10%红线放宽到15%情形），未来10年PPP支出责任达到22.2万亿～25.5万亿元（中位数为23.8万亿元）。考虑到PPP项目有三种付费机制（使用者付费、政府付费、混合付费），并且，地方政府还可以动用政府性基金预算收入（主要是土地出让金），分几种情形测算"落地投资规模"（非入库储备项目的投资额）如下：

1. 悲观预测：PPP项目全部为政府付费情形

社会资本5%～8%左右的回报率（区域、项目有差别，不同时期收益率有差异），同时，考虑企业增值税、所得税等税收因素，暂按综合成本7%进行初步测算。在财政支出责任取值中位数23.8万亿元的情形下，采取逆推法，考虑跨期因素和财政支出增长因素，预计未来10年PPP规模可支持17万亿元的落地投资规模。

2. 乐观预测：三类付费共存情形

截至2016年12月末，使用者付费项目占入库项目总投资34%，政府付费项目占25%，可行性缺口补助项目占41%。乐观情形下，假定三类回报机制项目比例不变，可行性缺口补助的项目的财政补贴占项目收入的70%。考虑到给予社会资本回报、税收，预计未来10年PPP规模可支持28万亿元的落地投资规模。

3. 一般情景预测

考虑到后期的使用者付费项目稀少，政府付费项目上升，同时，地方财政年

度支出责任不平滑，存在逐年叠加效应。假定社会资本的回报来源的70%来自于财政付费，那么，预计未来10年可支持23.8万亿元的落地投资规模。

综上，基于财政支出承受能力红线（10%~15%）预测，预计未来10年可支持17万亿~28万亿元的落地投资规模，一般情况下支撑23.8万亿元的落地投资规模问题不大。目前，我国PPP规模超过13万亿元，落地2万亿元。照此速度，最近几年依然是PPP项目入库、投入落地的高峰期，每年落地投资额有望超过1万亿元、甚至跃升到2万亿~3万亿元，将对拉动经济增长、促进民间投资、完善公共服务供给产生积极推动作用。

（三）PPP不是免费午餐，长期处于公共支出的重要补充地位

PPP不是免费午餐，在平滑财政支出压力的同时，也导致未来潜在支出责任及债务累积。PPP模式可有效平衡财政支出压力，具有非常积极的推广意义，但PPP不可能无限使用、无限扩张。在PPP模式中，社会资本回报的收益来源并不一定是直接的财政资金，但并不意味着政府可以"甩包袱"或凭空化解债务。事实上，在许多PPP项目中，政府让渡了相应的收费权、经营权，给予社会资本各种无形资源或国有资产的对价。不管是特许经营权类PPP，还是政府付费类PPP，PPP模式实施的根基依然是公共资源（各类政府无形资产、国有资产以及财政资金等）。PPP模式实施不当，很可能造成国有资产、资源流失，或隐性债务风险。"政府债务出表"只是暂时的，社会资本投资是逐利的，必须给其合理回报，最终政府依然面临的是给付经营性资源对价、财政补贴，以及未来中长期的政府购买服务的付费（财政支出责任）。故此，PPP的适用受到制约，必须考虑中长期财政承受能力，否则会产生财政幻觉，导致实质性政府债务的延期支付风险。

PPP是公共投资及支出的重要补充而非替代，不能把PPP当作政府推卸责任的手段。从世界范围看，PPP模式推行20多年了，但投资比重并不高，还只是政府投入的补充。即使是在积极开展PPP的西方发达国家，投资额总体上也不超过公共投资的15%。英国的公共基础设施项目运作中，私有化程度相对较高，完全私有化项目占比约为60%，传统的政府投资项目占比约20%。根据英国财政部提供的最新数据，PFI项目占英国整个公共部门投资的比例仅为11%。美国官方数据，从2007年到2013年之间，在基础设施领域采取PPP模式的项目总额为227亿美元，这个数字只是当期全美基础设施全部投资的2%左右。因此，不能将PPP视为公共项目运作的唯一模式，关键是适用性、规范性。

不可否认，在我国当下受制于财政、金融等体制机制因素，地方债短期难以大举扩张，PPP将在基础设施、公共服务领域扮演重要角色。但即便大规模推行

PPP 模式，恐也难在总量上解决这些需求，况且不顾风险和效率进行大干快上，造成的实质性债务风险更大。故此，PPP 推进应注重风险、有保有压，但在很长一段时期内还无法承担重任，并且也面临着巨大挑战。

二、PPP 存在巨大挑战和机遇，应高度重视风险

面对当前的 PPP 热潮，我们应审慎乐观，尤其要防范出现新生事物的"过剩"、"一放就乱、一收就死"的局面，注重因势利导、趋利避害的推动 PPP 良性运作和持续发展。事实上，我国从 20 世纪 90 年代陆续在交通、能源、公用事业等多个行业采用 BOT 模式（PPP 模式常见的一种）。但目前依然存在很多问题，也有一些不太成功的案例，如泉州刺桐大桥 BOT 项目、常州横山桥污水厂 BOT 项目等。当前，中央高度重视 PPP，多个省市 PPP 试点项目纷纷上马。

很多地方政府和专家都非常推崇 PPP，普遍认为 PPP 模式不仅能降低债务、将风险都转移给私人部门，还能提高效率。事实和理论也并不必然如此！PPP 项目运作复杂、周期长，如果技术不规范、商业可行性差、风险分配机制缺失都可能造成项目失败。即使对有些鼓励行业（如综合管廊、海绵城市、地铁等），由于地区、项目、参与者等差异，也并不一定合适采取 PPP 模式，或许采取投融资平台投资运营更合理，必须加以分析论证、不可盲目的"套概念"。新一轮的 PPP"蜂拥而上"，如不加规范和引导，很可能会导致风险积聚，如同当年的地方投融资平台一样走入另一个极端。

目前，中国已经成为全球最大的 PPP 市场，面临的压力、挑战与日俱增。尤其是，很多项目陆续进入运营期，也是考验政府实施能力、信用、财政承受能力的时刻。可以预见，随之而来的各种争议、纠纷等将是不可避免的，甚至会出现一部分项目的失败。事实上，这是非常正常的，在西方国家也是常见的。但是，我国 PPP 规模巨大、推进速度极快，并且，区域发展不平衡、机构能力差异很大、项目千差万别，一旦出现较大面积的风险，对 PPP 的发展将产生重大的负面冲击。

反过来，虽然 PPP 挑战非常大，但 PPP 市场如能良性持续发展，将对我国深化体制改革、经济可持续发展产生积极作用，远远超越政府融资、拉动投资这个层面。PPP 虽然风险大，但巨大的正效应也是非常明显的，将对经济社会发展具有持续改进的推动作用。

事实上，PPP 发展出现大的问题，政府、金融机构、社会资本、公众等多个利益相关者都可能面临各种风险，很难独善其身。其中，只有政府是所有剩余风险的承担者、公共服务的终极责任者。故此，政府应从体制机制方面进行改革创新，与市场、社会各方形成真正的互利多赢的合作伙伴关系，积极防范和应对风

险,推进 PPP 持续健康发展。

第三节 PPP 立法的必要性与思路

一、PPP 立法的必要性

部分西方发达国家拥有成熟的 PPP 市场,出台了众多配套的和政策指引,但英国、美国、澳大利亚等没有专门的 PPP 法律。但是,这些国家多属于英美法系,现有法律、政策、合同相对全面覆盖了 PPP 操作的核心要素,此外,这些国家市场化程度较高、政府治理能力相对较强、预算管理非常严格、契约精神相对较好,为 PPP 的推进实施奠定了坚实基础。与许多发达国家不同,我国 PPP 相关的政策繁多,但效力层级低,也存在相关法律、政策的冲突、模糊不清;同时,地方政府的公共治理能力有待提升,各方契约精神还需进一步加强。目前,我国开展 PPP 比较突出的问题是——PPP 合作期限长,"跨越"多届政府,地方政府缺乏契约精神、诚信意识是社会资本参与 PPP 的最大顾虑。通过立法,可以切实保障社会资本的合法权益、制约公权,尤其可以提振民间资本的投资信心、消除其后顾之忧,也可进一步提升国家治理现代化水平。

当前,PPP 上位法还未形成,有关 PPP 模式的法律规定大都出自国务院、发改委、财政部、住建部等国家部门以及地方政府部门。这些政策法规较为分散,无法形成一套系统的法律体系。不同部门出台的行政法规不仅在某些规定上存在一定的重叠,而且还存在"掐架"的现象。从社会资本界定范围看,发改委规定的社会资本范围要大于财政部的规定,在界定上存在较大差异。从项目的操作来看,财政部出台的文件比发改委的文件规定得更为详细,但是具体流程差异较大。从监管主体看,财政部规定的政府主导者身份与发改委规定的政府监管者身份存在矛盾,双头监管导致的主体竞争,不利于 PPP 项目的顺利推进,同时加大了政策风险。此外,PPP 相关法律、合同的复杂性导致立法存在很多挑战。公私两种利益和公私两种法律因素的共存是困扰 PPP 合同法律属性判断的主要因素。政府自身也拥有公私双重身份,尽管强调平等民事合作,但是,国有土地、国有资产、财政资金等公共资源的投入和管理,基础设施和公用设施的资产特殊性和使用者的公法权利,都对合同的订立和履行构成重要影响。PPP 立法存在很多争论,主要涉及现行的民商法、行政法、经济法和社会法等。在实践中,存在很多冲突或模糊地带,例如合同性质及救济途径、国有资产、土地获取、采购方式、合同协议、会计与税收、监管、退出机制等。

国家发改委法规司报告建议要解决当前突出的七大问题，主要有：一是模式不清晰，对于不同 PPP 模式的实施流程和管理要求认识模糊；二是标准不明确，对于符合哪些要求和条件的项目才可以实施 PPP 规定不明确，导致"假 PPP"乱象，增加了财政压力和社会风险；三是程序不衔接，新设评估和审批程序依据不足，与固定资产投资管理程序不衔接，增加企业负担；四是政策不协调，政策文件与部门职责分工不协调的现象仍然存在；五是制度不配套，现行有关法律法规还不适应 PPP 实践需求；六是对政府履约的约束不够，影响民间资本进入的信心和意愿；七是对社会资本授权不足，相关权利收益登记质押难度大，不利于社会资本融资。

中国 PPP 经过三年多发展，已经成为全球最大的 PPP 市场。目前，经过了一系列政策引导、示范项目探路之后，PPP 应走向法制化轨道，需要有针对性地解决上述问题。这对化解社会资本后顾之忧、规范政府行为、保障各方权益、推进公共治理现代化水平均具有非常积极促进意义。

二、PPP 立法思路

PPP 健康持续发展应立足三个主体（政府 Public、企业 Private、公众 People）行为，制度安排核心在于"法律、政策、指南和合同"，以此形成协调互促规制体系。PPP 的实践性强、不断在动态发展，PPP 立法要从大处着眼，不可事无巨细、舍本逐末，否则将涉及数十部法律的协调、修改，显然，不现实、也没有必要。目前宜采取"先条例、后法律"路径进行框架性立法，在法律政策层面解决重大原则、主要程序与冲突，开展相应配套改革（融资平台、财政预算、政绩考核等），不断优化、更新指南与合同。

立法要采取问题导向，重点解决突出问题，即"得其大者可以兼其小"。从国际经验看，各国 PPP 领域立法都是立足国情，以解决所面临的突出问题为导向的。法国的萨班法案主要是解决特许经营合同授予程序不透明、竞争性不足的问题；合伙合同法主要是解决行政法不允许超过政府任期支付的问题。欧盟的特许经营指令主要是解决单一市场促进人员、资本流动和提供透明度、促进竞争的问题。故而，目前中国 PPP 立法应当致力于解决顶层设计问题，而不应自限于 PPP 项目操作法、工具法或投融资及运维管理法。目前，尤其是要系统解决程序、土地、对价、采购、融资、证券化、会计、税收、预算、争议等衔接难点。

在统一立法框架下，采取分类规制。我国 PPP 统一立法在调整领域上应以基础设施和公共服务为重点，在模式上以特许经营类 PPP 和购买服务类 PPP 为主。两者的适用范围、绩效评价机制、管理思路均存在差异。在立法中明确两类 PPP 模式，在共同规制的同时体现不同的管理要求，既有利于分类管理、科学规制，避免以偏概全，也有利于公私双方基于项目实际情况选择合适的 PPP 模式，并对其各自的基本特征和要素予以概述。

现阶段 PPP 立法不能、也无力解决所有问题，也无法做到事无巨细约定。我国 PPP 涉及体制机制变更，众多法律法规的协调，以及适应实践多样性、动态化发展等问题。当前 PPP 立法应坚持问题导向、重在引导规范，应围绕"提升效率、降低风险"来解决当前难点、焦点问题。譬如重点解决 PPP 的适用范围、管理体制、项目规范、政策衔接、监督管理、预算管理、争议解决与法律责任等，但不宜过于刚性约定，应保持一定开放性。

应根据各国具体情况选择实现 PPP 理念的具体模式，为政策、指南预留空间。PPP 并没有全球通用的标准模式，每个国家都应根据各自政府的发展阶段、政策目标、公共部门和私人部门的具体特点，设计出符合本国国情的 PPP 模式实现路径及政策框架。

第四节 相关的体制机制与规范创新实施的建议

一、加快财政体制、地方投融资及国企领域的改革

PPP 推进过程中，不少地方政府的确存在财政机会主义行为，但是，不可否认的是，财政行为扭曲背后确实存在体制机制不健全因素。PPP 具有积极意义，但应完善制度供给、加强配套改革，否则 PPP "单兵突进"式的改革难以行稳致远。PPP 的持续发展必须在制度层面推进财政体制、政府投融资和国企改革，形成一个好的制度体系和发展环境，否则，PPP 就会昙花一现或出现半拉子工程！相关建议如下：

（一）加快财政体制、投融资体制改革

当前重点是在体制层面重塑中央地方财政关系、政府与市场关系，合理划分事权和支出责任，完善政绩考核、绩效管理和问责制度，提升政府现代化治理能力。核心是在体制层面重塑"中央地方、政府与市场"两类关系，统筹"税收权、财产权、举债权"。调整和改革当前事权和财权，完善税制、充实地方政府税源和财力，形成"财力、财权、事权"协调匹配，减轻低层级政府支出责任。完善政绩考核、绩效管理和问责制度，提升政府现代化治理能力。尤其是应进一步合理划分政府间事权，在明确公共产品供给、治理责任的基础上，以公共品的

重要性、受益范围，特别是基本公共服务大致均等化供给与分享等原则来划分政府间的事权范围。

规范、创新运用各种新型投融资模式。规范、合理、有效地运用 PPP、政府投资基金等新型模式，坚持市场化运作，充分发挥财政资金的杠杆作用，严格划分财政支出边界，地方政府依法依规承担相应责任。在制度上构建"适度扩大发行地方政府债券、积极推广 PPP 模式、大力推动投融资平台转型"的立体化融资体系。"开好前门"，逐步增加地方政府新增债券发行额度，弱化对融资平台公司的依赖；同时，新增债券分配应适度向县、区级政府倾斜。当前，地方债券发行需逐步完善、稳步推进、渐次扩大，加强行政约束与市场约束。信用评级、信息披露、治理能力等方面还需逐步完善，大规模发行地方债券还有很长一段路要走。发行的地方债券优先用于置换、优化存量债务，保障公益性资本支出或重大民生投入。在存量债务方面，通过长期债务替换短期债务、盘活存量资产等债务重组手段来应对流动性风险，平滑债务、缓释风险，为治本换取时间和空间。同时，中央应加大对欠发达省份及区域的财政支持、政策性金融支持力度。建立省、市辖区财政平衡责任，并统筹安排税收返还及转移支付、政府基金收入（主要是土地出让收入）、公共资产（非经营资产、国有企业、国有资源等）的处置、地方债分配等财力资源。

财政部门牵头，协调发改、人行、银监、证监、保监等部门，出台地方政府债务、中长期支出事项、融资平台债务等联合监管制度。一是建立政府违法违规融资的惩罚机制。要立足《预算法》，尽快建立并公布资产负债表、中长期支出事项等，并接受群众监督。二是阻断地方政府对平台企业的干预路径。加快国有资产管理体制改革和国有企业改革的步伐，实现政企分开和政资分开，维护企业自主经营的地位。三是明确政府对融资平台等企业新增债务不承担责任，规范金融机构的融资行为，加强金融纪律。

（二）加大本级融资平台、国有企业改制、改革、转型力度

国企参与度过高而民企参与度过低，不利于优化全社会的资本结构，影响多元化公共服务的提供效率。各类国企、投融资平台应进行深化改革，切实转型为市场化经营主体，以公平参与 PPP 竞争。平台公司转型后应按照市场化原则实施运作，自主经营、自负盈亏，政府在出资范围内承担有限责任，实现平台公司债务风险内部化。否则，还是走老路就会导致传统投资体制的回归，效率不会有显著提升、风险依然无法有效控制。投融资平台必须走规范化、市场化的转型之路，切实成为市场化运作的国有出资企业，建议如下：

1. 改革地方基础设施和公益项目的融资方式

地方政府未来将主要通过发行债券的方式进行融资。相应地，基础设施和公

益项目的建设运营也应同时改革，由过去的政府直投和国资主导，转变为市场竞争方式。基础设施领域的投资主体要多元化，应更多向民营资本开放；政府购买服务、PPP模式应成为基础设施和公益项目发展的主要方向；此外，要建立市场化的项目评价机制和定价机制。

2. 推动平台企业建立现代企业制度

在妥善处理融资平台公司政府存量债务的基础上，关闭空壳类公司，推动实体类公司转型为自我约束、自我发展的市场主体。

一是在平台资产重组过程中要积极引入战略投资者，设定合理的股权结构。对于转型为完全竞争领域的平台企业，应积极支持其发展混合所有制经济；二是实行政企分开、政资分离，严格按照《公司法》建立公司法人治理结构，依法落实董事会、监事会和经理层的职权，使公司董事会成为真正的决策机构；三是强化企业审计和完善信息披露制度，通过多方制衡的手段约束地方政府对企业的不当干预；四是推进企业市场化导向的选人用人和管理机制，完善长效激励约束机制，将平台企业从政府的附属机构转变为独立市场主体。五是按照市场化原则融资和偿债，消除政府隐性担保，实现风险内部化和实行必要的破产机制。

3. 合理配置资源，保障企业具备基本偿债能力

地方投融资平台转型过程中，地方政府对负有偿还责任的存量债务应承担偿债义务。对于没有收益的公益性事业，将其从融资平台中剥离，所属债务由地方政府承担，纳入政府预算管理，通过政府的一般预算或专项预算项目进行偿还。

对于政府负有担保责任和一定救助责任的存量债务，要按照《担保法》《预算法》有关规定，妥善处置，避免债务风险集中爆发。地方政府应通过赋予特许经营权、给予财政补贴等方式，帮助企业"提高项目盈利能力，增强偿债能力"。对于正在开发的存续项目，要避免政策更迭影响在建项目进程，避免给企业带来巨大经济损失。

政府在出资范围内履行出资人职责，或依法承担政府采购合同、政府和社会资本合作协议等约定的责任，不得为企业举债承担偿还责任或提供担保。

4. 市场导向转型，清晰界定各类业务模式，阻断风险传递

一是对企业承担的公益性项目或业务，政府通过完善价格调整机制、注入资本金、安排财政补贴、政府购买服务等方式予以支持。可争取获得地方政府注入更多市场化的经营性资产和项目，如停车场、收费的文化体育旅游资产、房屋等商业设施，采取特许经营权、政府购买、拨付改租赁等市场化方式获得稳定的经营性现金流和收入。二是转型后可作为社会资本方，公平公正地参与PPP项目。已经建立现代企业制度、实现市场化运营的融资平台公司，在其承担地方政府债务妥善处置，并不再承担政府融资职能的前提下，可作为PPP项目社会资本参与方和购买服务的实施主体。三是转向以经营性业务为主，其偿债资金来源主要依靠自身经营，而非政府信用。四是主动进入一般性社会资本不愿意进入或无力进入的领域，通过合作协议、采购合同方式约定提供有偿服务，政府付费纳入预算。五是充分发挥市场的约束作用，完善市场化退出和重组机制，通过司法程序对违约的公司进行处置，阻断风险传导。

二、完善PPP顶层制度，健全法律、政策、指南、合同和机构

（一）摒弃部门之争、法律之争，以问题导向加快PPP立法

PPP项目合作期限长，不确定因素多，跨几届政府。当务之急是，通过立法，规范PPP运作、增强社会资本信心，缓解社会资本担忧，保障公共服务提质增效。PPP涉及的法律体系、政府职能众多，故此，必须以问题为导向，跳出概念性争论，也不要大范围修改其他法律。

PPP立法事关重大，必须摒弃部门之争、概念之争。建议坚持"整合PPP与特许经营，立一部PPP法"的思路，明确"先条例、后法律"立法路径，采取"少即是多"原则进行框架性立法。正如，联合国欧洲经济委员会（UNECE）在2008年提出的PPP善治准则中提出的"更少一些、更简单一些和更好一些"（fewer、simpler and better）的原则比较适用于我国立法现状。我国PPP法律应保持一定的灵活性与开放性，作为一种框架性法律应当只规定最为核心条款，预留空间。主要规定管理程序、合作各方权利义务、项目合同或合作协议要素、监督管理、预算机制、法律责任等。例如，在适用范围上，将商业经营包装类项目、股权合作方式等未涉及公共服务核心要素的泛化类型排除在外；在管理体制上，可考虑由国务院层面建立统一工作协调机制和管理机构；在部门配合和政策衔接上，鼓励开展联合评审，注重与投资、价格、财政、税收、金融、土地、国有资产管理等方面的政策配套、衔接措施；在风险防范与规范性上，强调期限、运营、回报、绩效等核心要件；在争议解决上，突出平等民事合作的一面，可仲裁也可诉讼，等等。同时，把对PPP进行细节性和微观规制的任务留给PPP政策、指南和合同。

（二）构建完整的PPP制度体系

综合利用"法律、政策、指南和合同"等规制工具，建构一个立体的、层层递进、协调互促的PPP规制体系。按照"法律规范、政策指导、实施细则"

三位一体思路推进制度构建,尽快推进 PPP 立法落地,进一步细化完善项目土地、财政管理、税收优惠、资产管理等政策,操作指南、行业合同等需进一步优化调整。针对不同行业,行业主管部门可根据行业特点制定单独的评估指南,进一步发展 PPP 项目标准化文件以及合同,指导项目评估论证工作。重点是强化公众参与、公开透明以及可问责性(Accountability)。

(三)形成完整、统一管理机构

基础设施与公共服务不可割裂运行,要摒弃部门之争,建立统一的法律、政策体系,实行统一的管理机构、实施标准、监管标准。

发改、财政等部门不应各自为政,而应加强合作、形成合力。进一步完善中央和地方 PPP 机构的管理机制,形成强有力的跨部门协调机制,力争建立一站式、透明的、联动审批机制。尤其是要协调好财政、发改、行业主管部门,做好辖区域的项目识别、决策、实施、监管等工作。

三、完善审批、土地、国有资产、财税等配套政策

(一)简政放权,建立多部门并联审批机制

按照"多评合一,统一评审"的原则,会同项目涉及的发改、行业主管、财政、规划、国土、价格、审计、法制等政府相关部门,对 PPP 项目实施方案进行联合评审。公开采购社会资本后,如与审批、核准、备案时的项目法人不一致,可办理项目法人变更手续。

(二)健全土地等国有资产与 PPP 公平性衔接机制

不可利用 PPP 模式绕开土地出让、国有资产评估与出让等程序,防止国有资产流失、不当得利或不公平竞争。如用地涉及土地"招拍挂",鼓励相关工作与社会资本方采购工作同时开展。对于涉及国有资产转让、资源补偿或对价时,健全资产评估和公开机制,与 PPP 项目实施方案等环节有机衔接。

(三)给予 PPP 税收优惠支持

采用"正面清单"的方式,给出优惠行业目录,重点明晰增值税、企业所

得税。例如，对增值税而言，基于税收公平、税收中性原则从经济实质出发对PPP模式进行定性，可考虑合理的税率、适当调整纳税基数，或加大进项抵扣范围和力度。对于特定行业，可以选择适用3%的增值税税率或减免。

用税收减免、税收返还、投资抵扣、加速折旧等政策工具，推动我国PPP项目的健康发展。对于PPP项目主要是两个环节免税，免除PPP项目在项目公司成立阶段发生的有关资产转移所涉及的税收，免除PPP项目执行到期后发生的有关资产转移所涉及的税收。此外，加快研究混合型投资的税务处理，给予金融创新税收适当优惠政策。

对于政策未明朗前已落地的PPP项目，如当时暂估税收与目前规定的税收发生较大偏差，则应做适当的合同调整、付费和责任再谈判，以保障各方合理权益。

四、厘清权责界面，建立高质量项目库，创新模式、规范实施

（一）加强政府内部协作，提高整体策划、谈判能力，提升规范实施水平

（1）中央层面要尽快明确PPP的责任分工，地方政府主要领导要牵头负责、高度重视。财政、发改、行业主管部门等应紧密合作，协同推进PPP项目。发挥各行业主管部门的责任主体作用，牵头负责前期工作、招商、洽商、合同监管等工作。此外，各部门要加强事中事后监管。

（2）试点先行、激活市场，树立标杆性项目、形成引领、示范效应。优先选择盈利预期较强、前期工作较成熟的项目先行先试；创新模式引入实力企业，规范运作、树立本地市场信心。

（3）积极申请国家、省级示范项目，以示范项目为标杆，推动区域内、跨区域交流、学习，提高地方政府实操和运作能力。

（4）考虑设置财政奖补资金、PPP基金、融资优惠等财政金融优惠政策，助力基层政府项目加快落地。

（二）项目发起要与国民经济和社会发展规划、中长期预算有效衔接

（1）要科学规划，量力而行，有序推进，统筹考虑地方基础设施、公共服务需求及财政承受能力，不能"一哄而上"。随着城镇化推进，地方对基层设施

及公共服务需求也将出现分化。尤其是部分中小城市出现人口净流出现象严重，有些地区产业支撑不足、人口导入慢，如不考虑现状和未来需求，很容易导致重复建设、盲目投资。如基础设施建设过度超前、超标，脱离未来实际需求，会造成资源闲置、浪费。但是，反过来，如果基础设施建设缺乏一定前瞻性，可能形成未来发展的"瓶颈"，造成多次投入。

（2）推动编制中长期地方政府投资发展规划，与中长期财政规划和区域发展规划相衔接。本着"公共服务随人走"原则加强研究、论证，基础设施建设适度超前，既要考虑未来需求严重不足，又得考虑快速增长情景下的空间预留。PPP项目的开发要坚持协调协同、统筹发展原则，与本地规划、中长期预算有效对接。加强对投资项目事前的效益评估，提高规划实施的民主化程度和透明度，实现人人参与、人人尽力、人人享有。

（三）加强前期工作深度，建立可行的、高质量的PPP项目库

（1）要加强PPP项目前期设计、策划、识别、采购等基础性工作，建立PPP项目库的动态监控体系。可行性研究报告等前期成果应有一定深度，明确项目标准、产出、需求等关键经济技术指标。将运营的、在建的、规划的项目系统梳理分析和论证，结合政府诉求和市场响应程度，确定项目重点和优先顺序，有保有压、形成高质量的项目开发序列，建立"实施一批、开发一批、储备一批"的滚开开发机制。

（2）逐步减少并取消专项建设资金补助，鼓励采取PPP模式、"强制"实施PPP模式识别论证。对于有现金流、具备运营条件的项目，要"强制"实施PPP模式识别论证，鼓励尝试运用PPP模式。

（3）高度重视市场测试和响应，使用者付费、存量项目优先，合理安排项目开发序列。此外，要严格厘清政府与市场边界，私人产品要完全推向市场，同时严防两类PPP项目。一类是在当下经济下行、财政支出不减情况下，严禁将政绩类工程、非关键性公益性项目包装成为PPP，这一类项目往往挤占了当前的财政资金和基本民生支出；另外一类是将房地产等商业性开发行为包装成为PPP，这类项目可能占用金融资源、政策及补贴。

（四）创新商业模式和盈利方式，高度重视全生命周期的运营

（1）各方共同策划、创新商业模式和盈利方式。鼓励社会资本发起PPP项目，尤其是鼓励运营商发起项目、牵头项目策划工作。激励社会资本主动创造或提高经营性收益，不过度依靠财政资金。给予社会资本的前期工作、方案以补偿

或奖励，采购优先权，开发政府资产的商业潜能。

（2）加强 PPP 项目前期论证，统筹利用"资金、资产、资源"进行商业模式、交易结构的创新。要合理利用、匹配好财政资金、国有资产、公共资源等政府资金或对价，合理地进行抽肥补瘦、以丰补歉。注重项目的打包组合、分拆、资源补偿、补贴、杠杆撬动、金融创新等方式运用，降低、平滑财政支出压力，进行合理的风险分配、收益的结构化安排。

（3）鼓励各类技术、管理或经营的创新，并将其复制、推广应用到其他 PPP 项目、领域，并给予相应的激励。

（4）积极鼓励发展综合性 PPP、复合型 PPP 模式等新业态，大力扶持、助力各类行业运营商积极参与 PPP，助力社会资本采取 PPP 模式"走出去"。

（五）避免 PPP 异化为 BT、变相融资工具

要规范实施 PPP，同时，防止社会资本"无风险套利"：

（1）在政策、指南中进一步明确假 PPP、不规范 PPP 的认定标准。如应对固定回报、明股实债等边界条件界定清楚，应区分差异、分类对待，不可一概否定，设立相应的红线、底线。目前，PPP 规范重点应放在"运营、收益、风险、绩效"等要素上。尤其需要特别指出的是，政府或指定单位（或融资平台）不得回购社会资本方股权、不得承担社会资本方的资本金损失、不得承诺最低投资收益保障、不得为项目的融资提供担保、不得全部承担或受托接受运营责任、不得无绩效产出约束或软约束等。项目设计必须以提高公共产品效率为核心，立足于长期合作（原则上不低于 10 年）、持续运营、合理回报。在程序和实体上要合规，应公开透明引入具有融资、运营能力的社会资本，着力强调社会资本负责全过程运营管理、有效分担各类市场风险，并基于绩效评价获得合理回报。尤其重要的是，运营安排要有激励约束性，绩效考核可实现强力问责纠偏。

（2）建立项目信息公开机制，接受各方包括竞争对手、第三方机构等监督。对项目前期资料、实施方案要点、采购文件、补充合同等，尤其是合同框架和要点必须详细公开披露。

（3）对较不规范的项目或严重违规的项目，要建立相应的纠偏、再谈判机制，甚至应建立相关责任人（政府、社会资本）的问责制度。

（4）相应的咨询、评审的信息公开，建立咨询公司、专家等警示、退出、责任追究机制。

（六）重点放在"运营、风险、绩效"上，构建合理风险分担、激励相容体系

（1）根据风险收益对等、风险偏好、归责等原则，激励私人部门主动、有效管理风险，推动私人创新，控制政府总体风险暴露程度。

（2）根据项目情况，考虑定价的结构化设计，并建立价格与费用或成本的联动、缓冲基金等应对机制，注重收益安排的"托底限高"，防止暴利或巨亏等极端情形。

（3）探索社会资本"优先分红，优先退出"等结构化机制，为社会资本提供多元化、规范化和市场化的退出渠道。

五、着力解决 PPP 项目的融资、退出问题，创新发展 PPP 金融市场

PPP 金融市场需要创新，着力解决"建设融资、有序退出"这两头融资难问题，解决融资可得性、提高资产流动性。但是，应审慎防范风险，始终将运营能力、公共服务质量放在重要位置，金融发展不得影响公共安全及公共服务持续稳定。

（一）加大 PPP 项目融资支持力度

在资金渠道、增信措施、政策优惠、金融创新上给予大力支持。对于归属项目公司的资产及权益的所有权和收益权，可以依法设置抵押、质押等担保权益，或进行结构化融资。积极鼓励引导养老、保险等长期性资金以及政策性金融进入 PPP 领域，如给予 PPP 项目财税优惠、金融机构一定风险补偿。逐步扩展预期收益质押融资、流动性支持等有限追索项目融资方式。创新各种债权、股权、担保或增信工具，推进社会资本以及银行、信托、资管等机构的积极投入，尤其是创新中长期金融工具品种，解决期限错配问题。鼓励社会资本产融结合，大力培育扶持运营商，为 PPP 的金融创新提供坚实的支撑。

（二）加大政策性融资支持力度

建立 PPP 支持基金、担保基金，扶持、补充 PPP 金融市场。长期稳定的合理回报是 PPP 最核心的理念，通过政策性金融支持以有效降低融资成本直接关系到 PPP 项目的功效。为了进一步降低金融机构、社会资本融资风险，中央层面可

以考虑建立基础设施或公共服务银行，或利用现有的政策性银行体系，专门拿出一块政策性资金在成本、期限、增信上适当放宽，弥补市场短板或市场失灵领域。

在政策性保障下，引导养老金、保险资金、主权财富基金等机构投资者进入长周期重大基础设施、国计民生领域，如城市地铁、管廊、教育等领域。此外，政府可设立政策性担保基金、财政支出责任风险基金、债券保险等方式，提供一定的融资或增信措施。

（三）大力发展PPP金融或资本市场

根据PPP项目全生命周期的不同阶段，现金流的特点和风险收益有所不同，需要匹配不同性质的资本，发展PPP相关金融产品。选择部分区域、行业的PPP项目进行金融创新试点，增强市场的交易活跃性，为PPP金融市场发展破冰、构建系统性框架。依托各类产权、股权交易市场，为社会资本提供多元化、规范化、市场化的退出渠道。未来PPP项目可以通过在交易所发行债券、资产证券化、挂牌上市等方式进行融资。以PPP项目资产证券化为例，应进一步扩围、分类、渐进推进PPP资产证券化。在保障公共服务稳定性基础上，鼓励开展建设期PPP项目的资产证券化、政府付费型PPP项目的资产证券化，同时，鼓励各类相关利益相关者利用基础资产的项目收益权、股权和合同债权等开展资产证券化业务。加快PPP项目的基础资产证券化步伐，形成可以交易的证券化产品、金融工具，增强资本的流动性。根据PPP项目现金流特征，设计成合适的产品，通过恰当的结构化设计使其满足不同风险偏好的投资者的需求。

可以试点建立PPP交易平台，先期对社会资本适当限制，侧重在部分领域、金融资产的交易，而后逐步开展。成熟的二级市场可以通过市场化手段为PPP项目在不同时期通过增资、股权转让等方式引入更为适合的社会资本方，进行风险和权责的再次分配，充分发挥市场资源配置的作用，促进PPP事业的健康发展。

六、管控各类中长期支出事项，加强预算硬约束与债务管理

（一）硬化预算管理和加强潜在债务甄别

目前，地方政府及其融资平台开展了各类融资行为及金融创新，但要进行甄别，部分业务可能是变相融资、违规举债。相对一部分融资工具实际上是明股实债、表面承诺纳入预算，实则是游离在预算外的政府债务。要严防政府通过专项

建设基金、产业基金、信托计划、资产管理计划、担保计划等金融工具和政府购买服务等方式，多重方式加杠杆，规避债务管理约束。这些实际上也对 PPP 产生了冲击，并且，财政支出不透明、债务隐匿风险大，应加强甄别、信息披露和规范。将 PPP、政府购买服务、政府投资基金及其他非政府直接债务事项归为中长期支出事项，统一汇总形成的财政支付责任，建立财政支出责任风险科目加以监管。非 PPP 项目的支出，如政府购买服务、基金等支出要限定于预算内，将各类资金切实纳入财政预算，参照 PPP 项目完成项目财政承受能力论证报告。完善和细化政府购买服务目录，非 PPP 类的政府购买服务应当纳入政府购买服务指导目录，事先应严格进行论证，进行"先预算、后采购"，相应支出费用应当依法列入预算。严管地方政府擅自将政府购买服务目录扩展至工程建设领域，或在没有预算安排的情况开展政府购买服务，堵住变相举债的通道。每一年度全部 PPP、政府购买服务项目及其他政府支付义务需要从预算中安排的支出责任，占一般公共预算支出比例应当不超过一定比例（如 15%），具体比例可以统筹考量或分类设定，关键是监管的阳光化、实施的规范化，并逐年纳入未来年度财政预算支出管理。目前孤立、静态设定 PPP 的 10% 的财政承受能力红线需优化，进行整合统计、分类监控、动态调整，真正实现"收入一个笼子、预算一个盘子、支出一个口子"，与年度预算和中期财政规划匹配。

（二）加强债务与支出责任管理

建立权责发生制政府综合财务报告、地方政府发债评级机制，以及地方政府债务规模控制和分类管理机制。当前可建立修正的现收现付制或修正的权责发生制资产负债表，全面考虑土地、国有资产以及各种隐性、或有负债等要素，及时向资本市场、社会披露。对于一些或有、隐性债务或重大事项可以采用表外披露方式，并根据情况调为表内债务管理、纳入预算。地方债务的透明度还需再提高，以接受中央政府、人大、社会等方面的监督。定期监测地方政府债务风险，对高风险地区实施预警通报。地方政府要制定债务风险化解规划，分类妥善处置化解存量债务风险；及时发现风险苗头，根据风险响应级次，及时启动风险应急处置预案，坚守不发生系统性区域性风险的底线。对于达到启动地方政府财政重整计划条件的地区，要依法履行相关程序启动地方政府财政重整计划。

出台地方政府债务、中长期支出事项、融资平台债务等联合监管制度。各级政府加强对政府性债务和承诺用以后年度财政资金支付事项的统计监控，定期向人大报告政府债务情况，并报告中长期支出事项（PPP 模式、购买服务、政府投资基金等）新型融资模式中承诺用以后年度财政资金支付事项，主动接受人大和社会监督。财政部门牵头，协调发改、人行、银监、证监、保监等部门，共同、协调监管。长期来看，只有行政体制、财政体制、金融等多方面改革配套组合发力，方能建立起地方政府融资的可持续、有约束的市场化机制。

PPP模式下，企业代替政府承担融资责任，使政府债务得以出表，但政府债务不会凭空消失，只会发生转换。作为未来的财政支出责任，会有条件的转化为政府财政负担、债务。PPP是财政预算管理的一项内容，PPP项目财政承诺（支出责任）实质上是政府债务管理一部分。从预算管理、资产管理、防范风险角度看，PPP项目资产和负债是政府综合财务报告的一部分，尽管有些支出责任游离在表外，但依然与财政预算息息相关。PPP模式本身具有融资功能，但应与地方政府债务、融资改革紧密结合起来，不能异化为工具，防止PPP成为新的债务风险点。

应着重提高地方公共债务管理水平及财政绩效，坚持依法、规范、问责等原则。审计、财政等部门要加强对地方政府违法违规举债担保问题的监督检查。将地方政府违法违规举债行为结果与新增债券、置换债券分配挂钩。按规定对违法违规举债担保的责任人员进行处理，并将违法违规举债担保问题作为对领导干部进行考核、任免、奖惩的重要参考。

七、积极转变观念、审慎监管，提升实施能力、规制能力

（一）强化政府的市场、法治与契约意识，不能擅用行政权力

PPP模式下政府角色定位于"合伙人"、"监管者"，监管要摆脱以往的行政性命令模式，应基于合同、维护公共利益角度出发的全面生命周期的审慎监管。积极推动更高层次的立法，确保各方遵诺守信、切实履约。

（二）注重基层政府实操的培训、指导，加强"能力建设"（Capacity Building）

通过多种方式提升基层政府PPP实施能力，严格把控"利益分配、风险分担、政府监督"三个环节，在操作层面有效提升政府和企业驾驭PPP模式的实际能力。前期工作重点要调整，后期运营和监管要跟上。在落地阶段，政府部门应将工作重心应放在模式、收益、风险、监管上，所有具体工作核心应落实在财务测算、PPP项目合同中。目前，PPP前期咨询工作"本本主义"严重，套模板，实施方案做的花里胡哨、故弄玄虚。反倒忽略了最核心的财务测算、PPP项目合同，如果收益测算不清、责权利安排不当，再科学的工具、再多的专家评估

也只是走过场、摆花架子。应结合行业特点及已运行的项目经验认真总结、分析,将PPP项目合同放在核心地位,模式、风险、收益、监管最终都要体现在合同上,体现在具体条款上。在后期执行上,依然以合同为纲,依法合规平等合作,高度重视运营和公共服务质量监管。

(三)积极发挥中介机构作用,同时做好规范监管工作

各地应优选中介咨询机构,加强与其协调配合,强化其咨询方案的论证、服务响应效率和本地化服务支持,保障推进速度与质量。加强项目全生命周期的咨询管理,借助专业力量把控项目风险、提高效率。此外,建立动态的中介机构的考核与退出机制。

(四)规范政府行为,确保政府承诺、支出责任等规范性、公信力

政府应建立公众参与决策和监管机制。公众参与机制是健全监管结构的重要内容,主要形式有:信息公开、调查公众意见和咨询专家意见、座谈会和论证会、听证会、用户投诉。政府承诺要量力,要严禁违规担保、过度承担风险行为,注重或有债务监控或防范,建立严格的防火墙制度、必要的积极介入机制。严格实施物有所值评价和财政承受能力论证。政府的股权、补贴、配套等支出责任纳入预算管理、财政中期规划和政府财务报告,以绩效作为对价支付依据,并严格履约支付。积极审慎识别和动态、合理分配项目风险,各种风险应由具有最佳管控能力和管控成本最低的参与方承担,并建立重新谈判触发机制和公平有效原则。政府支出责任纳入预算管理、财政中期规划和政府财务报告,以绩效作为对价支付依据,并严格履约支付。

(五)提升专业化规制能力与监管水平

建立履约管理、行政监管和社会监督"三位一体"的监管架构:其一,强化事前准入监管,遵循公开、公平、公正原则引入社会资本。以扩大开放、打破垄断、公平竞争为重点,应公开、公平、公正采购,反对两个"歧视",即所有制歧视、行政区域歧视。其二,应建立激励性规制体系,包括提高费率与处理意外变化等规定。通常采取收益率规制和价格上限规制两种,激励私人部门提高效率,分享更多收益,避免单一定价的僵化,设置风险在分配、合同再谈判的触发机制。其三,加强公开透明,加大信息披露力度,通过模式创新、促进市场竞争、多方监督,获得更多的监管信息。推进政府部门资源、人员配置从审批环节

向监管环节转移，优化监管流程、规则和方法，推进从突击性专项整治向日常监管转变、从粗放监管向精细监管转变，逐步形成行政监管、行业自律、社会监督、公众参与相结合的监管格局。其四，依法强化事中事后监管，注重绩效监管、审计，严格按绩效付费和补贴。进一步理顺专业监管与综合执法的联动机制，建立现代市场主体监管制度体系和跨部门综合性联合惩戒体系。其五，规制机构必须保持充分的独立性、专业性，避免被利益集团俘获。其六，根据需要建立多边的运营管理委员会，加强重大事项的协调和决策。其七，积极利用互联网、大数据，不断完善全国PPP信息平台，提高PPP项目的公开性和透明度，为规范推进、决策支持提供支撑。

八、建立督导与问责机制，构建地方政府违约的保障机制

政府诚信履约对于保障投资者权益、稳定预期至关重要，建立相应的保障机制，有助于解决社会资本的后顾之忧，提振民间投资信心。对于政府违约可考虑法律救济，建立上级政府干预、救济机制或担保、保险制度。

（一）从政策法律层面约束，加强信息公开

加快推进PPP立法，严格执行《预算法》，尽快出台PPP项目财政管理办法等。强调权利义务对等，提供有利于督促政府诚信履约的选项，如履约担保或惩罚性违约金设置等。丰富救济渠道，提高争议解决的便捷性与公正性；强化责任约束，明确政府违约责任，向社会公开，强化社会监督。

（二）强化预算管理，建立长效责任追究机制

专门制定PPP项目的财政管理、预算管理和支出执行政策，对PPP项目政府支付义务纳入预算管理作出更具操作性的规定，同时强化各级政府对列入政府预算管理的PPP项目政府支付义务的执行责任，以督促和保障下级政府履行政府支付义务。

加强督导，建立上级财政代扣模式。即上级政府对下级政府的支付义务进行监督，通过"代扣"方式对下级政府未能履行支付义务进行补救，保证下级政府支付义务的履行。在实施过程中，应简化扣付程序，优先保障社会资本合法权益。如项目公司存在虚假申报等情况，可以提取其履约保证金或扣除下一期的支付款项等诸多措施作为救济。

建立责任追究长效机制。"动员千遍，不如问责一次"，对违法违规行为应

"发现一起、查处一起"，严格依法问责到人。对于政府不作为、慢作为、乱作为以及违约行为，要加强检查、督导，并追究相关责任人行政乃至法律责任。此外，将违规情况与年度新增债券额度、转移支付等分配挂钩，以增加违规成本。

（三）建立政府支付担保、保险机制

可以在省级政府或市级政府层面建立政府支付保障基金，保障基金对整个辖区内PPP项目政府支付义务进行保证，采取类似于银行保函的"见函即付"模式保障政府给付义务的"按时、足额"。也可通过设立PPP融资支持基金等方式，提供流动性支持，避免政府财政资金紧张等因素造成的违约。强化财务担保，引入包括政府担保、支持政府债务的第三方财务担保工具，比如亚洲开发银行以及其他多边开发银行的部分风险担保（PRG）和部分信用担保（PCG）工具等，切实剥离社会资本难以控制的风险。

第五节　结　　语

PPP在我国并非一个新生事物，但2013年国家倡导的PPP模式是适应国家治理现代化的体制机制的创新和升级。PPP具有积极意义，不仅是简单的、技术层面的"方式更新"，而是体制机制的变革。我国2014年以来短短数年已经成为全球最大的PPP市场，有望近年来突破20万亿元的规模，发展成绩值得肯定。但不可忽视的是，PPP在推进过程中普遍存在落地难、不规范、风险大等问题和"走偏"乱象。技术不规范、商业可行性不匹配、风险分配机制缺失等一系列因素都可能造成PPP项目失败。PPP不仅限于一种融资方式，其本质是引入社会资本负责公共服务供给的新方式，旨在公共服务的提质增效、社会公众的福利增进。合理的PPP模式设计要能给社会公众提供持续性、可负担的、优质高效的公共产品和服务。在此基础上，PPP要给社会资本带来"长期，稳定，合理"的投资回报，而非短期化工程利润。PPP应从公众价值主张出发，以公众需求为中心开展价值创造和价值传递，在实现公众价值的同时获取企业价值。

当前，应客观理性对待PPP，坚持"四不"原则，即不泛化、不神化、不异化、不丑化。不泛化，就是要防止概念包装与实践滥用，不应将股权合作、BT（建设-移交、政府回购）、明（名）股实债等视同PPP，应充分考虑PPP的适用性、效率性；不神化，即PPP是公共投资及支出的重要补充而非替代，PPP不是免费午餐，更不是万能的，故不宜夸大PPP作用，应充分认识其潜在的各种风险；不异化，就是防止PPP走偏、假PPP泛滥，防止工具化、短期化倾向，应规范实施 PPP；不丑化，就是要防止无限放大实施中出现的问题（如将 PPP 视为"庞氏骗局"），应理性和宽容对待问题，积极应对、逐步完善。PPP 不是天上掉馅饼，更不是政府推脱责任的借口。PPP 实施的根基依然是政府的公共资源（各类国有资产、资源以及财政资金）。PPP 模式推进过程中应充分考虑其适用性、财政承受能力与风险性，真正实现"少花钱、多办事、办好事"。

当前推广 PPP 需要做好顶层设计、制度完善，中央和地方层面都应建立统一的政策法规体系、管理机构。基础设施与公共服务不可割裂运行，不论是基础设施领域、还是公共服务领域，最终都是回顾社会公众的公共服务、满足消费者效用，而非获得资产。政府应综合利用"法律、政策、指南和合同"等规制工具，构建合理的风险分担、有效的激励相容机制，同时加大信息公开和监督力度。应避免以往地方财政行为扭曲、负债管理异化的再现，必须加以规范和约束。否则，长此以往，必然诱发道德风险、透支未来，将会给后代留下沉重的负担，造成效率不高、代际不公。在制度安排上要充分利用信息、鼓励创新、给予激励，即真正落实 3I——信息（Information）、创新（Innovation）、激励（Incentives）。PPP 项目核心是保障公共服务质量基础上发挥各方积极性、寻求均衡共赢的盈利模式。

推广 PPP 模式的关键是树立重诺履约的契约精神，落实风险分担机制、充分挖掘 PPP 效率。重诺履约的市场环境是顺利开展 PPP 的前提和保障，政府契约精神是社会投资方利益的根本保证，平等的合作关系是构筑双方长期稳固合作的基石。PPP 的基础是提供公共服务、核心是形成清晰的盈利模式、难点是运营的激励约束、落脚是责权利对称的合约。PPP 项目不在于推进快、落地多，而在于稳且实，成败的检验标准是社会资本尤其是民营资本"进得来、呆得住、干得好"。推广 PPP 过程中，应高度重视并鼓励民营资本和运营商的积极参与、大举进入、深度投入，这将对 PPP 发展的质量和效率有本质意义的巨大提升！正如萨瓦斯所言，公私合作的潜在收益是巨大的，但公共部门和民营部门各自的角色必须得到悉心的界定和维持。各方不应急功近利，平等对待民间资本，规范有序推进 PPP，遵诺守信、切实履约。

PPP 不仅是公共服务的新供给机制，还是国家治理的理念实践和工具应用。当前，应抓紧改革的时间窗口完善体制机制，消除社会资本疑虑、财政机会主义，强化制度安排、政府治理与"能力建设"（Capacity Building）。PPP 模式作用的显现绝非一朝一夕能实现，发展也不会是一帆风顺的。毋庸讳言，PPP 项目合同的不完全性、目标的差异性、合作的博弈性，必然导致实施过程中出现很多纠纷，这些都是很正常的。正如哈特认为的，最优的合同安排应该是在保护权利感受的刚性合同与促进事后效率的柔性合同之间进行权衡取舍。只要在合理有效的博弈框架内开展，不出现大范围、"颠覆性"变化都是可以接受的，甚至部分是值得鼓励的。PPP的合作期限长，"跨越"多届政府，这就要求政府必须严格财政纪律，做可信的、专业的合作者，这将对改革的"推动作用"、"倒逼效应"。PPP可以通过充分发挥市场机制作用和公共资源杠杆效力，可以进一步寻求政府行为最优边界。PPP的作用绝不限于投资拉动，其深远改革意义会逐步潜移默化影响到政府、市场、社会各个层面，必将对国家治理现代化水平的提升有重大的推动作用！对此，我们应有足够耐心、审慎乐观以待。

PPP带来的将是一场持续性、系统性、综合性的改革，风险与机遇并存，意义重大、影响深远！PPP对多项改革具有牵引性、推动性作用，同时，在一定程度上也形成正向的"倒逼"效应。当前应从大处着眼，不可舍本逐末，即"得其大者可以兼其小"。PPP的健康持续发展应改革相关体制机制、强化制度安排、协同推进配套改革，切实消除财政机会主义、社会资本短期倾向，形成利益相关者共治共管、共建共享的新格局，回归到公共服务效率与公平这一本义。PPP发展任重道远，不会是一片坦途，需要勇毅笃行、攻坚克难，以效率和风险为导向积极审慎、稳中求进、规范创新推进。

参考文献

英文文献

[1] Guasch, J. L., Granting and Renegotiating Infrastructure Concessions: Doing it Right [R]. 2004, Washington: The World Bank.

[2] Beauregard, Robert A. (1998): "Public – Private Partnerships as Historical Chameleons: The Case of the United States", in Pierre, J. (Ed) (1998), Partnerships in Urban Governance, European and American Experiences. Basingstoke and New York: Palgrave.

[3] Al – Sharif F, Kaka A. PFI/PPP Topic Coverage in Construction Journals [C]. 20th Annual ARCOM Conference, Vol. 1, 711 – 719, Heriot Watt University, Edinburgh, Scotland, U. K., 2004.

[4] Smith J. Jeffrey, Gihring A. Thomas. Financing Transport System through Value Capture [J]. American Journal of Economics and Sociology, 2006, 65 (4): 751.

[5] World Bank, 1999, Working Together for a Change: Government, Business and Civil Partnerships for Poverty Reduction in Latin America and the Caribbean, EDI Learning Resources Series, The World Bank, Washington, D. C.: USA.

[6] Matti Siemiatycki, Public – Private Partnership Networks: Exploring Business – Government Relationships in United Kingdom Transpiration Projects, Economic Geography, Vol. 87, NO. 3, PP. 309 – 334, 2011.

[7] BENNETT, J., IOSSA, E., Building and Managing Facilities for Public Services [J]. Journal of Public Economics, 2006, (90): 2143 – 2160.

[8] Value – for – Money Analysis—Practices and Challenges: How Governments Choose When to Use PPP to Deliver Public Infrastructure and Services. Report from World Bank Global Round – Table 28 May, 2013, Washington DC World Bank Institute (WBI) and Public – Private Infrastructure Advisory Facility (PPIAF).

[9] The Federal Highway Administration's (FHWA) Office of Innovative Program Delivery (OIPD) P3 – VALUE: Orientation Guide, December 2012.

［10］Establishing a Public – Private Partnership Program：A Primer，www. fhwa. dot. gov/ipd/p3/.

［11］Value for Money State of the Practice，www. fhwa. dot. gov/ipd/pdfs/p3/vfm_ state_ of_ the_ practice. pdf.

［12］Financial Structuring and Assessment for Public – Private Partnerships：A Primer，www. fhwa. dot. gov/ipd/forum/vfm_ for_ ppps/index. htm.

［13］Risk Assessment for Public – Private Partnerships：A Primer，www. fhwa. dot. gov/ipd/forum/risk_ assessment/.

［14］亚洲城市发展中心（CDIA）：《市政项目公私合营指南》2010 年 6 月，http：//cdia. asia/knowledge/cdia – tools – and – learning – material/.

中文图书

［1］刘尚希、王朝才等著：《以共治理念推进 PPP 立法》，中国财政经济出版社 2016 年版。

［2］财政部政府和社会资本合作中心：《PPP 项目会计核算方法探讨》，经济科学出版社 2015 年版。

［3］世界银行集团编，财政部政府和社会资本合作中心译：《PPP 财政承诺管理》，中国商务出版社 2014 年版。

［4］（美）E. S. 萨瓦斯：《民营化与公私部门的伙伴关系》，周志忍等译，中国人民大学出版社 2002 年版。

［5］周志忍：《当代国外行政改革比较研究》，国家行政学院出版社 1999 年版。

［6］赵福军，汪涛：《中国 PPP 理论与实践研究》，中国财政经济出版社 2015 年版。

［7］中国科学院大学中国 PPP 研究中心：《PPP 实操手册》，中国财政经济出版社 2016 年版。

［8］欧亚 PPP 联络网（EU – Asia PPP Network）著，王守清译：《欧亚基础设施建设公私合作（PPP）案例分析（中英文对照）》，辽宁科学技术出版社 2010 年版。

［9］刘晓君：《技术经济学》，西北大学出版社 2003 年版。

［10］国家发展改革委、建设部：《建设项目经济评价方法与参数》，中国计划出版社 2006 年版。

中文期刊

［1］韩晓明："关于 PPP 项目几个会计理论问题的探讨"，《经济研究参考》，

2016年第15期。

［2］王守清、程珊珊："国内外PPP项目适用范围'PK'"，《施工企业管理》，2014年第9期。

［3］伍迪、王守清："PPP模式在中国的研究发展与趋势"，《工程管理学报》，2014年第6期。

［4］冯珂、王守清、伍迪、赵丽坤："基于案例的中国PPP项目特许权协议动态调节措施的研究"，《工程管理学报》，2015年第3期。

［5］王守清、刘婷："PPP项目监管：国内外经验与政策建议"，《地方财政研究》，2014年第9期。

［6］亓霞、柯永健、王守清："基于案例的中国PPP项目的主要风险因素分析"，《中国软科学》，2009年第5期。

［7］刘世锦：""新常态"下如何处理好政府与市场的关系"，《求是》，2014年第18期。

［8］赖丹馨、费方域："公私合作制（PPP）的效率：一个综述"，《经济学家》，2010年第7期。

［9］张喆、贾明："PPPs合作中控制权配置实验"，《系统管理学报》，2012年第2期。

［10］叶晓甦、徐春梅："我国公共项目公私合作（PPP）模式研究述评"，《软科学》，2013年第6期。

［11］贾康、孙洁："公私合作伙伴机制：新型城镇化投融资的模式创新"，《中共中央党校学报》，2014年第1期。

［12］温来成、刘洪芳、彭羽："政府与社会资本合作（PPP）财政风险监管问题研究"，《中央财经大学学报》，2015年第12期。

［13］孙学工、刘国艳、杜飞轮、杨娟："我国PPP模式发展的现状、问题与对策"，《宏观经济管理》，2015年第3期。

［14］周正祥、张秀芳、张平："新常态下PPP模式应用存在的问题及对策"，《中国软科学》，2015年第9期。

［15］陈志敏、张明、司丹："中国的PPP实践：发展、模式、困境与出路"，《国际经济评论》，2015年第4期。

［16］吉富星："我国PPP与政府性债务的研究"，《财政科学》，2016年第1期。

［17］吉富星："我国PPP模式的政府性债务与预算机制研究"，《税务与经济》，2015年第4期。

［18］杨瑞龙、聂辉华："不完全契约理论：一个综述"，《经济研究》，2006年第2期。

[19] 黄景驰、弗莱德·米尔期："在争议中前行：对英国实施私人融资计划的回顾"，《湖南科技大学学报（社会科学版）》，2013年第5期。

[20] 唐祥来："公共产品供给的'第四条道路'——PPP模式研究"，《经济经纬（河南财经学院学报）》，2006年第1期。

[21] 高红、王红梅："事业单位改革：基于公共产品理论的分析"，《福建行政学院学报》，2010年第6期。

[22] 陈国庆、王叙果："公共产品纯度：公共产品市场建设的理论基础"，《财贸经济》，2007年第10期。

[23] 刘方强、周心愿："RCP项目融资模式解析"，《建筑经济》，2008年第3期。

[24] 孙慧、周颖、范志清："PPP项目评价中物有所值理论及其在国际上的应用"，《国际经济合作》，2009年第11期。

[25] 刘广生、文童："PPP项目资金价值PSC评价法的改进探讨"，《工业技术经济》，2013年第10期。

[26] 郑思齐、胡晓珂、张博、王守清："城市轨道交通的溢价回收：从理论到现实"，《城市发展研究》，2014年第2期。

[27] 王守清、刘云："公私合作（PPP）和特许经营等相关概念"，《环境界》，2014年第1期。

[28] 孙晓霞："厉新求变推改革　敦行致远谱新篇"，《中国财政》，2015年第23期。

[29] 程哲、王守清："我国非营利性医院PPP融资方案框架设计"，《中国医院》，2011年第8期。

[30] 高雨萌、刘婷、王守清、冯珂："他山之石——PPP投资引导基金的国际经验"，《项目管理技术》，2016年第8期。

[31] 陈柳钦："城市轨道交通建设的PPP融资模式"，《中国铁路》，2005年第9期。

[32] 曾晓安："用PPP模式化解地方政府债务的路径选择"，《中国财政》，2014年第9期。

[33] 财政部国际司："PPP的财政效应——亚行专题报告之二"，《中国财经报》，2014年7月15日。

[34] 董丽洁："我国PPP项目会计核算问题研究"，重庆大学硕士学位论文，2014年5月。

[35] 夏曙锋："公私合作模式应用研究——以我国营运车辆车联网建设及运营为例"，财政部财政科学研究所博士学位论文，2014年6月。